HEYNE <

Das Buch:
Wir leben in schwierigen Zeiten: Verunsicherung und Hilflosigkeit sind groß angesichts von Umweltkatastrophen oder sozialer Ungleichheit. Thich Nhat Hanh, einer der bedeutendsten spirituellen Lehrer der Gegenwart, macht Mut. Denn es gibt etwas, das wir alle ändern können und das den entscheidenden Unterschied ausmachen kann: unsere geistige Haltung. Der Weg heraus aus der Krise führt über unser Inneres! Dort können wir die nötige Kraft für Veränderung finden – und der weltbekannte Zen-Mönch zeigt uns mithilfe von fünf Achtsamkeitstrainings, wie wir unser eigenes Leben und alles um uns herum auf eine völlig neue Art sehen. Mit echtem Mitgefühl und innerer Klarheit finden wir Heilung für uns selbst, unsere Mitmenschen und unseren Planeten.

Der Autor:
Thich Nhat Hanh, 1926 in Vietnam geboren, zählt als sozial engagierter buddhistischer Mönch und Zen-Meister zu den bedeutendsten spirituellen Lehrern der Gegenwart. Die schmerzhaften Erfahrungen des Vietnamkriegs haben sein Bewusstsein dafür gestärkt, wie die buddhistische Lehre und insbesondere die Entwicklung von Achtsamkeit dazu beitragen können, Konflikte zu lösen oder erst gar nicht entstehen zu lassen. Thich Nhat Hanh lebte viele Jahre im Exil, seit ihm anlässlich einer Reise in die Vereinigten Staaten 1966 die Regierung von Südvietnam die Rückkehr in seine Heimat verweigerte. Der Autor zahlreicher Bücher engagierte sich in der Friedensarbeit und Flüchtlingsbetreuung. Am 22. Januar 2022 verstarb Thich Nhat Hanh im Alter von 95 Jahren im Kloster Từ Hiếu Pagoda in Huế, Vietnam.

THICH NHAT HANH

ZEN *und die Kunst, die* WELT ZU RETTEN

Heilung und Harmonie für uns selbst und die Erde

Herausgegeben und mit Kommentaren versehen von Schwester True Dedication

Mit einem Nachwort von Schwester Chan Khong

Aus dem Englischen übersetzt von Ursula Richard

WILHELM HEYNE VERLAG
MÜNCHEN

Die Originalausgabe erschien 2021 unter dem Titel
Zen and the Art of Saving the Planet im Verlag HarperOne,
an imprint of HarperCollins Publishers, LLC, USA.

FSC
www.fsc.org
MIX
Papier | Fördert
gute Waldnutzung
FSC® C014496

Penguin Random House Verlagsgruppe FSC® N001967

Taschenbuchausgabe 11/2024

Covergestaltung: Einbandgestaltung: Guter Punkt, München,
unter Verwendung des Originalcovers von © The Book Designers
mit einem Foto von Shutterstock & PVCEB
Satz: satz-bau Leingärtner, Nabburg
Druck und Bindung: GGP Media GmbH, Pößneck
ISBN: 978-3-453-70493-0

www.heyne.de

INHALT

VORWORT
von Schwester True Dedication (»Wahre Hingabe«) 7

EINFÜHRUNG 13

TEIL 1: RADIKALE ERKENNTNIS:
EINE NEUE SICHTWEISE 17

TEIL 2: DIE HANDLUNGSDIMENSION:
EINE NEUE LEBENSWEISE 87

EHRFURCHT VOR DEM LEBEN:
GEWALTLOSIGKEIT IST EIN WEG,
KEINE TAKTIK 101

TIEFE EINFACHHEIT: SIE SIND GENUG 127

RICHTIGER TREIBSTOFF:
BESCHÜTZEN SIE IHREN GEIST,
NÄHREN SIE IHRE TIEFE SEHNSUCHT 157

MUT IM DIALOG:
DIE MACHT DES ZUHÖRENS 189

WAHRE LIEBE: WIE WIRD SIE REAL? 225

TEIL 3: GEMEINSCHAFTEN DES WIDERSTANDS:
EINE NEUE WEISE
DES MITEINANDERSEINS 253

EPILOG 291

NACHWORT
IHR SEID DIE ZUKUNFT 295

DANKSAGUNG 299

VORWORT
Schwester True Dedication

Thich Nhat Hanh (*oder »Thay«, wie wir ihn nennen, das bedeutet »Lehrer« auf Vietnamesisch*) ist ein Dichter, Gelehrter, Friedensaktivist, Zen-Meister – und ein Mann der Tat. Seine inspirierende, entschlossene, mitfühlende und furchtlose Haltung entspringt einem Ort der Gelassenheit und Einsicht. Thay lehrt, dass Meditation zu praktizieren bedeutet, »tief in das Herz der Wirklichkeit zu schauen und Dinge zu sehen, die andere nicht sehen können«. »Sobald man etwas sieht«, so sagt er, »muss man auch handeln. Was nützt sonst das Sehen?«

Thay, seit fast achtzig Jahren Mönch, hat zeit seines Lebens seine Meditations- und Achtsamkeitspraxis auf bemerkenswerte Weise mit Aktivitäten für Frieden und soziale Gerechtigkeit verbunden, und er hat seine Lebensenergie in die Ausbildung der nächsten Generation von engagierten Buddhistinnen und Buddhisten einfließen lassen sowie in den Aufbau heilsamer Gemeinschaften für achtsames Leben, die auch zukünftig Katalysatoren für Veränderungen in der Welt sein werden.

In den 1960er-Jahren hat Thay in Vietnam eine Bewegung von Tausenden von jungen Sozialarbeiterinnen und Sozialarbeitern ins Leben gerufen, bevor er in den Westen ging, um dort für den Frieden zu werben. Als eine der führenden Stimmen für gewaltlosen sozialen Wandel arbeitete er mit Dr. Martin Luther King Jr. zusammen und teilte mit ihm die Vision, eine »geliebte Gemeinschaft« aufzubauen, die Spaltung, Diskriminierung und Hass überwinden kann – eine Gemeinschaft, in der wahre Versöhnung zwischen den Menschen und den Nationen möglich ist. In den 1970er-Jahren rettete Thay zusammen mit Schwester Chan Khong und anderen Weggefährten Bootsflüchtlinge aus den Gewässern vor Singapur und initiierte eine der ersten internationalen Umweltkonferenzen in Europa. In den folgenden Jahrzehnten entwickelte Thay einen für Millionen Menschen zugänglichen Weg, Achtsamkeit im Alltag anzuwenden. Seine Vision von mitfühlender Führung hat er mit Politikern, Geschäftsleuten, Lehrerinnen, Aktivistinnen und sogar mit CEOs aus dem Silicon Valley geteilt. Aus seinen eigenen – oft schmerzhaften – persönlichen Erfahrungen mit instabilen und polarisierten Zeiten heraus hat er einen einfachen, aber wirkungsvollen Kodex einer globalen Ethik entwickelt – ein leuchtender Kompass, der uns den Weg in die Zukunft weist.

Gegenwärtig stehen wir vor einer richtungsweisenden Kreuzung, denn wir befinden uns inmitten verschiedener kraftvoller Krisen: Umweltzerstörung, Klimakatastrophe, wachsende Ungleichheit und Ausbeutung, rassialisierte Ungerechtigkeit sowie die nachhaltigen Auswirkungen einer verheerenden Pandemie. Die Situation ist mehr als bedrohlich. Um diesen Herausforderungen mit dem Besten, was wir haben, zu begegnen, müssen wir Wege finden, unsere Klarheit, unser Mitgefühl und unseren Mut zu stärken. Uns in Meditation und Achtsamkeit zu schulen ist kein Opiat, um dem, was da geschieht, zu entkommen, sondern ein Weg, um den Geist zu beruhigen und tief zu schauen, damit wir uns selbst und die Welt klarer sehen können. Von dieser Grundlage der Klarheit und Einsicht aus können wir die angemessensten, wirksamsten Maßnahmen ergreifen, um die Situation zu verändern und eine regenerative Kultur zu schaffen, in der alles Leben geachtet wird.

Thay sagt, dass »die Welt keine weitere Ideologie oder Doktrin braucht, sondern die Art von Erwachen, die unsere spirituelle Kraft und Stärke wiederherstellt«. Dieses Buch, herausgegeben von seinen Schülerinnen und Schülern, vermittelt seine inspirierenden, zeitgemäßen Lehren für die nächste Generation und enthält seine Anleitungen, wie wir unseren tiefen Wunsch, unser Bestreben, unserer Gesellschaft und unserem Planeten zu helfen, bewahren können, *ohne auszubrennen*. Thay hat uns bereits vor zehn Jahren gebeten, mit der Arbeit an diesem Buch zu beginnen, und wir freuen uns sehr, dass wir nun seine kraftvollen Zen-Lehren über Tiefenökologie, engagiertes Handeln, Gemeinschaftsbildung und kollektives Erwachen aus seinen Schriften, Vorträgen, Interviews und

Frage-und-Antwort-Sitzungen in einem Band zusammengestellt haben. Wir können uns in unseren Entscheidungen und Handlungen von Thays praktischer Alltagsethik leiten lassen. Das versetzt uns in die Lage, unsere alltäglichen, uns immer wieder ausbremsenden Gewohnheiten zu verändern, und wir können Freude und Sinn im Herzen eines jeden Augenblicks finden. Thay sagt, dass wir ohne eine solche Ethik – ohne eine spirituelle Dimension, die unser tägliches Leben leitet – alles verlieren werden.

Bevor Thay im Jahr 2014 einen schweren Schlaganfall erlitt, hatten viele von uns die Chance, unter seiner Anleitung mit ihm zu leben und zu üben. Er förderte uns und forderte uns, ermutigte uns, und manchmal schalt er uns auch. Er war zärtlich wie ein Großvater und kämpferisch wie ein Krieger. Es gab Zeiten, in denen er uns dazu aufforderte, einige seiner vielen Arme des engagierten Handelns in der Welt zu sein. Und was auch immer die Aufgabe war, sie sollte stets direkt erledigt werden. (Ich habe gelernt, dass eine junge Schülerin ihren Lehrer niemals fragen sollte: »Bist du sicher?«) Manchmal erklärte Thay in wahrem Zen-Stil: »*Tu* nicht einfach nur etwas, *setz dich hin*!« In anderen Momenten rief er uns namentlich auf, und wir mussten unser Kissen und die Meditationshalle verlassen, um an etwas Dringendem zu arbeiten, mit dem wir noch nicht fertig geworden waren. Es gab Tage, an denen er uns mit einem sanften Lächeln und einem Funkeln in den Augen daran erinnerte, dass »es nicht nötig ist, zu Mittag zu essen. Der menschliche Körper kann mehrere Tage ohne Essen überleben.« Und es gab andere Tage, an denen er sah, dass wir über unsere viele Arbeit zu essen vergessen hatten, und leise in die Küche ging, um uns eine heiße Suppe zum Abendessen zu kochen.

Es ist schwer, Thays Mitgefühl und auch Feuer sowie seinen freundlichen, durchdringenden Blick in Worte zu fassen. Es ist schwer, seine Sanftmut und Wärme zu beschreiben. Es ist schwer zu verdeutlichen, wie viel Liebe und Vertrauen er bedingungslos all jenen entgegenbringt, die sich als seine Schülerinnen und Schüler betrachten. Thay ermutigt uns, das

Wagnis einzugehen, uns eine völlig neue Art, zu leben und zu handeln, vorzustellen und niemals Angst vor dem Träumen zu haben. Und er erinnert uns daran, dass wir, egal was passiert, immer zusammenarbeiten müssen, niemals allein. Wir laden Sie ein, sich mit uns als Weggefährtinnen und -gefährten auf eine Reise zu begeben: zum Kern seiner Lehren über *Zen und die Kunst, die Welt zu retten.*

——————————— T. D.

Ich habe dich gesucht, mein Kind,
Seit jener Zeit, da die Flüsse und Berge noch im Dunkeln lagen.
Gesucht habe ich dich, als du noch tief geschlafen hast,
Obgleich das Muschelhorn viele Male aus allen
zehn Richtungen widerhallte.
Ohne unseren altehrwürdigen Berg zu verlassen,
habe ich auf entfernte Länder geschaut
Und deine Schritte auf so vielen unterschiedlichen
Pfaden wiedererkannt.
Wohin gehst du, mein Kind?
In früheren Leben hast du oft meine Hand genommen,
Und wir haben uns daran erfreut, zusammen zu gehen.
Wir haben lange Zeit am Fuße alter Kiefern
zusammengesessen,
Wir haben Seit an Seit viele Stunden in Stille dagestanden,
Dem sanften Ruf des Windes gelauscht
Und den vorbeiziehenden weißen Wolken zugesehen.
Du hast das erste rote Herbstblatt aufgehoben und mir gegeben,
Und ich habe dich durch tief verschneite Wälder geführt.
Doch wo immer wir hingehen, immer kehren wir zu unserem
alten Berg zurück,
Um dem Mond und den Sternen nahe zu sein,
Um jeden Morgen die große Glocke zum Erklingen zu bringen
Und allen Wesen zu helfen aufzuwachen.

Aus »Am Waldesrand«
von *Thich Nhat Hanh*

EINFÜHRUNG

Die Schönheit der Erde ist eine Glocke der Achtsamkeit. Wenn Sie diese Schönheit nicht sehen, sollten Sie sich fragen, warum. Vielleicht steht Ihnen etwas im Weg oder Sie sind so sehr damit beschäftigt, nach etwas anderem Ausschau zu halten, dass Sie den Ruf der Erde nicht hören.

Mutter Erde sagt: »Mein Kind, ich bin für dich da; ich biete dir all dies an.« Es ist wahr: die Sonnenstrahlen, das Vogelgezwitscher, die klaren Bäche, die Kirschblüten im Frühling und die Schönheit der vier Jahreszeiten – das alles ist für Sie da. Wenn Sie es nicht sehen oder hören können, liegt das daran, dass Sie zu viel im Kopf haben.

Die Erde sagt Ihnen, dass sie da ist und dass sie Sie liebt. Jede Blume ist ein Lächeln der Erde. Sie lächelt Ihnen zu, doch Sie wollen nicht zurücklächeln. Die Frucht in Ihrer Hand – vielleicht eine Orange oder eine Kiwi – ist ein Geschenk der Erde. Verspüren Sie aber keine Dankbarkeit, dann sind Sie nicht wirklich für die Erde und das Leben da.

Eine wesentliche Voraussetzung dafür, den Ruf der Erde zu hören und ihr zu antworten, ist Stille. Ohne innere Stille werden Sie ihren Ruf nicht hören: den Ruf des Lebens. Ihr Herz ruft Sie, aber Sie hören es nicht. Sie haben keine Zeit, auf Ihr Herz zu hören.

Achtsamkeit hilft uns, uns nicht länger abzulenken und zu unserer Atmung zurückzukehren. Indem wir mit der Aufmerksamkeit nur bei unserer Ein- und Ausatmung sind, hören wir auf zu denken und erwachen innerhalb weniger Sekunden zu der Tatsache, dass wir lebendig sind, dass wir einatmen, hier sind. Wir existieren. Wir sind nicht nicht existent. Wir erkennen: »Ahhh, ich bin hier, ich bin lebendig.« Wir hören auf, an die Vergangenheit zu denken, wir hören auf, uns über die Zukunft zu sorgen, wir richten unsere gesamte Aufmerksamkeit auf die Tatsache, dass wir atmen. Unser achtsames Atmen befreit uns. Wir sind frei, ganz gegenwärtig zu sein: frei von Gedanken, Angst, Sorgen und Streben.

Sind wir frei, können wir auf den Ruf der Erde antworten. »Ich bin hier. Ich bin dein Kind.« Wir erkennen, dass wir Teil des Wunders sind. Und wir können sagen: »Ich bin frei: frei von all dem, was mich daran hindert, ganz und gar lebendig zu sein. Du kannst dich auf mich verlassen.«

Wenn Sie erwachen und erkennen, dass die Erde nicht nur Umwelt ist, sondern dass Sie die Erde *sind*, dann berühren Sie die Natur des Interseins, unsere wechselseitige Verbundenheit und Verwobenheit. Und in diesem Moment treten Sie in eine *echte* Kommunikation mit der Erde ein. Das ist die höchste Form des Gebets. In dieser Art Beziehung werden Sie über die Liebe, die Kraft und das Erwachen verfügen, die Sie für die Veränderung Ihres Lebens benötigen.

Viele von uns haben sich der Erde entfremdet. Wir vergessen immer wieder, dass wir hier auf einem wunderschönen Planeten leben und dass unser Körper ein Wunder ist, welches wir der Erde und dem gesamten Kosmos zu verdanken haben. Die Erde vermochte Leben hervorzubringen, weil sie auch Nicht-Erde-Elemente in sich trägt, darunter die Sonne und die Sterne. Die Menschheit ist aus Sternenstaub entstanden. Die Erde ist nicht nur die Erde, sondern der gesamte Kosmos.

Nur mit dieser Sichtweise und Einsicht werden Sie Ihre wertenden Unterscheidungen aufgeben und sich mit der Erde tief verbunden fühlen. Daraus wird sich viel Gutes entwickeln. Sie sehen die Dinge nicht länger auf dualistische Weise und überwinden die Vorstellung, dass die Erde nur die Umwelt mit Ihnen im

Zentrum ist und Sie nur dann etwas für die Erde tun wollen, wenn es *Ihrem* Überleben dient.

Werden Sie sich beim Einatmen Ihres Körpers bewusst, schauen Sie tief in Ihren Körper hinein und erkennen Sie, dass Sie die Erde *sind* und dass Ihr Bewusstsein das Bewusstsein der Erde ist und es zu einem befreiten Bewusstsein werden kann, frei von jeglichen wertenden Unterscheidungen und falschen Ansichten. Damit werden Sie das, was Mutter Erde von Ihnen erwartet: erleuchtet, ein Buddha, sodass Sie allen Lebewesen helfen können, nicht nur auf der Erde, sondern letztlich auch auf anderen Planeten.

Meine Generation hat viele Fehler gemacht. Wir haben uns diesen Planeten von den jüngeren Generationen geliehen, und wir haben ihm immensen Schaden zugefügt und große Zerstörung angerichtet. Wir sind beschämt, ihn jetzt so zu übergeben, und hätten es uns anders gewünscht. Ihr Jungen erhaltet einen wunderschönen, aber beschädigten, verwundeten Planeten. Das tut uns leid. Als jemand der älteren Generation hoffe ich, dass die junge Generation so schnell wie möglich aktiv wird. Dieser Planet gehört euch, den zukünftigen Generationen. Euer Schicksal und das Schicksal des Planeten liegen in euren Händen.

Unsere Zivilisation ist eine Zivilisation, die auf Pump lebt. Wann immer wir uns etwas anschaffen, das wir uns nicht leisten können, wie ein Haus oder ein Auto, setzen wir darauf, dass wir in der Zukunft in der Lage sein werden, die Schulden zurückzuzahlen. Wir leben auf Pump, ohne zu wissen, ob wir das alles jemals zurückzahlen können. Auf diese Weise sind wir bei uns selbst, unserer Gesundheit und unserem Planeten zu Schuldnern geworden. Aber der Planet kann das nicht mehr tragen. Wir haben uns auch zu viel von unseren Kindern und Enkelkindern geliehen. Der Planet und die zukünftigen Generationen sind auch wir; wir sind nicht voneinander getrennt. Der Planet sind wir, und die zukünftigen Generationen sind auch wir. Die Wahrheit ist aber, dass von uns selbst nicht mehr sehr viel übrig ist.

Von daher ist es sehr wichtig, dass wir aufwachen und erkennen: Wir *müssen* uns nichts mehr ausleihen. Was uns im Hier und Jetzt zur Verfügung steht, reicht vollkommen aus, damit wir uns genährt und glücklich fühlen. Das Wunder von Achtsamkeit, Konzentration und Einsicht besteht in der Erkenntnis, dass wir glücklich mit den uns verfügbaren Bedingungen sein können, dass wir nicht danach streben müssen, immer mehr zu bekommen und dafür den Planeten auszubeuten. Wir müssen nicht mehr auf Pump leben. Nur mit dieser Art von Erwachen können wir die Zerstörung stoppen.

Das ist keine individuelle Angelegenheit. Wir müssen gemeinsam aufwachen. Und wenn wir gemeinsam erwachen, dann haben wir eine Chance. Unsere Lebensweise und Zukunftsplanung haben uns in diese Situation geführt. Und jetzt müssen wir genau hinschauen, um einen Ausweg zu finden, nicht nur individuell, sondern kollektiv, als Menschheit. Man kann nicht mehr auf die ältere Generation allein zählen. Ich habe oft gesagt, dass ein Buddha nicht ausreicht; wir brauchen ein kollektives Erwachen. Wir alle müssen Buddhas werden, damit unser Planet eine Chance hat.

TEIL I

RADIKALE ERKENNTNIS:

EINE NEUE SICHTWEISE

Sitzen Sie bequem?

Schwester True Dedication (T. D.)

Thay ist da ganz klar: Es gibt etwas, das wir wirklich verändern können: unseren Geist oder unser Bewusstsein, und das macht den Unterschied. Unser Geist ist das Instrument, das uns mit der Welt interagieren lässt; er umfasst unsere Verzweiflung und Ängste, unsere Hoffnungen und Träume. Die Sichtweise unseres Geistes bestimmt die Entscheidungen, die wir treffen oder vermeiden, sowie unser Handeln, legt fest, wie wir mit denen umgehen, die wir lieben oder ablehnen, und wie wir in einer Krise reagieren. Im Buddhismus sagen wir oft, dass wir mit unserem Geist die Welt erschaffen. Unsere Wahrnehmungen sind geprägt von der Sprache, Kultur und Gesellschaft, in der wir leben, und von der Tendenz, die Realität in Kategorien zu stecken, die oft einfach nicht passen. Diese Etiketten, vielfach wertend unterscheidend, schränken unsere Klarheit und unser Handeln zum Schutz des Planeten ein und hindern uns daran, in Harmonie miteinander und mit der Welt zu leben. Wir wollen vielleicht, dass die Welt erwacht und handelt. Aber welche Art von Erwachen ist denn tatsächlich hilfreich? Was brauchen wir, um *zu was* zu erwachen?

Der Buddhismus spricht von zwei Ebenen der Wahrheit: der Ebene der Etiketten und Erscheinungen, oft »konventionelle Wahrheit« genannt, und der tieferen Ebene der Realität, die als »letztendliche Wahrheit« bezeichnet wird. Thay lehrt uns, dass wir erkennen müssen, was auf beiden Ebenen der Wahrheit vor sich geht, wenn wir unserer Gesellschaft und unserem Planeten helfen wollen.

In vielen seiner Vorträge in Plum Village, dem internationalen Praxiszentrum und Kloster, das Thay im Südwesten Frankreichs gegründet hat, hat er einen der ältesten und kraftvollsten Texte des Zen-Buddhismus behandelt – das Diamant-Sutra. Es ist die weltweit erste Abhandlung über Tiefenökologie und ein Schatz des gemeinsamen Weisheitserbes der Menschheit. Das Sutra wurde im Nordosten des indischen Subkontinents verfasst, irgendwann zwischen dem zweiten und fünften Jahrhundert. Es gibt sogar eine aus dem neunten Jahrhundert stammende Rolle, gedruckt auf Papier aus Maulbeerbaumrinde und Hanf, die in den abgelegenen Dunhuang-Höhlen gefunden wurde, dort, wo die alte Seidenstraße in den Westen Chinas führte. Es ist das weltweit älteste gedruckte Buch der Welt. Auf einer Vortragsreise nach London vor einigen Jahren nahm Thay ein paar Dutzend von uns Mönchen und Nonnen mit, um mit ihm die Schriftrolle im Britischen Museum anzuschauen. Heutzutage vermag Weisheit räumliche und zeitliche Entfernungen zu überwinden.

Wie Sie auf den folgenden Seiten entdecken werden, bietet das Diamant-Sutra eine tiefgreifende Kontemplation an, die uns zu einem Durchbruch verhelfen kann bezüglich der Art und Weise, wie wir die Welt sehen. Die vierteilige Meditation lässt uns die Geschichten, die wir uns darüber erzählen, wie das Leben ist und wie es nicht ist, durchschauen und hilft uns, der tieferen Realitätsebene, so wie sie wirklich ist, näher zu kommen. Bekannt ist dieses Sutra als das Vajracchedika-Sutra – der »Donnerkeil« oder »Diamant«, der »die Illusion durchschneidet«. Wenden wir die Lehren des Diamant-Sutra an, kann das für uns zu einer enormen Quelle von Energie und Klarheit werden, um richtig zu handeln.

Es ist unglaublich schwer, innezuhalten und zurückzutreten. Vielleicht sogar beängstigend. Tatsache ist, dass man nur selten die Chance hat, die eigenen tief verwurzelten, gesellschaftlich geprägten Überzeugungen zu hinterfragen. Aus diesem Grund sollten Sie die folgenden Seiten langsam lesen und sich Zeit nehmen zu erkunden, wie Sie diese Erkenntnisse direkt auf Ihr eigenes Leben anwenden können. Vielleicht mögen Sie sich bei einem Spaziergang Raum für die Betrachtung dieser Ideen schaffen oder sich Notizen während des Lesens machen. Thay sagt stets, so wie der Buddha auch: »Was auch immer ihr tut, nehmt mich nicht einfach beim Wort. Setzt es in die Praxis um, und überzeugt euch selbst.«

Sind Sie bereit für ein wenig Wahrheitsfindung?

———————— T. D.

FRÜHLINGSDONNER

Viele von uns kann man kaum als wach bezeichnen. Wir leben in der Welt, aber wir können sie nicht wirklich sehen; es ist, als ob wir schlafwandelten. Zu erwachen bedeutet vor allem, aufzuwachen zur Schönheit der Erde. Sie erwachen zu der Tatsache, dass Sie einen Körper haben und dieser Körper aus der Erde, der Sonne und den Sternen gemacht ist. Sie erwachen zu der Tatsache, dass der Himmel schön und unser Planet ein Juwel des Kosmos ist. Ihnen ist die Möglichkeit gegeben, ein Kind der Erde zu sein und Schritte auf diesem außergewöhnlichen Planeten zu machen.

Sie wachen zweitens auf zum Leiden in der Welt. Sie erwachen zu der Tatsache, dass die Erde und die unzähligen Arten von Lebewesen in Gefahr sind. Sie möchten Wege finden, um Linderung, Heilung und Transformation zu bringen. Dafür brauchen Sie viel Energie. Verspüren Sie ein starkes inneres Verlangen, einen Geist der Liebe, dann ist das die Art von Energie, die Ihnen helfen wird, folgende zwei Dinge zu tun: aufzuwachen zu den Schönheiten des Planeten, um sich selbst zu heilen, und aufzuwachen zum Leiden in der Welt und zu helfen versuchen. Wenn Sie über diese innere Quelle der Kraft sowie diesen Geist der Liebe verfügen, so sind Sie das, was man einen *Buddha in Aktion* nennen kann.

Nehmen Sie das Leiden in der Welt zwar wahr, haben aber Ihre Lebensweise noch nicht geändert, so ist Ihr Erwachen noch nicht stark genug. Sie sind noch nicht wirklich erwacht. Falls es für Ihr Erwachen nötig ist, wird im Zen ein Lehrer, eine Lehrerin Sie vielleicht manchmal sogar anschreien oder Ihnen einen Schlag versetzen. Der Schrei des Zen-Meisters ist wie ein Frühlingsdonner. Er weckt Sie auf und durch den anschließenden Regen werden Gräser und Blumen erblühen.

Wir brauchen ein *echtes* Erwachen, eine wirkliche Erleuchtung. Neue Gesetze und politische Maßnahmen sind nicht genug. Wir müssen unsere Art zu denken und unsere Sicht auf die Dinge ändern. Das ist möglich; die Wahrheit ist, dass wir es noch nicht wirklich versucht haben. Jeder und jede von uns muss es für sich selbst tun. Niemand sonst kann es für Sie tun. Sie sollten mit sich selbst und Ihrem eigenen Geist beginnen.

Ich bin der Überzeugung, dass wir die Welt nicht verändern können, wenn wir nicht in der Lage sind, unsere Denkweise, unser Bewusstsein zu ändern. Ein kollektiver Wandel in unserer Denkweise und unserer Sicht auf die Dinge ist dabei entscheidend. Ohne einen solchen Wandel können wir nicht erwarten, dass sich die Welt verändert.

Das kollektive Erwachen besteht aus individuellem Erwachen. Sie müssen zuerst selbst aufwachen, und dann haben die Menschen in Ihrem Umfeld eine Chance. Wenn wir selbst weniger leiden, können wir hilfreicher sein, und wir können anderen helfen, sich ebenfalls zu verändern. Frieden, Erwachen und Erleuchtung beginnen immer bei uns selbst. Sie selbst sind die Person, auf die Sie zählen müssen.

Einerseits müssen wir die Kunst des Glücklichseins erlernen: wie wir im Leben wirklich präsent sind, damit wir die Art von Nahrung und Heilung bekommen, die wir brauchen. Auf der anderen Seite müssen wir die Kunst des Leidens erlernen: wie wir mit unserem Leiden umgehen, um weniger zu leiden und anderen dabei helfen zu können, weniger zu leiden. Es erfordert Mut und Liebe, zu uns selbst zurückzukehren und uns um das Leiden, die Angst und Verzweiflung in uns selbst zu kümmern.

Meditation ist entscheidend dafür, dass Sie Ihre Verzweiflung überwinden, durch Einsicht furchtlos werden und Ihr Mitgefühl lebendig halten. Dann werden Sie als echtes Werkzeug der Erde allen Wesen zu helfen vermögen. Meditieren bedeutet nicht dem Leben entfliehen, sondern sich Zeit nehmen, tief zu schauen. Sie gönnen sich Zeit, um zu sitzen, zu gehen – um nichts zu tun. Sie schauen einfach tief in die Situation und in Ihren eigenen Geist hinein.

DIE EWIGKEIT IM GEGENWÄRTIGEN MOMENT

Das Artensterben findet jeden Tag statt. Wissenschaftler schätzen, dass jedes Jahr über zwanzigtausend Arten aussterben, und das Tempo beschleunigt sich. Das geschieht heute; es ist nicht etwas, das in der Zukunft liegt. Wir wissen, dass vor 251 Millionen Jahren bereits eine globale Erwärmung stattfand, die durch gigantische Vulkanausbrüche verursacht wurde, und diese Erwärmung verursachte das schlimmste Massenaussterben in der Geschichte unseres Planeten. Der Anstieg der globalen Temperatur um sechs Grad Celsius reichte aus, um 95 Prozent aller Arten auszulöschen. Jetzt findet eine zweite massive Erwärmung statt. Dazu kommen die vom Menschen verursachte Abholzung der Wälder und die industrielle Luftverschmutzung. Vielleicht wird es in hundert Jahren keine Menschen mehr auf unserem Planeten geben. Nach dem letzten Massenaussterben dauerte es hundert Millionen Jahre, bis sich die globale Diversität des Lebens auf der Erde wieder erholt hatte. Verschwindet unsere Zivilisation, wird es ähnlich lange dauern, bis sich eine neue Zivilisation entwickelt.

Wenn wir darüber nachsinnen, ist es nur natürlich, dass Gefühle von Angst, Verzweiflung oder Traurigkeit in uns aufkommen. Deshalb müssen wir uns durch die Praxis des achtsamen Atmens darin üben, mit unserem Einatmen und Ausatmen die

Ewigkeit zu berühren. Das Massenaussterben hat bereits fünfmal stattgefunden, und das jetzige ist das sechste. Den tiefsten Einsichten des Buddhismus zufolge gibt es keine Geburt und keinen Tod. Nach dem Aussterben wird das Leben in anderen Formen wieder erscheinen.

Man muss auf eine sehr tiefgehende Weise atmen, um die Tatsache anzuerkennen, dass wir Menschen möglicherweise eines Tages verschwinden werden.

Wie können wir diese harte Tatsache akzeptieren und nicht von Verzweiflung überwältigt werden? Unsere Verzweiflung wird dadurch genährt, wie wir über uns selbst und die Welt denken. Wenn wir beginnen, unsere Ansichten zu überprüfen, und wir unsere Art, zu denken und die Dinge zu sehen, verändern, wird es uns auch möglich, den Geist wertender Unterscheidung zu transformieren, der an der Wurzel unseres Leidens liegt.

Wir können uns darin üben, den gegenwärtigen Moment in einer tieferen Weise zu sehen und zu erleben. Und wenn wir die Wirklichkeit im gegenwärtigen Moment tief berühren, berühren wir die Vergangenheit, wir berühren die Zukunft, und wir berühren die Ewigkeit. Wir sind die Umwelt, wir *sind* die Erde, und die Erde vermag wieder ins Gleichgewicht zu gelangen, selbst wenn zuvor viele Arten aussterben müssen.

Es braucht keine jahrelange Übung, um die Ewigkeit im gegenwärtigen Moment zu berühren. In einem Sekundenbruchteil kann man sie berühren. Durch nur einen einzigen achtsamen und konzentrierten Atemzug oder Schritt auf der Erde können wir die Zeit transzendieren. Wenn Sie den gegenwärtigen Moment tief berühren, leben Sie in der Ewigkeit.

ZEN-WURZELN

Der Sanskrit-Begriff für Meditation ist *dhyana*. Die Chinesen sprechen es *chán* aus, im Vietnamesischen sagen wir *thiền*, und im Japanischen heißt es *zen*. Das chinesische Schriftzeichen 禪 bedeutet wörtlich »die Praxis des Reflektierens«. In meiner Tradition verwenden wir den Ausdruck »die Praxis des tiefen Schauens«.

Um tief zu schauen, müssen Sie sich Zeit nehmen, achtsam und konzentriert gegenwärtig zu sein, sodass Sie Ihre Aufmerksamkeit auf das richten können, was vor sich geht. Das betrachten Sie dann eingehend. Die Energie der Achtsamkeit und Konzentration kann Ihnen zu einem Durchbruch verhelfen, und Sie beginnen, die wahre Natur dessen zu sehen, was da ist. Das kann eine Wolke, ein Kieselstein oder ein anderes menschliches Wesen sein oder auch Ihr Ärger oder Ihr Körper. Die Praxis des Zen, Dhyana, der Meditation, besteht also darin, ganz präsent zu sein und tief zu schauen.

Der Buddhismus in Vietnam begann mit der Meditationstradition. Zu Beginn des dritten Jahrhunderts gab es einen Kaufmann aus Sogdien in Zentralasien, der in den heutigen Norden Vietnams reiste, vielleicht entlang der sogenannten maritimen Seidenstraße. Er wollte dort seinen Geschäften nachgehen und dann bei günstigem Wind nach Indien zurücksegeln. Dieser junge Kaufmann fand es in Vietnam aber sehr angenehm, also ließ er sich dort nieder und heiratete eine junge Vietnamesin. Sie bekamen einen kleinen Jungen, der halb indisch und halb vietnamesisch war und später der erste Lehrer für buddhistische Meditation in Vietnam und China werden sollte: Meister Tang Hoi.

Als Tang Hoi zehn Jahre alt war, starben sein Vater und seine Mutter, und er wurde in einen indischen buddhistischen Tempel im heutigen Nordvietnam aufgenommen, um zum Mönch ausgebildet zu werden. Die Tempel waren von indischen Mönchen in den Häfen und Handelszentren für die indischen Kaufleute errichtet worden, die sich dort für längere Zeit aufhielten. Im dritten Jahrhundert erblühte der Buddhismus. Als junger Mönch studierte Tang Hoi sowohl Sanskrit als auch Chinesisch. Er gründete eine Gemeinschaft und lehrte in Vietnam, bevor er nach Norden über die Grenze in das Königreich Wu (heute China) wanderte, um die buddhistische Meditationspraxis weiterzugeben.

Als Tang Hoi in das Wu-Königreich kam, gab es dort der Überlieferung zufolge noch keine buddhistischen Mönche; er war der erste. Er baute sich eine kleine Hütte und praktizierte Gehmeditation, und seine Anwesenheit sprach sich schnell herum. Er wurde vom König eingeladen, der sich sehr beeindruckt von ihm zeigte und ihm um die Mitte des Jahrhunderts den Bau des ersten buddhistischen Tempels im Königreich Wu erlaubte. Dieser wurde als »der erste gebaute Tempel« bekannt, und wenn man heute nach Nanjing reist, kann man noch die Ruinen sehen. Dort begann Tang Hoi Meditation zu lehren und organisierte Zeremonien zur Ordination der ersten buddhistischen Mönche in China, etwa dreihundert Jahre vor Bodhidharma.

Bodhidharma wird von vielen für den ersten Lehrer des Zen-Buddhismus in China gehalten, aber das ist nicht wahr. Tang Hoi lehrte bereits dreihundert Jahre zuvor dort. Er ist tatsächlich der erste Zen-Meister Vietnams und Chinas. Und während Bodhidharma keine Schriften hinterlassen hat, hinterließ Tang Hoi viele heute noch erhaltene Werke, darunter wertvolle Übersetzungen und Kommentare. Er übersetzte und lehrte das Diamant-Sutra, eine der beliebtesten Schriften der Zen-Tradition und der früheste Text, der sich mit Tiefenökologie beschäftigt.

Wenn wir vom Diamant-Sutra hören, können wir uns einen Zen-Mönch wie Meister Tang Hoi vorstellen, der mit einem Stab in der Hand und einer alten Schriftrolle in seiner Tasche durch die Lande zog.

DER ALLES DURCHSCHNEIDENDE DIAMANT

Im Diamant-Sutra werden die Meditierenden dringend aufgefordert, vier Vorstellungen *wegzuwerfen,* loszulassen, um die eigene wahre Natur und die wahre Natur der Wirklichkeit zu verstehen: die Vorstellung eines »Selbst«, die Vorstellung eines »menschlichen Wesens«, die Vorstellung eines »Lebewesens« und Vorstellung einer »Lebensspanne«. Im Sutra heißt es, dass wir, solange wir in diesen Vorstellungen gefangen sind, noch nicht frei und echte Bodhisattvas sein können, erwachte Wesen, die das Leiden in der Welt zu lindern helfen. Aber wenn wir diese Vorstellungen durchschneiden und hinter uns lassen können, werden wir zu der Einsicht, dem Verstehen und der Freiheit gelangen, die wir brauchen, um den Planeten zu retten.

Es erfordert Einsicht und Mut, eine Idee zu wegzuwerfen. Unser tiefes Leiden kann daher rühren, dass wir an einer Idee festgehalten haben, von der wir uns nicht trennen konnten. Wegwerfen ist ein sehr starker Begriff. Es geht nicht einfach nur um ein »Loslassen«. Meister Tang Hoi verwendete vor vielen Jahrhunderten den Begriff »wegwerfen«, um den Pali-Begriff *patinissagga* zu übersetzen.

Der Sinn des tiefen Schauens und Meditierens liegt darin, dass wir zu Einsichten gelangen, und diese müssen wir *selbst konkret erfahren.* Wir sollten also keine Zeit damit verschwenden, immer neue Ideen und neues Wissen anzuhäufen; wir sollten uns das aneignen, was uns hilft, unsere tatsächlichen Herausforderungen und Hindernisse zu überwinden. Das Ziel eines Zen-Meisters ist es, den Schülerinnen und Schülern dabei zu helfen, sich zu transformieren; es geht nicht darum, intellektuelles Wissen oder Ansichten zu vermitteln. Eine Zen-Meisterin ist keine Professorin.

Meine Tradition gehört zur Linie des Zen-Meisters Linji aus dem neunten Jahrhundert. Er sagte oft: »Mein Ziel ist es nicht, euch Wissen zu vermitteln. Mein Ziel ist es, euch dabei zu helfen, dass ihr euch von euren Ansichten befreit.« Verstehen sollte sich nicht in bloßem Wissen erschöpfen, sondern tiefe Einsicht beinhalten. Einsicht ist kein Ergebnis des Denkens. Einsicht ist eine direkte, intuitive Vision, die sich aus starker Konzentration speist. Sie ist kein Produkt des Denkens. Sie ist eine tiefe Intuition. Und wenn es sich um eine echte Einsicht handelt, dann hat sie die Kraft, uns von unserer Wut, unserer Angst und unserem Leiden zu befreien.

Auch wenn man nur einmal im Leben etwas auf eine tiefgreifende Weise erkannt hat, ist das keine kleine Leistung. Haben Sie einmal etwas erkannt, mag es Ihnen auch ein weiteres Mal gelingen. Die Frage ist, ob Sie die dafür nötige Entschlossenheit und Ausdauer aufbringen.

SIE SIND MEHR, ALS SIE DENKEN

Die erste Vorstellung, die Sie wegwerfen müssen, ist die Vorstellung eines Selbst oder Ichs. Es ist ein sehr tief verwurzelter Glaube in jedem Menschen, dass es ein Selbst gebe, das vom Rest der Welt getrennt ist; dass ich ich selbst bin und jeder und alles andere, einschließlich der Erde, nicht »ich« ist. Wir werden mit diesem starken Glauben geboren, dass wir getrennt und eigenständig sind: »Ich bin nicht du. Das ist dein Problem; es ist nicht meins.« Intellektuell mögen wir vielleicht verstehen, dass nichts für sich allein existieren kann, aber tatsächlich *glauben* wir doch, dass es so sei, und wir verhalten uns so, als seien wir ein getrenntes Selbst. Dies ist die Grundlage unseres Denkens und Verhaltens, und es schafft eine Menge Leid. Es braucht eine intensive Schulung, um diese Vorstellung wegzuwerfen.

In Wirklichkeit *ist* da niemand, kein Selbst, kein Ich. Es gibt das Denken; es gibt die Reflexion. Aber es steht keine Person dahinter. Als Descartes sagte: »Ich denke, also bin ich«, meinte er damit, dass er in der Zeit des Denkens selbst der Denkende ist. Der Buddha sagte, dass es ein fortwährendes Denken gibt, aber es gar nicht sicher sei, dass ein »Ich« hinter dem Denken steht. Denken findet statt; das können wir feststellen. Aber können wir sagen, dass es einen Denker gibt? Wenn es ein schmerzhaftes Gefühl gibt, können wir mit Sicherheit sagen, dass da ein schmerzhaftes Gefühl ist. Aber was die Person als Fühlende angeht, ist das nicht so sicher. Das ist so ähnlich, wie wenn man sagt: »Es regnet.« Der Regen ist etwas, das geschieht; es regnet, aber es gibt keinen Regenmacher. Man braucht keinen Regenmacher, damit Regen möglich ist. Und man braucht auch keinen Denkenden, damit Denken möglich ist. Man braucht keine Fühlende, damit Fühlen möglich ist. Das ist die Lehre vom Nicht-Selbst. Die Vorstellung eines »Selbst« oder »Ich« beinhaltet, dass ich dieser Körper bin, dieser Körper ist ich; oder dieser Körper ist mein, er gehört mir. Aber diese Vorstellung entspricht nicht der Realität. Wenn Sie tief in Ihren Körper hineinschauen, erkennen Sie, dass Ihr Körper ein Strom ist. Sie können Ihre Eltern und Vorfahren in diesem Strom erkennen. Also, der Strom ist da, aber es ist nicht sicher, dass es darin jemanden gibt, der »ich« genannt werden kann. In diesem Strom können Sie Ihre Vorfahren und alles andere sehen – nicht nur menschliche Vorfahren, sondern auch tierische, pflanzliche und sogenannte anorganische Vorfahren. Es gibt ein Kontinuum. Ob es eine Person, eine Akteurin, dahinter gibt, ist nicht so sicher.

Eine bessere Aussage wäre daher: »Ich bin mit allem in wechselseitiger Abhängigkeit verbunden und verwoben, ich *inter*-bin.« Das ist näher an der Wahrheit. Wenn Vater und Sohn, Mutter und Tochter über die Einsicht in das Nicht-Selbst verfügen, werden sie einander im Licht dieser wechselseitigen Abhängigkeit und Verbundenheit, des Interseins, betrachten und tatsächlich keine Probleme mehr miteinander haben. Wir inter-sind. Ich *bin* so, weil du so *bist*.

Es ist sehr wichtig, die Vorstellung »ich bin« wegzuwerfen, weil sie nicht die wahre Natur der Wirklichkeit widerspiegelt.

Die Vorstellung eines getrennten Selbst ist wie ein Tunnel, in den man sich immer wieder begibt. Bei der Meditation können Sie erkennen, dass es den Atem gibt, aber nirgendwo ein Atmender zu finden ist; dass es das Sitzen gibt, aber nirgendwo eine Sitzende zu finden ist. Durch diese Erfahrung verschwindet der Tunnel, und ein weiter Raum und große Freiheit werden erlebbar.

WER BIN ICH?

Ich bin die Fortführung meiner Eltern. Ich bin die Fortführung meiner Vorfahren. Das ist ganz klar. Ich habe kein separates Selbst. In mich hineinschauend, kann ich meinen Vater, meine Mutter in jeder Zelle meines Körpers sehen. Ich kann meine Vorfahren in jeder Zelle meines Körpers sehen. Ich kann mein Land, mein Volk, in jeder Zelle meines Körpers sehen. Ich kann erkennen, dass ich aus vielen Elementen bestehe, die man als Nicht-Ich-Elemente bezeichnen kann. Ich bestehe aus Nicht-Ich-Elementen, und wenn diese Elemente zusammenkommen, bringen sie mich hervor. Ich bin also das. Ich habe keine separate Existenz. Ich habe kein getrenntes Selbst.

Das ist die richtige oder rechte Sichtweise. Wenn Sie die Wirklichkeit auf diese Weise sehen, sind Sie nicht mehr einsam, denn Sie sind der Kosmos. Sie haben diesen Körper, aber Sie haben auch einen kosmischen Körper. Der ganze Kosmos findet sich in Ihnen. Sie haben einen kosmischen Körper hier und jetzt, und Sie können mit dem Kosmos in Ihnen sprechen. Sie können mit Ihrem Vater in Ihnen, Ihrer Mutter in Ihnen, Ihren Vorfahren in Ihnen sprechen. Sie bestehen aus Nicht-Ich-Elementen. Sie sind die Fortführung von Eltern, Vorfahren, Sternen, Mond, Sonne, Flüssen, Bergen. Alles ist in Ihnen. Sie können mit alldem sprechen, in dem Wissen, dass Sie die Welt sind. Sie sind der Kosmos. Und das können Sie in der Meditation erkennen. Wenn Sie konzentriert sind, werden Sie zu sehen beginnen.

Angenommen, eine Welle, die auf dem Ozean erscheint, fragt sich: »Wer bin ich?« Wenn die Welle etwas Zeit hat, mit sich selbst in Berührung zu kommen, wird sie herausfinden, dass sie der Ozean ist. Sie ist eine Welle, aber gleichzeitig ist sie der Ozean. Und sie ist nicht nur diese Welle, sondern sie ist auch die anderen Wellen. So erkennt sie die Verbundenheit, die Natur des Interseins, die wechselseitige Verwobenheit zwischen sich und den anderen Wellen, und sie unterscheidet nicht mehr zwischen Selbst und Nicht-Selbst. Es ist sehr wichtig, dass die Welle erkennt, dass sie einen Wellenkörper hat, aber sie hat auch ihren Ozeankörper. Wenn die Welle ihren Ozeankörper erkennt, verliert sie jede Angst und gibt alle wertenden Unterscheidungen auf.

Das ist das *Gute* an der Meditation. Sie kann Ihnen helfen, Ihre Wurzeln zu berühren und sich von wertenden Unterscheidungen und Ängsten zu befreien. Wenn Sie meinen, dass Sie ein

Selbst hätten – getrennt von Ihren Vorfahren und dem Kosmos –, dann irren Sie sich. Es gibt ein Ich, aber das besteht aus Nicht-Ich-Elementen.

Leben Sie achtsam und konzentriert, werden Sie immer tiefer die Wahrheit, die in Ihnen ist, berühren. Und eines Tages werden Sie feststellen, dass Sie auf dem Grund des Kosmos ruhen. Im Christentum spricht man vom »Ruhen in Gott«. Wenn die Welle im Ozean ruht, ist sie in Frieden. Ruhen Sie in Ihrem kosmischen Körper, erleben Sie Frieden. Bei der Gehmeditation kann jeder Schritt Ihnen helfen, diesen kosmischen Körper, den Ozeankörper, zu berühren, der Sie unsterblich macht. Sie haben dann keine Angst mehr vor dem Sterben. Aber viele von uns sind zu beschäftigt und haben keine Zeit, bewusst zu atmen und zu gehen, um in Berührung mit unserem kosmischen Körper, unserer wahren Natur von Nicht-Geburt und Nicht-Tod zu kommen.

Meditation kann sehr befriedigend sein. Sie sind auf der Suche nach sich selbst. Sie sind auf der Suche nach einem Sinn im Leben. Meditation bedeutet, sich die Zeit zu nehmen, um tief zu schauen, tief zu lauschen. Dann können Sie mit Ihrer wahren Natur in Berührung kommen und sich von Ängsten und wertenden Unterscheidendungen befreien.

TIEFENÖKOLOGIE

Die zweite Vorstellung, die uns das Diamant-Sutra wegzuwerfen aufträgt, ist die Vorstellung eines »menschlichen Wesens«. Wir wissen, dass der Homo sapiens noch eine sehr junge Spezies auf der Erde ist. Wir sind erst sehr spät gekommen, und dennoch verhalten wir uns so, als wären wir hier der Boss. Wir halten uns für etwas ganz Besonderes. Wir meinen, wir stünden über allem anderen und jeder anderen Spezies, als wäre alles für uns geschaffen worden. Mit dieser Sichtweise haben wir der Erde großen Schaden zugefügt. Wir wollen Sicherheit, Wohlstand und Glück nur für uns Menschen, auf Kosten von allem anderen. Doch bei tiefer Betrachtung sehen wir, dass wir Menschen nur aus nicht menschlichen Elementen bestehen, einschließlich Pflanzen, Tieren und Mineralien. Nicht nur in vergangenen Zeiten, sondern auch in diesem Moment, stehen wir in wechselseitiger Abhängigkeit und Verbundenheit mit all den nicht menschlichen Elementen in uns und um uns herum. Es ist ganz klar: Wie kann es ohne Mineralien, Pflanzen und Tiere Menschen geben? Wenn man all diese Elemente entfernt oder zurückgibt, kann ein Mensch nicht mehr existieren. Und doch versuchen wir, uns zu schützen und uns zu verteidigen, indem wir die nicht menschlichen Elemente, einschließlich anderer Arten, zerstören.

Im täglichen Leben müssen wir Worte benutzen, um Dinge zu benennen und zu definieren, aber das reicht nicht aus. In der zeitgenössischen Logik und Mathematik wird immer noch das »Identitätsprinzip« verwendet: A *kann nur* A sein. A *kann nicht* B sein. Aber dem Buddha zufolge sieht man bei tiefem Schauen, dass A *nicht nur* A ist. A besteht nur aus Nicht-A-Elementen. Der Mensch besteht nur aus nicht menschlichen Elementen. Der Mensch besteht aus *all* seinen Vorfahren. Die Berge, der Fluss, die Rose, der Planet bestehen alle aus Nicht-Berge-, Nicht-Fluss-, Nicht-Rose-, Nicht-Planeten-Elementen. Diese Erkenntnis macht uns frei. »Mensch« und »Berg« sind nur Etiketten, Bezeichnungen, ohne wirkliche Substanz. Sie haben keine eigene Existenz. Dies ist das Schwert der Dialektik des Diamant-Sutra: A ist nicht A, und deshalb kann es wahrhaftig A sein.

Der Mensch ist in allen Dingen gegenwärtig, und alle Dinge sind im Menschen gegenwärtig. Es gibt einen Berg in uns, sehen

Sie das? Es gibt Wolken in uns, sehen Sie die? Es ist nicht nur so, dass wir früher eine Wolke oder ein Fels *waren*, sondern wir *sind* auch heute noch eine Wolke und ein Fels. In früheren Zeiten waren wir auch ein Fisch, ein Vogel, ein Reptil. Wir sind ein Mensch, ja, aber gleichzeitig sind wir alles. Wenn wir das erkennen, wissen wir, dass die Erhaltung anderer Arten auch unsere bedeutet. Das ist mit Intersein, der tiefgreifendsten Lehre der Tiefenökologie, gemeint.

In der Zen-Welt heißt es: »Bevor ich Meditation praktizierte, sah ich, dass die Berge Berge waren und die Flüsse Flüsse. Während ich praktizierte, sah ich, dass die Berge nicht mehr Berge und die Flüsse keine Flüsse mehr waren. Und nachdem ich praktiziert hatte, sah ich, dass die Berge *wirklich* Berge und die Flüsse *wirklich* Flüsse waren.« Ein solches Sehen führt zu Freiheit.

Ich kenne ökologisch engagierte Menschen, die in ihren Beziehungen nicht glücklich sind. Sie arbeiten sehr hart, um die Umwelt zu schützen, aber flüchten damit auch vor dem Partner, der Partnerin. Doch wie kann man der Umwelt helfen, wenn man selbst nicht glücklich ist? Deshalb bedeutet der Schutz nicht menschlicher Elemente gleichzeitig, uns Menschen zu schützen, und der Schutz von uns Menschen beinhaltet den Schutz nicht menschlicher Elemente. Die Einsicht in das Intersein hat die Kraft, uns aufzuwecken.

DAS LEBEN HAT KEINE GRENZEN

Die dritte Vorstellung, die wir durchschauen müssen, ist die Vorstellung von »Lebewesen«. Viele von uns unterscheiden zwischen empfindungsfähigen oder »lebenden« Wesen und nicht empfindungsfähiger oder »unbelebter« Materie. Doch die Wissenschaft der Evolution sagt uns, dass wir nicht nur menschliche und tierische, sondern auch anorganische Vorfahren haben. Lebewesen und unbelebte Welt zu trennen ist falsch.

Wir bestehen aus nicht empfindungsfähigen Elementen. Das Staubkorn, das Elementarteilchen, das Quark – sie sind wir, und wir sind sie. Wir müssen die Vorstellungen von Körper und Geist, Materie und Geist, Bewusstsein und materieller Welt überwinden. Sie sind ein großes Hindernis. Die Wissenschaftlerinnen und Wissenschaftler unserer Zeit haben entdeckt, dass sogar Photonen und Elektronen ihre eigene Intelligenz haben; auch da handelt es sich um Bewusstsein. Sie sind nicht inaktiv und leblos. Ein Maiskorn hat seine ganz eigene Art des Wissens: Man legt ein Maiskorn einfach in die Erde, und innerhalb von zehn Tagen weiß es, wie es sprießen kann und zu einer hochgewachsenen Maispflanze mit Blättern, Blüten und Maiskolben wird. Die sogenannten unbelebten Dinge sind nicht so unbelebt; sie sind sehr lebendig.

Man kann den Begriff »Lebewesen« hier auch mit »Sterbliche« übersetzen. Wir unterscheiden nicht nur zwischen »lebendig« und »unbelebt«, sondern auch zwischen dem, was lebendig – oder »sterblich« – ist und dem, was heilig oder unsterblich ist. Wir haben die Tendenz zwischen Lebewesen und heiligen Wesen zu unterscheiden. Schauen Sie in der Meditation tief in sich hinein und erkennen Sie, dass Sie aus Nicht-Ich-Elementen bestehen, *einschließlich dem Element der Heiligkeit.* Wir müssen die Vorstellung von einem »Lebewesen« im Unterschied zu einem Nicht-Lebewesen oder einem erleuchteten, heiligen Wesen aufgeben, denn diese Vorstellung erzeugt so viel Spaltung, Diskriminierung und Leiden. Das ist die Lehre – die Revolution – des Diamant-Sutra.

Wenn wir die Erde im Licht dieser Einsicht betrachten, sehen wir den Planeten nicht mehr als träge Materie, sondern als eine heilige Wirklichkeit, von der wir auch ein Teil sind. Dies wird unsere Einstellung zum Planeten verändern. Wir werden in der Lage sein, mit Schritten der Liebe und des Respektes auf der Erde gehen und unsere große Fähigkeit erkennen, anderen zu helfen.

PASSEN SIE AUF! VERFANGEN SIE SICH NICHT

Im Zen gibt es ein Koan, eine Frage zur Kontemplation: »Hat ein Hund Buddha-Natur?« Nicht nur ein Hund hat Buddha-Natur, sondern auch ein Stein – und der Planet. Die Erde manifestiert Einsicht, Erwachen, Glück und viele andere Tugenden. Die Erde ist ein weiblicher Buddha, eine Mutter. »Wessen Mutter?«, mögen Sie fragen. Die Mutter der Buddhas in menschlicher Gestalt und der Buddhas in nicht menschlicher Gestalt. Wenn wir uns nicht in Zeichen verfangen, ist es leicht, die Gegenwart eines Buddha zu erkennen.

Wann immer wir das Wort »Buddha« verwenden, ist es lediglich ein Konzept von Buddha. Vielleicht kennen Sie schon die Zen-Geschichte über das Wort »Buddha«. Ein Zen-Meister benutzte beim Lehren das Wort »Buddha«, und er tat es sehr sorgsam, denn das Wort »Buddha« und die Vorstellung von »Buddha« zu verwenden ist heikel. Es kann zu einem Gefängnis für die Zuhörenden werden. Die Menschen meinen vielleicht, sie wüssten, wer oder was der Buddha sei, und sie können sich in dieser Vorstellung verfangen.

Die Verwendung des Begriffs »Buddha« ist sehr gefährlich, und so ist es auch mit dem Begriff »Gott«. Um also seinen Zuhörern zu helfen, sich nicht in Worten zu verfangen, sagte der Zen-Meister: »Meine Freunde, ich bin gezwungen, das Wort ›Buddha‹

zu verwenden. Ich mag das Wort nicht; ich bin allergisch dagegen. Und jedes Mal, wenn ich es benutze, muss ich zum Fluss gehen und meinen Mund dreimal ausspülen.« Eine sehr starke Lehre. Sehr Zen. Alle waren still. Dann stand ein Schüler, der ganz hinten saß, auf und sagte: »Werter Lehrer! Jedes Mal, wenn ich Sie das Wort sagen höre, muss ich zum Fluss gehen und mir dreimal die Ohren auswaschen!«

Wir haben Glück, dass es einen solchen Lehrer und einen solchen Schüler gab, die uns helfen, uns nicht in Ideen und Worten zu verlieren oder zu verfangen.

Achtsamkeit, Konzentration und Einsicht sind in uns allen als Potenziale vorhanden – als Samen –, und das ist unsere Buddha-Natur. Jeder und jede hat Buddha-Natur; das ist die gute Nachricht. Das ist keine Hoffnung; es ist eine Realität. Die Wurzel der Sanskrit-Silbe *budh-* bedeutet »erwachen« oder »aufwachen«. Wenn Sie aufwachen zu den Schönheiten des Planeten, dann sind Sie bereits ein Buddha. Wenn Sie wissen, wie Sie diesen Geist des Erwachens den ganzen Tag lebendig erhalten, sind Sie ein Vollzeit-Buddha. Es ist gar nicht so schwer, ein Buddha zu sein.

SIE SIND NICHT AN EINEN ORT GEBUNDEN

Sie glauben vielleicht, dass Sie nur dieser Körper sind. Aber Sie sind viel mehr als dieser Körper. In der Meditation können Sie erkennen, dass Sie auch hier und dort drüben und dort hinten sind – überall. Ihre Natur ist nicht lokal.

Manchmal müssen Zen-Meister neue Worte erfinden, vor allem wenn alte Worte krank geworden sind und ihre Bedeutung verloren haben. Zen-Meister Linji hat im neunten Jahrhundert den Ausdruck »wahre Person« oder »wahrer Mensch« geprägt. Diese beiden Wörter sind sehr wichtig. Linji sagte, wir müssten Achtsamkeit so leben und praktizieren, dass wir damit unseren wahren Menschen offenbaren, der nicht in Raum und Zeit zu finden ist. Er hat keine Koordinaten. Wie ein Elektron in der Physik ist er nicht greifbar. Wenn wir hier in diesem Moment in Meditation sitzen, erkennen wir, dass der Planet mit seinen Bergen, Flüssen und dem Himmel da ist, und wir sind mit all diesen Elementen aufs Innigste verbunden und verwoben. Die Wolken sind am Himmel, aber sie sind auch in uns. Das Licht der Sonne scheint dort draußen, aber es strahlt auch in uns. Ihr wahrer Mensch ist ein Mensch der Wunder.

Wenn bei Katastrophen oder Naturkatastrophen Tausende von Menschen sterben, fragen wir uns vielleicht: »Wie kann so etwas passieren? Warum müssen einige Menschen sterben und andere nicht? Warum darf ich überleben?«

Meine Praxis besteht darin, mich in solchen Momenten hinzusetzen und genau zu schauen, und was ich sehe, ist, dass, wenn sie sterben, auch wir mit ihnen sterben. Denn wir sind mit ihnen verbunden und verwoben. Wenn jemand stirbt, den wir lieben, stirbt auch ein kleiner Teil von uns, in gewissem Sinne sterben wir mit ihnen. Diejenigen, die bei Naturkatastrophen sterben, sind für uns gestorben, und wir sind für sie am Leben. Je nachdem, wie wir jetzt leben, hat ihr Tod für uns eine Bedeutung. Solange wir weiterleben, leben sie mit uns weiter. Wir tragen sie alle in uns. Diese Einsicht in unser Intersein kann uns Frieden schenken.

SIE SIND NICHT AN DIE ZEIT GEBUNDEN

Die vierte Vorstellung, die das Diamant-Sutra uns lehrt aufzugeben, ist die Vorstellung von einer »Lebensspanne«. Wir glauben, dass es einen Moment in der Zeit gibt, in dem wir geboren wurden, und einen anderen Moment, in dem wir sterben. Wenn wir glauben, dass wir nur zwischen diesen beiden Punkten existieren, haben wir uns in der Vorstellung einer Lebensspanne verfangen. Wir meinen, nur für einen sehr kurzen Moment auf dieser Erde zu sein. Wir glauben, dass wir aus dem Reich des Nichtseins ins Sein gekommen sind, und dass wir, nachdem wir vielleicht hundert Jahre lang im Reich des Seins gelebt haben, wieder in das Reich des Nichtseins zurückkehren werden.

Im Sutra der zweiundvierzig Kapitel heißt es, dass der Buddha eines Tages seine Mönche fragte: »Wie lange dauert ein Leben?« Und einer von ihnen erwiderte: »So um die hundert Jahre.« Der Buddha lächelte. Ein anderer Mönch antwortete: »Zwanzig Jahre.« Und ein dritter meinte: »Ein Tag.« Und dann sagte ein Mönch: »Die Länge eines einzelnen Atemzugs.« Und der Buddha bestätigte: »Ja, das ist richtig.« Denn wir werden mit jedem Atemzug wiedergeboren. Unser heutiges Ich ist bereits ein neues Leben, das auf das gestrige folgt.

Es gibt ein Zen-Koan, in dem gefragt wird: »Wo warst du, bevor deine Großmutter geboren wurde?« Dies ist keine philosophische Frage, sondern ein Objekt der Kontemplation, in das Sie sich mit aller Aufmerksamkeit Tag und Nacht vertiefen sollten. Damit es ein echtes Koan ist, müssen Sie hundert Prozent Ihres Fleisches, Ihrer Knochen und Ihres Geistes investieren, um einen Durchbruch zu erzielen.

Die Beobachtung sagt uns, dass es unmöglich ist, vom Etwas ins Nichts zu gehen, von jemandem zu niemandem zu werden. Es gibt nur fortwährende Manifestation in verschiedenen Formen. Bevor wir geboren wurden, waren wir bereits da, und nach unserem Tod werden wir weiterhin da sein. Nichts kann aus dem Bereich des Seins in den Bereich des Nichtseins übergehen. Wie der Wissenschaftler Lavoisier entdeckte: »Nichts wird geschaffen, nichts geht verloren, alles verwandelt sich.«

Mein Vater zum Beispiel ist verstorben, aber er ist nicht verschwunden. Er ist immer noch da. In jeder Zelle unseres Körpers sind unsere Eltern und Vorfahren, und wir können mit ihnen sprechen, hier und jetzt. Das tue ich die ganze Zeit. Ich fühle, dass mein Vater immer mit mir lebt. Ich lade ihn ein, mit mir zu gehen und mit mir zu atmen. Und was er zu seinen Lebzeiten nicht tun konnte, versuche ich für ihn zu tun. Wir sind miteinander verbunden und verwoben, wir inter-sind.

Ihr Lehrer, der Ihnen Dinge vermittelt hat, ist auch in Ihnen, und Sie bringen ihn in die Zukunft. Ihre innere Lehrerin sieht vielleicht anders aus, klingt anders und fühlt sich anders an als Ihre Lehrerin im Außen. Ich bin im Gespräch mit meinem Lehrer. Ich weiß, dass alles, was ich tue, auch für ihn ist. Ich trage ihn in die Zukunft, und ich gebe ihn an Sie weiter, damit auch Sie ihn in die Zukunft tragen können. Mein innerer Lehrer sieht nicht genauso aus wie mein äußerer Lehrer. Mein innerer Lehrer ist sich mehr im Klaren darüber, was in der Gesellschaft vor sich geht, und kann neue Lehren vermitteln, um der Welt zu helfen. Mein Lehrer hat sein Bestes getan, und ich als Lehrer habe mein Bestes getan, aber es gibt Dinge, die wir nicht getan haben und die nun unsere Schülerinnen und Schüler für uns tun müssen. Es ist sehr freundlich von Ihnen, Ihrer inneren Lehrerin zu helfen, sich weiter zu entfalten.

Auf die gleiche Weise sollte sich auch der Buddha in uns weiterentwickeln. Wir können ihm helfen, für die heute Zeit wichtiger zu werden. Der Buddha unserer Zeit weiß, wie man ein Handy benutzt, aber er ist ein freier Mensch, wenn er es tut. Der Buddha unserer Zeit weiß, wie er helfen kann, die Herausforderungen unserer Zeit anzugehen, damit wir nicht die Schönheit unseres Planeten zerstören oder unsere Zeit damit verschwenden, miteinander zu konkurrieren. Der Buddha unserer Zeit möchte der Welt eine globale Ethik anbieten und einen Weg zeigen, dem jeder und jede folgen kann, einen Weg, durch den wir die Harmonie wiederherstellen, den Planeten schützen, weitere Abholzung verhindern und Emissionen reduzieren können. Sie, als die Fortführung des Buddha, müssen helfen, der Welt einen Weg aufzuzeigen, der die Zerstörung unserer Ökosysteme verhindern und Angst, Gewalt und Verzweiflung verringern kann. Wir müssen unseren Vorfahren, unseren Lehrerinnen, dem Buddha in uns erlauben zu handeln. Die Arbeit zur Rettung des Planeten wird sich über unsere Lebenszeit hinaus erstrecken.

DIE AUFGABE VON MEDITIERENDEN

Sich dieser vier falschen Vorstellungen zu entledigen ist die Meditation, die das Diamant-Sutra vorschlägt. Es geht um eine innere Sammlung, ein *samadhi,* eine kraftvolle Art der Konzentration, die Sie in Ihrem täglichen Leben aufrechterhalten müssen. Beim Essen, Gehen, Kochen und Sitzen – was auch immer Sie tun – sollten Sie sich darin üben, diese Einsicht in das Intersein wach zu halten, lebendig zu halten, damit Sie die Vorstellungen von einem getrennten Selbst, einem menschlichen Wesen, einem Lebewesen und einer Lebensspanne durchbrechen können. So befreien Sie sich von der wertenden Unterscheidung, die der Grund für *alles* Leiden ist.

In unseren Zentren und Klöstern für Achtsamkeitspraxis kehren wir jedes Mal, wenn wir den Klang einer Glocke hören, zu unserem Atem und zum gegenwärtigen Moment zurück. Wir hören auf zu sprechen, wir hören auf zu tun, womit wir gerade beschäftigt sind, wir entspannen unseren Körper, lassen jede Anspannung los und folgen unserem Atem. Die Glocke – ob es die große Tempelglocke ist, die Uhr im Speisesaal oder eine Glocke der Achtsamkeit in unserem Telefon oder Computer – gibt uns die Gelegenheit, innezuhalten und tief zu schauen. Durch den einfachen Akt des achtsamen Atmens und Glocke-Lauschens üben wir uns in der Kunst des Innehaltens. In nur zwei oder drei Atemzügen wachen wir auf zu dem, was in uns und um uns herum geschieht. Die Glocke lädt uns ein zu erkennen, dass wir die Welt sind, wir sind der Kosmos; es gibt keine Trennung. Wir umarmen den grenzenlosen Raum und die unendliche Zeit, und dieser Moment wird zu einem ewigen Moment; es fehlt uns an nichts. Die Vergangenheit, die Gegenwart und die Zukunft sind alle in diesem Moment enthalten.

Alle Angst, Wut, Verzweiflung und Besorgnis entspringen unseren falschen Vorstellungen. Wenn wir sie beseitigen und die Wirklichkeit klarer sehen, befreien wir uns auf sehr konkrete Weise von unserem Leiden. Berühren wir so die Wirklichkeit, werden wir über eine rechte Sichtweise verfügen. Und das wird auch für unsere Gedanken, Worte und Handlungen gelten.

Die tiefe Meditation des Diamant-Sutra bringt Furchtlosigkeit, Nicht-Wut und Nicht-Verzweiflung hervor – die Stärken, die wir für unsere Arbeit benötigen. Wenn wir über Furchtlosigkeit verfügen, werden wir nicht ausbrennen, selbst wenn wir ein Problem sehen, das sehr groß ist. Wir werden wissen, wie wir mit kleinen, aber stetigen Schritten vorwärtsgehen. Wenn wir uns zum Schutz der Umwelt einsetzen und über diese vier falschen Vorstellungen meditieren – von einem getrennten Selbst, von menschlichen Wesen, von Lebewesen und von einer Lebensspanne –, wird uns klar werden, wie wir sein und wie wir handeln müssen.

Durch die Einsicht in das Intersein werden wir uns innerlich viel wohler fühlen. Falsche Ansichten beseitigen, sie wegwerfen und zum Herz der Wirklichkeit vordringen, das sind unsere Aufgaben als Meditierende.

Erkennen und Handeln im Licht des Diamant-Sutra

Das Diamant-Sutra ist eine Art Prisma, durch das wir einen neuen Blick darauf werfen, wer wir sind; es ist ein radikaler Weg, unseren Horizont darüber zu erweitern, was das Leben ist und was es nicht ist – und wie die wahre Natur des Planeten beschaffen ist, den wir schützen wollen. Es gibt uns die Möglichkeit, etwas Abstand von Politik, Strategien und Nachrichten zu gewinnen und unsere Sicht auf die Wirklichkeit und die Grundlage, wie wir die Welt wahrnehmen, zu hinterfragen.

Das Meditieren über diese Einsichten findet nicht nur im Sitzen statt. Bei der Zubereitung des Frühstücks, unter der Dusche, beim Spazierengehen, bei der Betrachtung des Sonnenuntergangs oder Nachthimmels – all dies sind Momente, in denen wir die Einsicht in unser aller Verbundenheit, in unser Intersein, in unserem Herzen bewahren und uns erlauben können, ganz präsent zu sein und unseren Geist zur Ruhe kommen zu lassen. Für einen Erkenntnisblitz braucht man nicht Hunderte von Stunden auf einem Kissen zuzubringen.

Das Diamant-Sutra hilft uns, die tiefe Erkenntnis zu berühren, dass wir aufs Innigste mit dem Netz des Lebens verbunden sind. Die Einsicht in das Intersein lässt uns erkennen, dass wir nie allein sind, dass wir nie machtlos sind und dass alles, was wir jemals tun, *zählt*. Dies ist eine wahre Quelle des Trostes. Das Diamant-Sutra lädt uns ein, die Vorstellung zu verwerfen, wir seien von unserer Familie, unseren Freunden und Kolleginnen getrennt, und die Idee über Bord zu werfen, dass wir vom Planeten getrennt seien. Diese Lehren laden uns ein, unser Intersein genau in diesem Moment auf eine sehr greifbare Weise zu erfahren und ein Gefühl von Identität zu berühren, das viel umfassender ist, als wir normalerweise zulassen. Wir befreien uns damit nicht nur von einem Gefühl des Getrenntseins »im wirklichen Leben«, sondern auch von den Zwängen unseres virtuellen »Online-Selbst« oder unserer gesellschaftlichen Rollen, und das ermöglicht es uns, genau in diesem Moment unser wahres Menschsein über Raum und Zeit hinweg zu erleben.

Im weitesten Sinne hilft uns das Diamant-Sutra, jeglichen »Überlegenheitskomplex« zu überwinden, der besagt, dass wir Menschen etwas Besonderes seien und uns von der Welt um uns herum abheben, ebenso wie die Tendenz zu einem »Minderwertigkeitskomplex«, weil wir meinen, durch unsere menschliche Natur so fehlerhaft zu sein, dass wir nicht wirklich hilfreich sein könnten. Wir sind weder das eine noch das andere. Dies zu erkennen kann uns sowohl demütig machen als auch Kraft schenken.

Das Diamant-Sutra fordert uns heraus, die Vorstellung wegzuwerfen, dass unser Beitrag mit dieser Lebensspanne beginnt und endet. Wenn wir in der Lage sind, Intersein über die Achsen von Raum und Zeit hinweg zu berühren, werden unsere Vorfahren, unsere Nachkommen und all jene, die von uns durch die Umstände getrennt sind, erreichbar für uns, und wir können uns öffnen, um ihre Energie, ihren Trost und ihre Unterstützung zu empfangen. Durch eine radikale Überprüfung unserer Vorstellungen von einem Selbst, einem menschlichen Wesen, einem Lebewesen und einer Lebensspanne werden wir die uns vielleicht lähmenden Gefühle von Verzweiflung transformieren können und dadurch die Energie der Vitalität und Furchtlosigkeit freisetzen. Können wir die Stimmen früherer Generationen und der zukünftigen hören? Können wir die Stimmen in unserer Zeit hören, die nicht gehört werden? Können wir die Stimmen der anderen Arten und der Erde vernehmen?

In Plum Village führte uns Thay nach Unterweisungen über das Diamant-Sutra im Allgemeinen zu einer Gehmeditation nach draußen. Wir liefen auf schlammigen Pfaden durch die Eichenwälder und schauten voller Bewunderung auf die hügelige französische Landschaft. Manchmal hallte eine alte Kirchenglocke mittags durch das Tal, und wir nahmen uns ein paar Minuten Zeit, um innezuhalten und mit dem Himmel, mit dem Land, mit unseren Vorfahren zu atmen und mit dem, was wir in unserem Herzen trugen. Der gegenwärtige Moment und die Ewigkeit geschehen zur selben Zeit.

Wessen Augen genießen den Sonnenuntergang? Wessen Füße gehen? Wie viele Generationen von Vorfahren sind mit Ihnen unterwegs? Was ist ein Leben? Wann hat die Kette der Wärme, die Ihre Körperwärme ist, begonnen?

Ich erinnere mich an einen Tag vor zwölf Jahren, es war kurz nach meiner Ordination, an dem wir Mönche und Nonnen die frischen Magnolienblüten bei Thays Einsiedelei genossen. Ich setzte mich ins Gras, um mich auszuruhen, als plötzlich Thay neben mir stand. Ich legte meine Handflächen zur Begrüßung zusammen und verbeugte mich. Thay neigte den Kopf und fragte: »Wer bist du?« Ich war schockiert. Ich wusste, dass es viele von uns gab, aber da er mir meinen monastischen Namen gegeben hatte, dachte ich, er würde sich daran erinnern. Ich lächelte schwach und war sprachlos. Im Gegenzug lächelte Thay verzeihend und ging weiter. Ich merkte, dass ich nicht ganz verstanden hatte. Einige Zeit später hielt er eine andere Nonne in der Meditationshalle an und stellte ihr die gleiche Frage: »Wer bist du?« »Ich weiß es nicht!«, erwiderte sie, und Thay lächelte. »Das ist echte Kommunikation zwischen einem Lehrer und einer Schülerin!«, erklärte er erfreut. Thay lehrt uns, dass der Geist des Nicht-Wissens ein Geist ist, der offen, frei und wach ist für unendliche Möglichkeiten.

Wir empfinden vielleicht immensen Druck, den Planeten in diesem Leben retten zu müssen, und wir fürchten möglicherweise, dass wir nie genug tun können. Die nackte Wahrheit ist, dass der Planet nicht nur einmal gerettet werden muss; er muss unzählige Male gerettet werden, über Äonen hinweg. Es ist unmöglich, den Planeten ein für alle Mal zu retten oder im Alleingang. Dass es den Planeten gibt, ist ein Wunder, aus unzähligen günstigen Ursachen und Bedingungen über Milliarden von Jahren entstanden. Und der Planet wird auch in Zukunft zahllose günstige Ursachen und Bedingungen brauchen. Diese Erkenntnis ist eine gute Nachricht. Wir gehören zu einem Strom des Lebens, und dieser Moment ist unsere Zeit, und jetzt sind wir am Zug, unseren Teil beizutragen und alles zu tun, was wir können, um das, was wir erfahren und lernen, an künftige Generationen weiterzugeben, damit sie ihren Teil tun können. Im zentralen Abschnitt dieses Buches – *Die Handlungsdimension: Eine neue Art des Lebens* – wird es um Thays kühne Vision gehen, wie wir alle an der Schaffung einer wahrhaft regenerativen und mitfühlenden Kultur mitwirken können, die sogar über unsere eigene Lebenszeit hinaus Bestand hat.

Einige von uns werden vielleicht in ihren Träumen oder auf ihren Bildschirmen von Ängsten vor einem apokalyptischen »Ende« des Lebens auf diesem Planeten heimgesucht. Trauer, Angst und Kummer können sich in unseren Körper einschreiben und unseren Geist prägen, unsere Tage trüben und unseren Schlaf in der Nacht stören. Das ist das Leid unserer Zeit. Wir kennen vielleicht Menschen, die fragen: »Wie kann ich in meinem Leben jemals genug tun?« Wir mögen andere kennen, die sagen: »Nichts ist letztlich wichtig, jeder wird sowieso sterben, die Erde wird in ein paar Milliarden Jahren in die Sonne stürzen, warum also nicht einfach all das genießen, was wir haben wollen?« Die Kontemplationen des Diamant-Sutra zeigen, dass diese Sichtweisen immer noch in Vorstellungen von einem separaten Selbst oder einer Lebensspanne gefangen sind. Die Einsicht in das Intersein macht die Vorstellung zunichte, dass das, was mit der Erde nach unserem Tod geschieht, nichts mit uns zu tun hat. Wir können nicht mehr sagen, dass wir nur dann etwas für die Erde tun wollen, wenn wir glauben, unser »Ich« habe dort eine Zukunft. Wir und die Erde sind miteinander wechselseitig verbunden und verwoben, wir inter-sind.

Manche von uns zucken zynisch mit den Schultern und sagen: »Welchen Sinn hat das Leben überhaupt?« Sobald wir so etwas sagen, gehen wir davon aus, dass wir wüssten, was »Leben« ist, und das einzige Problem für uns läge darin, seine Bedeutung zu verstehen. Aber sind wir so sicher, dass wir wissen, was Leben ist? Die Erkenntnisse des Diamant-Sutra zeigen uns, dass das Leben viel mehr ist, als wir denken. Es ist möglich, uns in der Erkenntnis zu schulen, dass wir in jedem Moment an der Zukunft der Erde teilhaben und dass alles, was wir heute tun, zur Gesundheit und Vitalität des Planeten beitragen kann.

——————— T. D.

WIR KÖNNEN NICHT ZU NICHTS WERDEN

Dem Buddha zufolge ist eine Minute der Kontemplation über den Tod sehr lohnend, denn wenn man weiß, was der Tod ist, macht einen das lebendiger. Als ich jung war, dachte ich: »Ich bin jung und voller Leben, warum muss ich über den Tod nachdenken?« Aber später entdeckte ich, dass man das Leben mehr zu schätzen weiß und sich intensiver am Lebendigsein erfreuen kann, wenn man über den Tod meditiert.

Eine permanente, unsterbliche Seele ist eine Vorstellung, die weder für gute Buddhisten noch gute Wissenschaftlerinnen annehmbar ist; alles ist unbeständig und manifestiert sich fortwährend in verschiedenen Formen. Aber die gegenteilige Ansicht, dass man nach dem Zerfall dieses Körpers verschwindet, ist ein anderes Extrem, eine andere falsche Sichtweise: die Sichtweise der Auslöschung oder Vernichtung. Wir sollten nicht in die Falle des Eternalismus tappen, aber wir sollten auch nicht in die Falle der Annihilation geraten und sagen, dass wir nach dem Tod zu *Nichts* werden.

Stellen Sie sich einen Moment lang vor, dass Sie eine Wolke sind. Sie bestehen aus winzigen Eis- oder Wasserkristallen. Sie sind so leicht, dass Sie nicht fallen, sondern am Himmel schweben. Es gibt Wechselwirkungen, Kollisionen zwischen all den Billionen von winzigen Kristallen. An einem Punkt können sie sich zu Hagel oder Regen vereinen, und sie beginnen zu fallen. Aber auf halber Strecke treffen sie auf heiße Luft und verdampfen wieder. Sie steigen also auf, fallen herunter und steigen wieder auf. Seelenwanderung, Reinkarnation und Wiedergeburt finden ständig in Ihrer Wolke statt. Als Wolke brauchen Sie nicht zu Regen zu werden, um ein neues Leben zu haben; Sie haben in jedem Moment ein neues Leben. Sie glauben vielleicht, die Wolke schwebe einfach da und es sei stets die gleiche Wolke, aber das ist nicht wahr. Eine Wolke ist sehr aktiv und voller Energie.

Für uns Menschen ist es genauso. Wiedergeburt und Fortführung finden immer statt; in jedem Moment produzieren wir Gedanken, Worte und Handlungen. Unsere Handlungen sind eine Energie, die sich auf uns selbst und auf die Welt auswirkt; sie sind unser Produkt. Sie sind unser Regen, unser Schnee, unser Donner und Blitz. Im Buddhismus nennt man Handlung *Karma*. Es ist ein sehr wichtiger Begriff.

WAS IST IHR KARMISCHER FUSSABDRUCK?

Stellen Sie sich vor, ein Teil Ihrer Wolke wird zu Regen und stürzt in den Fluss. Da wir der Rest der Wolke am Himmel sind, können wir unsere Fortführung dort unten sehen. Hier oben zu schweben ist schön, aber dort unten zu fließen ist auch schön. Wir sind also sowohl hier oben als auch dort unten. Wir sprechen von einer Wolke, aber wir können genauso von uns Menschen sprechen. Wir können uns selbst sehen in den Früchten unserer Handlungen, in unseren Lieben, in allem, was wir verwirklicht haben. Das ist die rechte Sichtweise: Sie sehen sich nicht nur in diesem Körper, sondern überall: in Ihren Gedanken, Worten und Taten, die Sie in der Welt fortsetzen. Das ist etwas Wunderbares an dieser Kontemplation. Sie erkennen, dass Sie etwas dafür tun können, eine bessere Fortführung zu haben. Es ist möglich, Gedanken, Worte, Gefühle und Handlungen des Mitgefühls, des Verstehens und der Vergebung zu erzeugen. Es gibt Grund zur Hoffnung, zur Freude.

Es gibt eine sogenannte wissenschaftliche Ansicht, der zufolge alles rein zufällig geschieht. Der britische Philosoph Bertrand Russell beschrieb den Menschen als »das Produkt von Ursachen, die keine Vorahnung von dem Ziel hatten, das sie erreichten … Sein Ursprung, sein Wachstum, seine Hoffnungen und Ängste, seine Lieben und seine Überzeugungen sind nur das Ergebnis zufälliger atomarer Anordnungen.« Nach dieser Ansicht gibt es keinen intelligenten Plan, sondern nur Zufall.

Im Buddhismus sprechen wir nicht von einem göttlichen Plan. Aber wir sprechen von einer dynamischen Kraft, die allem zugrunde liegt und den Zustand der Welt, den Zustand der Erde bestimmt, und diese Kraft ist Karma, Handlung. Das Schicksal des Planeten hängt von unserem Handeln ab. Es hängt nicht von einem Gott ab. Es hängt nicht vom Zufall ab. Es hängt von unserem eigenen Handeln ab. Ich glaube, dass Wissenschaftler und Wissenschaftlerinnen keine Schwierigkeiten haben werden, dies zu akzeptieren.

Im Buddhismus verstehen wir das Handeln immer unter drei Aspekten: Denken, Sprechen und Handeln. Wenn wir einen Gedanken produzieren, ist das Energie, ist das Handeln, und es kann uns und die Welt verändern, im Guten wie im Schlechten. Wenn es die rechte Art des Denkens ist, hat es eine heilende, nährende Wirkung auf unseren Körper und auf unsere Umwelt. Rechtes Denken kann die Welt zu einem besseren Lebensort machen, genauso wie falsches Denken die Welt in eine Hölle verwandeln kann. Durch die Art unseres Sprechens, durch unsere Worte, können wir Spannungen abbauen, Konflikte schlichten oder Hoffnung geben. Wir können aber durch Worte auch Hoffnungen zerstören oder eine Familie zerbrechen lassen.

Sprechen ist eine Art Energie, eine Kraft. Und körperliches Handeln ist auch eine Energie, die uns selbst und der Welt Heilung bringen kann; wir können *etwas tun*, das die Kraft hat, zu schützen, zu retten, zu unterstützen und Leiden zu lindern.

Es mag sein, dass wir gestern einen Gedanken voller Hass oder Wut produziert haben, oder wir haben vielleicht etwas aus Hass oder Wut getan. Und heute erkennen wir, dass das keine gute Fortführung von uns ist. Es ist sehr wohl möglich, das aktiv zu transformieren. Verankern Sie sich im gegenwärtigen Moment, seien Sie sich Ihres Körpers und der Atmung bewusst. Und erinnern Sie sich daran, dass Sie gestern etwas gedacht, gesagt oder getan haben, was Ihnen und anderen Schaden zugefügt haben könnte. Dann, hier sitzend, fest im Hier und Jetzt verankert, erzeugen Sie eine andere Art von Gedanken, der in die entgegengesetzte Richtung zielt: einen Gedanken der Vergebung, des Mitgefühls, des Verstehens. Sobald dieser Gedanke da ist, wird er den anderen Gedanken einholen und ihn sofort neutralisieren. Das ist die Veränderung von Karma. Die Praxis der Achtsamkeit im Hier und Jetzt macht solche Veränderungen möglich.

Es gibt einen freien Willen und die Möglichkeit, sich zu verändern. Freier Wille ist Achtsamkeit; durch die Achtsamkeit wissen wir, was wir denken, sagen und tun. Wenn es uns gefällt, fahren wir so fort. Wenn es uns nicht gefällt, sind wir frei, anders zu handeln.

Jeder Gedanke, den wir produzieren, jedes Wort, das wir aussprechen, alles, was wir tun, *verändert* unseren Körper, unseren Geist und unsere Umwelt, hat eine Wirkung, Die Umgebung, in der wir uns befinden, sind wir selbst, und sie ist das Ergebnis unseres Handelns. Wir haben so gelebt, dass wir unsere Umwelt zerstört haben und viele Arten verschwunden sind. Das ist die Wirkung unseres Tuns.

Sie müssen sich sowohl für Ihren eigenen Körper und Geist als auch für Ihre Umwelt verantwortlich fühlen. Ihre Umwelt sind Sie selbst. Wenn Sie einen Baum anschauen, sollten Sie nicht glauben, dass der Baum etwas anderes sei als Sie. Der Baum sind Sie. Was Sie in Form von Gedanken, Worten und Handlungen schaffen, sind Energien, die niemals zerstört werden können. Mit Achtsamkeit, Mitgefühl und Verstehen können Sie die Weichen für eine bessere Zukunft stellen.

UNZERSTÖRBAR

Ich erinnere mich an die intensiven Tage direkt nach den Anschlägen vom 11. September in den USA. Ich war zu dieser Zeit in Kalifornien, und das Leid, die Angst und die Wut im Land waren immens. Das Leben schien zum Stillstand gekommen zu sein. Ich sollte von Kalifornien nach New York fliegen, um an der Ostküste Vorträge zu halten und Retreats zu leiten. Im Flugzeug sah ich in den Gesichtern der Passagiere viel Angst und Misstrauen. Der Pilot versuchte, die Stimmung mit einem Witz aufzulockern, aber niemand lachte.

Ich sollte am 25. September in der Riverside Church in New York einen Vortrag halten. Am Abend zuvor kamen Brüder und Schwestern aus meiner Gemeinschaft, um mit mir zusammenzusitzen, darunter viele junge Mönche und Nonnen. Ich erzählte ihnen, dass die Atmosphäre so voller Hass, Angst und Wut war, und obwohl die USA unbedingt etwas tun wollten, um die Täter zu bestrafen, würde ich für Nicht-Handeln, Beruhigen, Innehalten und Gewaltlosigkeit plädieren. Die Sorge bestand, dass mich jemand bei dem Vortrag aus Wut angreifen oder erschießen könnte. Es war eine gefährliche Situation, und alle waren um meine Sicherheit besorgt.

Ich sagte ihnen, dass, selbst wenn ich getötet würde, weil ich das Dharma – die Wahrheit – lehrte, sie mich immer noch als ihren Lehrer hätten. Aber wenn mir der Mut fehlte und ich mich weigerte, meine Einsicht und mein Mitgefühl mit allen zu teilen, dann wäre mein Körper wohl noch am Leben, aber sie hätten keinen guten Lehrer.

Zu dem Vortrag kamen so viele Leute, dass in der Kirche nicht genug Platz für alle war. Nach zweieinhalb Stunden des Zusammenseins, des tiefen Zuhörens und achtsamen Atmens konnte man in den Gesichtern der Menschen eine tiefgreifende Veränderung wahrnehmen. Sie sahen so viel besser aus als bei ihrer Ankunft. Die Menschen hatten eine gewisse Linderung erfahren und litten viel weniger. Wir müssen die Gabe der Furchtlosigkeit in uns tragen; dann können wir sie auch anderen anbieten.

ZWEI ARTEN VON WAHRHEIT

Im Buddhismus unterscheiden wir zwischen zwei Arten von Wahrheit: die konventionelle (relative, historische) Wahrheit und die letztendliche (absolute) Wahrheit. Auf der Ebene der konventionellen Wahrheit unterscheiden wir Geist von Materie, Sohn von Vater, Menschen von anderen Arten, Lebendigsein von Totsein. Aber auf der Ebene der letztendlichen Wahrheit ist eine solche Unterscheidung nicht möglich. Die letztendliche Wahrheit transzendiert die Vorstellungen eines getrennten, eigenständigen Selbst, von getrennten Arten und sogar die Vorstellung von »Geburt« und »Tod«. Auf der Ebene der letztendlichen Wahrheit gibt es so etwas wie den Tod nicht; es gibt nur eine Fortführung.

Die letztendliche Wahrheit ist nichts, was von der konventionellen Wahrheit getrennt wäre. Wenn wir die konventionelle Wahrheit tief berühren, berühren wir die letztendliche Wahrheit.

Wenn wir eine Wolke nur oberflächlich betrachten, sehen wir nur ihre Existenz und Nicht-Existenz; dass diese Wolke *nicht* andere Wolken ist. All diese Vorstellungen können wir auf eine Wolke beziehen. Betrachten wir sie mit dem Geist wertender Unterscheidung, berühren wir nur den phänomenalen Aspekt der Wolke. Wir sind im Bereich der konventionellen Wahrheit.

Betrachten wir die Wolke aber auf eine tiefgreifende Weise mit Achtsamkeit und Konzentration, entdecken wir, dass dieselbe Wolke frei ist von Geburt und Tod, Sein und Nichtsein, und damit berühren wir die letztendliche Wahrheit der Wolke. Wir müssen uns der Wolke nicht entledigen, um ihre wahre Natur zu berühren.

Es gibt keinen Konflikt zwischen den beiden Arten von Wahrheit; sie sind beide nützlich. Das Wissen der konventionellen Wahrheit kann in der Technik und im täglichen Leben praktisch angewendet werden. Jeder von uns braucht eine Geburtsurkunde, um einen Personalausweis oder einen Reisepass zu bekommen. Ohne diese Dokumente könnten wir nirgendwo hingehen. Wir können nicht sagen: »Nun, meine Natur ist die Natur von Nicht-Geburt und Nicht-Tod. Ich brauche keine Geburtsurkunde!« Und wenn jemand stirbt, müssen wir das melden. Wir können nicht sagen: »Sie kann niemals sterben, ich muss ihren Tod nicht melden.«

Im Buddhismus folgen wir bei der Untersuchung der Wirklichkeit einem Prinzip, das »die getrennte Untersuchung von Phänomen und Noumenon« genannt wird. Vergleichbar ist das mit den unterschiedlichen Ansätzen in den klassischen und den modernen Naturwissenschaften: Die Methoden, die in der klassischen Naturwissenschaft Anwendung finden, muss man hinter sich lassen, wenn es um den Bereich der Quantenphysik geht. Wenn Sie sich der letztendlichen Wahrheit nähern und sich von allen wertenden Unterscheidungen und falschen Ansichten befreien wollen, müssen Sie all die Worte, Begriffe und Ideen zurücklassen, die Ihnen geholfen haben, die phänomenale Welt zu erforschen. Das ist sehr wichtig.

Wenn es sich um eine konventionelle Wahrheit handelt, hilft uns die Achtsamkeit zu wissen, dass es eine konventionelle Wahrheit ist, und wir bleiben nicht darin gefangen. Und wenn es sich um eine letztendliche Wahrheit handelt, hilft uns die Achtsamkeit zu wissen, dass es sich um die letztendliche Wahrheit handelt, und wir verfangen uns auch darin nicht. So sind wir frei. Es ist möglich, beide Arten von Wahrheit zu akzeptieren. Wir können nicht behaupten, dass die eine Wahrheit besser sei als die andere oder dass eine Wahrheit die *einzige* Wahrheit sei.

SICH DEN EIGENEN ÄNGSTEN STELLEN

Der Buddha rät uns, tief und direkt in die Natur unserer Angst zu schauen und uns mit ihr vertraut zu machen. Die meisten von uns haben Angst vor dem Sterben, dem Kranksein, dem Altwerden und dem Verlassenwerden. Wir haben Angst davor, das zu verlieren, was uns lieb und teuer ist. Viele Menschen leiden sehr, wissen aber nicht einmal, dass sie leiden. Wir versuchen, unser Leiden zu verbergen, indem wir immerfort beschäftigt sind, nicht weil wir beschäftigt sein wollen, sondern um dem Leiden nicht begegnen zu müssen. Wir sollten alles tun, was uns möglich ist, um zu erkennen, dass das Leiden da ist, und zu lernen, wie wir damit umgehen können.

Wir sollten nicht versuchen, vor der Angst davonzulaufen, sondern uns Zeit nehmen, um sie zu erkennen, sie zu umarmen und tief in ihre Wurzeln zu schauen. Im Buddhismus gibt es eine

Meditation, in der wir uns mit unseren Ängsten konfrontieren und sie transformieren, genannt »die Fünf Erinnerungen«. Während der Kontemplation kann uns das achtsame tiefe und langsame Ein- und Ausatmen Stabilität geben:

1 Es liegt in meiner Natur, alt zu werden. Es gibt keinen Weg, dem Altwerden zu entkommen.
2 Es liegt in meiner Natur, krank zu werden. Es gibt keinen Weg, dem Krankwerden zu entkommen.
3 Es liegt in meiner Natur zu sterben. Es gibt keinen Weg, dem Tod zu entkommen.
4 Alles, was mir lieb ist, und alle, die ich liebe, unterliegen einem naturgegebenen Wandel. Es gibt keinen Weg, der Trennung von ihnen zu entkommen.
5 Die Resultate meiner Handlungen von Körper, Rede und Geist sind mein Erbe. Meine Handlungen sind meine Fortführung.

Das Leben einer Zivilisation ist wie das Leben eines menschlichen Wesens: Auf der Ebene der Erscheinungen hat auch sie ihre Lebensspanne und wird eines Tages enden müssen. Es hat schon viele Zivilisationen gegeben, die zerstört wurden, und bei unserer wird es nicht anders sein. Wir wissen, dass, wenn wir weiterhin so leben wie bisher und unsere Wälder zerstören, unsere Gewässer und die Luft verschmutzen, das Unheil unvermeidbar ist. Es wird Katastrophen, Überschwemmungen und neue Krankheiten geben, und viele Millionen Menschen werden sterben.

Wenn wir so weiterleben wie bisher, ist das Ende unserer Zivilisation sicher. Nur wenn wir als Menschheit zu dieser Wahrheit erwachen, werden wir über die Einsicht und Energie verfügen, um unsere Lebensweise zu ändern.

Wir müssen akzeptieren lernen, dass das Aussterben vieler Arten auf der Erde, einschließlich der Menschheit, möglich ist. Aber wenn Menschen einmal auf der Erde erschienen sind, können sie wieder erscheinen. Wir können von der Geduld, der nicht wertenden Unterscheidung und bedingungslosen Liebe von Mutter Erde lernen. Wir sehen, dass die Erde sich selbst erneuern, transformieren und heilen kann – und sie kann uns heilen. Das ist eine Tatsache. Wir müssen in Bezug auf die Zeit in geologischem Maßstab denken. Hundert Jahre sind nichts. Wenn wir auf eine tiefgreifende Weise gehen, können wir im gegenwärtigen Moment die ganze Ewigkeit umarmen.

DER AUS-WEG IST DER WEG NACH INNEN

Wenn Sie der Wahrheit ins Auge sehen und die Wirklichkeit so akzeptieren, wie sie ist, wird Ihnen das zu einem Durchbruch verhelfen, und Sie werden Frieden finden. Die Wahrheit ist so offensichtlich. Aber wenn Sie sich weiterhin gegen die Wahrheit sperren und sich von Angst, Wut und Verzweiflung überwältigen lassen, werden Sie nicht in Frieden sein, und Sie werden nicht die nötige Freiheit und Klarheit haben, um zu helfen. Geraten wir alle in Panik, beschleunigen wir nur den Tod unserer Zivilisation.

Der Aus-Weg besteht im Weg nach innen. Sie müssen zunächst zu sich selbst zurückkehren, sich Ihren tiefsten Ängsten stellen und die Vergänglichkeit unserer Zivilisation akzeptieren. Die Übung besteht darin, sich *jetzt* mit Angst und Kummer auseinanderzusetzen; aus dieser Einsicht und diesem Erwachen werden Mitgefühl und Frieden erwachsen. Andernfalls machen wir uns nur selbst durch Verleugnung und Verzweiflung krank. Wenn wir angesichts der Wirklichkeit, so wie sie ist, in Frieden leben, dann haben wir eine Chance.

Bei der Betrachtung des gegenwärtigen Moments können wir bereits die Zukunft sehen. Aber die Dinge sind unbeständig. Die Menschheit *kann* sich ändern. Zuallererst müssen wir uns selbst ändern. Und wenn wir selbst unser Bestes geben, schenkt uns das schon sehr viel Frieden. Die Zukunft des Planeten hängt nicht nur von einer Person ab, aber Sie tragen Ihren Teil dazu bei. Und das wird Ihnen Frieden geben.

Fakt ist, dass wir bereits über genügend technische Lösungen verfügen. Aber wir sind so von Angst, Wut, Spaltung und Gewalt besessen, dass wir nicht in der Lage sind, sie sinnvoll zu nutzen. Die gegenwärtigen Herausforderungen behandeln wir nicht prioritär; wir investieren nicht unsere Zeit und Ressourcen; wir arbeiten nicht zusammen. Die Großmächte stecken immer noch Unsummen in die Herstellung von Waffen, anstatt in erneuerbare Energien zu investieren. Doch warum brauchen Länder Waffen? Weil sie Angst haben; beide Seiten haben Angst. Wir müssen also sowohl unsere individuelle als auch unsere kollektive Angst überwinden.

Das Problem ist ein menschliches. Und deshalb brauchen wir eine spirituelle Dimension. Wenn Sie die Energie der Ruhe, Akzeptanz, der liebevollen Güte und Furchtlosigkeit erzeugen können, wird Sie das befähigen, diese Dimension der Furchtlosigkeit und des Miteinanders in die Situation einzubringen. Neue Technologien reichen nicht aus, um das Problem zu lösen. Sie müssen mit Verstehen, Mitgefühl und einem Miteinander einhergehen.

Unser spirituelles Leben, unsere Energie der Achtsamkeit, Konzentration und Einsicht, ist es, was die Energie des Friedens, der Gelassenheit, der Inklusivität und des Mitgefühls hervorzubringen vermag. Ohne das wird unser Planet, glaube ich, keine Chance haben. Schauen Sie bitte in Ihrer Sitzmeditation, in der Gehmeditation, in Ihren Kontemplationen auf eine tiefgreifende Weise, um die Einsicht von Frieden, Akzeptanz und Furchtlosigkeit zu erlangen. Es muss eine echte Einsicht sein. Unser Frieden, unsere Kraft und unser Erwachen werden uns zusammenbringen, und jeder von uns kann etwas dazu beitragen, die Katastrophe zu verhindern und bei der Rettung des Planeten mitzuwirken.

Zen und die Kunst, eine Schlange zu fangen

Im Buddhismus sagt man, dass die Umsetzung der Lehren in die Praxis die gleiche Art von Geschicklichkeit erfordere wie das Fangen einer Schlange: Wenn man sie falsch zu fassen versucht, dreht sie sich und beißt zu. Dasselbe gilt für die tiefgreifenden Lehren, die wir bisher erforscht haben, einschließlich der Lehren über die zwei Ebenen der Wahrheit und die Lehren über die Kontemplation unserer eigenen Vergänglichkeit und der Vergänglichkeit unserer Zivilisation.

Wenn also die Betrachtung des Endes unseres eigenen Lebens oder unserer Zivilisation ein lähmendes Gefühl der Verzweiflung oder Abgestumpftheit hervorruft, wenden wir diese Kontemplation auf eine falsche Weise an. Eine Visualisierung dieses Endes kann schockierend auf uns wirken, sie kann Widerstand, Tränen, Wut und Frustration hervorrufen. Aber letztlich geht es darum, zu einem neuen Horizont von Wirklichkeit, von Möglichkeiten vorzudringen und, wie Thay sagt, von *Frieden*.

Es ist sehr kraftvoll, die Fünf Erinnerungen jeden Abend vor dem Einschlafen zu rezitieren. Wir können die Worte still rezitieren, einige Male tief durchatmen und uns für jede Zeile genügend Zeit nehmen, um sie zu verdauen. Jede Zeile ist eine echte Kröte, die es zu schlucken gilt: Ich *werde* krank, ich *werde* alt, ich *werde* sterben, ich *werde* irgendwann von denen getrennt sein, die ich liebe. Habe ich also heute so gelebt, dass ich alles, was ich habe, und jeden, den ich liebe, wertschätze? Und wie möchte ich morgen leben? Was ist für mich am wichtigsten?

Wir haben uns mit den scheinbaren Widersprüchen zwischen den beiden Ebenen der Wahrheiten beschäftigt. Die Fünf Erinnerungen sagen, dass es so etwas wie den Tod gibt, während die vier Lehren des Diamant-Sutra anzudeuten scheinen, dass es ihn nicht gibt: Das Leben ist ohne Grenzen in Raum und Zeit. Den buddhistischen Lehren zufolge gibt es beide Wahrheiten zur gleichen Zeit, und wir berühren durch eine tiefe Kontemplation der konventionellen Wahrheit die letztendliche. Die eine führt zu der anderen. Durch die Kontemplation sowohl über unsere wechselseitige Abhängigkeit und Verbundenheit, unser Intersein, als auch über die Wirkung unseres Handelns (Karma) in der Welt erweitern wir unsere Sicht und berühren die letztendliche Wahrheit jenseits von Zeichen und Erscheinungen. Dadurch gewinnen wir die Erkenntnis, dass jede Handlung von Körper, Rede und Geist eine Auswirkung hat; was immer wir tun, hat eine weit größere Resonanz, als wir es uns gewöhnlich vorstellen. Und das vermag uns enorm motivieren, uns um die Früchte, das Erbe unseres Handelns zu kümmern: Was immer wir denken, sagen und tun, *zählt*.

Es ist nicht leicht, über das Ende unserer Zivilisation nachzusinnen, denn wir neigen dazu, unsere Zivilisation als ein Selbst zu betrachten, als eine getrennte Entität, anstatt sie als etwas Unbeständiges zu sehen, das mit allem in wechselseitiger Verbundenheit und Abhängigkeit steht. Es mag helfen, sich die »Schneeball«-Erden der Vergangenheit oder die tropische Erde der Dinosaurier vorzustellen. Wir wissen, dass unser Planet viele Erscheinungsformen gehabt hat. Und dennoch, wie können wir es akzeptieren, dass die Menschheit scheitern könnte – dass es keinen Zweifel an unserem Scheitern gibt, wenn wir so weitermachen wie bisher? Wie können wir etwas akzeptieren, wenn wir es ändern wollen? Das mag sich für uns vielleicht defätistisch anfühlen. Und so weigern wir uns, das Scheitern zu akzeptieren; wir wollen uns keinem scheinbar negativen Denken hingeben. Es ist eine Sache, davon zu lesen; eine andere ist es, diese nackte Wahrheit wirklich tief an sich heranzulassen und damit Frieden zu schließen. Vielleicht trauen wir uns noch nicht einmal, es zumindest zu versuchen.

Thay fordert uns genau dazu heraus. Er sagt: »Wenn Sie der Wahrheit ins Auge schauen und die Wirklichkeit so akzeptieren können, wie sie ist, wird Ihnen das zu einem Durchbruch verhelfen, und Sie werden Frieden finden.« Und aus diesem Frieden entstehen Freiheit und Klarheit, und wir verfügen über die nötige Energie, zu tun, was wir tun können, um die Situation zu ändern. Wenn Frieden und Akzeptanz in unseren Herzen geboren werden, erkennen wir, dass wir nichts zu verlieren haben; wir fühlen uns inspiriert, alles zu tun, was wir zu tun vermögen, um zu helfen. Im Licht der Karma-Lehre verändert alles, was wir in diesem Moment denken, sagen und tun, den nächsten Moment, den heutigen Abend, morgen und die nächste Generation.

Es ist eine Übung, ein Training, um diese radikalen Einsichten in unserem täglichen Handeln lebendig zu halten, besonders in Momenten des Verlustes, der Enttäuschung oder Krise, wenn es schwierig wird und wir mit starken Emotionen zu kämpfen haben. Wir brauchen die Energien sowohl des Verstehens als auch des Mitgefühls, die uns und unser Handeln unterstützen. Und so stellt sich das nächste Problem: Wie können wir die Liebe erzeugen, die wir brauchen? Und wie können wir beim Geben nicht ausbrennen?

——— T. D.

UNSERE TIEFSTEN BEDÜRFNISSE

Auch wenn wir dem Planeten helfen und uns für Gerechtigkeit, Menschenrechte und Frieden einsetzen wollen, sind wir vielleicht dazu gar nicht in der Lage, solange wir noch nicht unsere eigenen Grundbedürfnisse erfüllen können. Unsere tiefsten Bedürfnisse bestehen nicht nur darin, etwas zu essen zu haben, eine Behausung zum Wohnen und einen Partner, eine Partnerin zum Lieben. Ich habe viele Menschen gesehen, die all dies hatten und denen es dennoch weiterhin schlecht ging. Auch sehr wohlhabende Menschen leiden, ebenso wie mächtige oder berühmte. Wir brauchen mehr als materielle Dinge.

Wir brauchen Liebe. Wir brauchen Verstehen.

Vielleicht haben wir den Eindruck, dass uns niemand versteht. Wir glauben: »Wenn mich nur ein einziger Mensch verstehen würde, ginge es mir ja schon besser.« Aber bisher haben wir noch niemanden gefunden, der unser Leid, unsere Probleme oder unsere Träume versteht. Es ist Verstehen, das wir am meisten brauchen – und Liebe.

Wir brauchen auch Frieden, einen tiefen inneren Frieden, sonst sind wir verloren. Frieden gibt uns innere Klarheit und Ruhe. Dann erkennen wir den Weg vor uns. Innerer Friede ist ein Grundbedürfnis. Ohne ihn ist es unmöglich, anderen zu helfen.

Und so brauchen wir alle Frieden, Verstehen und Liebe, aber diese Dinge scheinen sehr selten zu sein. Sie sind nicht im Supermarkt zu kaufen; man kann sie nicht online bestellen. Die Frage ist: »Wie kann ich selbst die Energie des Friedens, des Verstehens und der Liebe schaffen?« Dafür gibt es die Meditation. Es ist eine sehr dringliche Aufgabe. Aber es ist uns möglich zu lernen, wie wir in jeder Situation ein Gefühl des Friedens, des Verstehens und des Mitgefühls kultivieren können.

Liebe beginnt mit der Wahrnehmung von Körper und Geist. Jeder von uns leidet in bestimmter Weise, hat körperliche oder geistige Schmerzen, und deshalb brauchen wir die Liebe unmittelbar. Das Leiden in unserem Körper oder Geist, das vielleicht sehr massiv ist und uns schon sehr lange begleitet, kann uns von unseren Eltern und Vorfahren weitergegeben worden sein, oder wir haben es in unserer Lebenszeit angesammelt. Dieses Leiden gilt es zu erkennen, und dann müssen wir lernen, wie es zu transformieren ist, damit wir es nicht an künftige Generationen weitergeben.

Wir können viel aus unserem Leiden lernen, und wir können immer etwas tun, um es in Freude, in Glück, in Liebe zu verwandeln. Nur wenn wir den Mut haben, unserem eigenen Leiden zu begegnen, können wir die Klarheit und das Mitgefühl entwickeln, die wir brauchen, um der Welt zu dienen.

DAS LICHT HEREINLASSEN

Yogis oder Meditierende sind Künstler, Künstlerinnen, die mit Angst und anderen schmerzhaften Gefühlen oder Emotionen umzugehen wissen. Sie fühlen sich nicht als Opfer, weil sie wissen, dass sie etwas tun können.

Sie hören Ihrem inneren Leiden zu und nehmen Kontakt zu ihm auf. Atmen Sie tief ein und aus, um zu erkennen: »Warum geht es mir schlecht? Woher kommt mein Leiden?« Vielleicht spiegelt es das Leiden Ihrer Eltern, Vorfahren und des Planeten wider. Es umfasst aber auch das Leiden unserer Zeit, unseres Umfelds, unserer Gesellschaft, unserer Nation. Wir sollten es nicht mit Musik, Filmen oder Computerspielen überdecken. Den Mut zu haben, zu sich selbst heimzukehren, das Leiden zu erkennen, es im Herzen zu halten und tief hineinzuschauen, ist vielleicht das Wichtigste, was wir als Meditierende tun können.

Sie atmen in der Meditation ein und sagen: »Hallo, meine Angst, meine Wut, meine Verzweiflung. Ich werde mich gut um euch kümmern.« In dem Moment, in dem Sie das Gefühl anerkennen, ihm mit Liebe und Fürsorge zulächeln und es mit Achtsamkeit umarmen, wird es sich zu verändern beginnen. Das ist das Wunder der Achtsamkeit. Es ist wie das morgendliche Sonnenlicht, das auf eine Lotosblume scheint. Die Knospe hat sich noch nicht geöffnet, aber wenn das Licht einfällt, dringen die Photonen in die Knospe ein, und nach ein oder zwei Stunden öffnet sich die Blüte.

Durch unser achtsames Gehen, Sitzen oder Atmen erzeugen wir die Energie der Achtsamkeit. Mit dieser Energie umarmen wir unsere Angst so sanft, wie das Licht die Blume umarmt. Wenn die beiden Arten von Energien aufeinandertreffen, kommt es zu einer Veränderung, einer Transformation. Die Energie der Zärtlichkeit durchdringt die Angst, Wut oder Verzweiflung. Wir halten diese Gefühle so sanft, wie wir ein verletztes Kind halten würden.

Wenn das Gefühl sehr stark wird und Sie spüren, wie es mit Macht in Ihnen hochkommt, sollten Sie, um damit umzugehen, eine stabile Position einnehmen und sich durch achtsames Ein- und Ausatmen so stabilisieren, dass es Sie nicht mit sich reißt. Im Liegen oder Sitzen konzentrieren Sie Ihren Geist auf den sogenannten Dan-Tian-Punkt, etwa einen Zentimeter unterhalb des Bauchnabels, und am besten legen Sie auch Ihre Hände dorthin. Konzentrieren Sie sich vollständig, hundertprozentig auf Ihre Einatmung und Ausatmung und das Heben und Senken Ihres Unterbauchs. So werden Sie in der Lage sein, das Denken zu stoppen. In diesem Moment ist es sehr wichtig, das Denken zu stoppen, denn je mehr Sie denken, desto mehr werden Sie von Verzweiflung und Angst mitgerissen. Haben Sie keine Angst. Die Welle der

Emotionen ist wie ein Sturm, und er wird sich nach einiger Zeit legen. Atmen Sie sechs, sieben, acht oder sogar zehn Sekunden lang ein, und atmen Sie zehn, zwölf, fünfzehn Sekunden oder länger aus, ohne zu denken. Das wird Ihnen Erleichterung verschaffen.

ZEN INMITTEN DES STURMS

1976 organisierten wir zusammen mit den Mitarbeiterinnen und Freunden aus der buddhistischen Friedensbewegung eine Hilfsaktion zur Rettung von Flüchtlingen aus Vietnam. In Singapur mieteten wir heimlich drei Schiffe zur Rettung der Boatpeople und brachten sie in aller Stille in andere Länder, wo sie Asyl erhielten. Zu dieser Zeit überließen die Behörden die Flüchtlinge auf dem Meer ihrem Schicksal und drängten manchmal sogar die kleinen Boote zurück aufs Meer. Wenn wir also den Bootsflüchtlingen helfen wollten, hatten wir keine andere Wahl, als das Gesetz zu brechen. Bei einem Einsatz retteten wir fast achthundert Menschen im Golf von Siam, aber die malaysische Regierung weigerte sich, unseren Schiffen die Einfahrt in malaysische Gewässer zu gestatten. Während dieser Zeit praktizierten wir regelmäßig Sitz- und Gehmeditation und aßen unsere Mahlzeiten in Stille und Konzentration. Uns war klar, dass unsere Arbeit ohne diese Art von Disziplin scheitern würde. Das Leben vieler Menschen hing von unserer Achtsamkeitspraxis ab.

Aber während wir noch einen Weg suchten, um die Flüchtlinge sicher in ein aufnahmebereites Land zu bringen, wurde unser Hilfsprogramm von den Behörden entdeckt. Die Polizei von Singapur stand um zwei Uhr morgens vor unserer Tür, beschlagnahmte meine Reisedokumente und befahl uns, das Land innerhalb von vierundzwanzig Stunden zu verlassen. Wir hatten immer noch Hunderte von Menschen an Bord der Schiffe, die noch nicht in Sicherheit waren und weder über genügend Nahrung noch Wasser verfügten. Ihr Leben hing von uns ab. Es herrschte ein starker Wind, und die See war rau, darüber hinaus war bei einem Schiff der Motor ausgefallen. Was konnten wir tun?

Ich musste tief durchatmen. Es war eine äußerst schwierige Situation. In den vierundzwanzig Stunden bevor ich ausreisen musste, gab es mehr Probleme zu lösen, als möglich schien. Mir wurde klar, dass es nun galt, die Worte »Wenn du Frieden willst, hast du sofort Frieden« in die Praxis umzusetzen. Man muss es nur stark genug *wollen*. Ich erkannte, dass ich, wenn ich in diesem Moment keinen Frieden finden könnte, niemals Frieden haben würde. Frieden kann man inmitten der Gefahr finden. Ich werde keine Sekunde der Sitzmeditation, keinen Atemzug und keinen Schritt je vergessen, den ich in dieser Nacht in Achtsamkeit machte.

Gegen vier Uhr morgens kam mir die Idee, dass wir den französischen Botschafter, der uns im Stillen unterstützt hatte, bitten konnten, zu unseren Gunsten zu intervenieren und die Behörden in Singapur zu fragen, ob sie uns noch zehn Tage Aufenthalt gewähren würden.

Zehn Tage könnten gerade ausreichen, um die Menschen in Sicherheit zu bringen. Der Botschafter stimmte zu, und in letzter Minute erhielten wir von der Einwanderungsbehörde die Genehmigung zu bleiben. Ohne unsere Meditationspraxis des achtsamen Atmens und achtsamen Gehens hätten wir vom Leid leicht überwältigt werden können und wären nicht in der Lage gewesen weiterzumachen. Schließlich gelang es uns, genügend Lebensmitteln zu den Schiffen zu bringen, und obwohl es noch Monate dauerte, bis die Menschen an Land gehen konnten, und viele Jahre, bis ihre Asylanträge in den in Flüchtlingslagern bearbeitet wurden, waren ihre Leben gerettet.

KEIN SCHLAMM, KEIN LOTOS

Es gibt eine tiefe Verbindung zwischen Leid und Glück; sie ist wie die Verbindung zwischen Schlamm und Lotosblume. Wenn Sie sich die Zeit nehmen, Ihrem Leiden zuzuhören und tief in seine wahre Natur zu schauen, werden Sie es verstehen lernen; und wenn das geschieht, wird Mitgefühl geboren. Wir können dies »die Mechanik des Mitgefühls« nennen. Sie machen sich das Leiden zunutze, um etwas Positiveres zu schaffen: Mitgefühl. Genau wie man Schlamm nutzt, um Lotosblumen zu züchten. Ohne Schlamm gibt es keinen Lotos. Und wenn es kein Leiden gibt, kann es auch kein Glück und kein Mitgefühl geben.

Es gibt zwei gängige falsche Ansichten über das Leiden. Die erste ist zu meinen, es gäbe, wenn wir leiden, nur Leid und das ganze Leben bestünde nur aus Leid und Elend. Die zweite ist zu glauben, wir könnten *nur* dann glücklich sein, wenn wir *alles* Leid beseitigt haben. Auch das ist nicht wahr. Es mag viele Dinge geben, über die wir nicht glücklich sind, aber gleichzeitig gibt es auch viele Möglichkeiten, glücklich zu sein. Um die Sitzmeditation zu genießen, muss man zum Beispiel nicht völlig frei von Leiden sein. In jedem von uns findet sich ein gewisses Maß an Leid, aber wir wissen, wie wir damit umgehen können.

Glauben Sie nicht, nur dann glücklich sein zu können, wenn Sie hundert Prozent Ihres Unwohlseins beseitigten. Das ist unmöglich. Sie meinen vielleicht, als Buddha bräuchten Sie nicht mehr zu praktizieren, da ein Buddha doch Erwachen, Einsicht, Freude und Glück verkörpere. Aber Erwachen, Einsicht und Glück sind alle vergänglich. Wenn ein Buddha diese Dinge nähren will, muss er weiter praktizieren und dabei das Leiden nutzen, so wie eine Lotosblume, die weiter blühen will, weiterhin den nährenden Schlamm benötigt. Ähnlich ist es, wenn wir mit unserem Leiden in Berührung sind, es annehmen und transformieren, dann erzeugt das Erwachen, Einsicht und Mitgefühl.

Einst fragte ein Schüler seinen Lehrer: »Wo soll ich nach dem Nirvana suchen?« Der Zen-Meister antwortete: »Inmitten von Samsara!« Wir müssen das Leiden nutzen – unsere Angst, unsere Verzweiflung, unsere Kümmernisse –, um Glück, Erwachen und Einsicht zu schaffen. Die Praxis besteht darin, das Leiden gut zu nutzen, um Glück zu schaffen. Das eine gibt es nicht ohne das andere. Leid und Glück gehören zusammen. Wir müssen uns unserem Leiden stellen und es in Glück und Mitgefühl umwandeln, so wie wir den Boden, auf den wir gefallen sind, nutzen, um wieder aufzustehen.

Wie können wir das Gute sehen, wenn alles so schlecht zu sein scheint? Das ist eine sehr schwierige Frage. Aber ich glaube, dass wir mit genügend Zeit auch die positiven Aspekte einer Sache sehen können. Erkennen wir sie noch nicht, liegt das daran, dass wir uns noch nicht die Zeit genommen haben, um tief genug zu schauen. Die Meditationspraxis ist die Praxis, bei der man sich genügend Zeit nimmt, um durch das Sitzen und tiefe Schauen Verstehen zu entwickeln.

Als ich 1966 Vietnam verließ, um zum Frieden aufzurufen, wollte ich nur für drei Monate fort sein. Alle meine Freunde waren in Vietnam, meine Arbeit war dort. Alles, was ich tun wollte, und alle, mit denen ich zusammen sein wollte, waren in Vietnam. Aber ich durfte nicht mehr nach Vietnam zurückkehren, musste ins Exil gehen, weil ich es gewagt hatte, meine Stimme für den Frieden zu erheben. Und das war sehr schwer für mich. Obwohl ich schon vierzig war und als Lehrer viele Schülerinnen und Schüler hatte, hatte ich noch immer nicht mein wahres Zuhause gefunden. Den Buddhismus hatte ich eingehend studiert, verfügte über eine fundierte buddhistische Ausbildung und hielt gute Vorträge über Meditation, aber ich war noch nicht wirklich angekommen. Und tief in meinem Herzen wollte ich nach Hause gehen. Warum sollte ich in Europa und Amerika bleiben? Tagsüber war ich sehr beschäftigt, hielt Vorträge, nahm an Pressekonferenzen teil, gab Interviews. Aber nachts wollte ich nach Hause zurückkehren. Ich träumte davon, auf einen schönen, saftig grünen Hügel mit hübschen kleinen Hütten zu wandern. Es war stets derselbe Hügel. Und immer wachte ich auf halbem Weg auf und erinnerte mich daran, dass ich im Exil war. Ich versuchte, mich darin zu üben, auch die Schönheit Europas zu sehen; die Bäume, die Flüsse und der Himmel dort waren auch schön. Tagsüber war das in Ordnung. Aber nachts kam der Traum immer wieder zurück.

Dann merkte ich eines Tages, einige Jahre später, dass der Traum aufgehört hatte. Mit der Zeit hatten Konzentration und Einsicht den Kummer und die Sehnsucht tief in meinem Bewusstsein umarmt. Der Wunsch, nach Hause zurückzukehren, war immer noch da, aber ich litt nicht mehr darunter. Und schließlich kam der Tag, an dem ich spürte, dass es für mich in Ordnung wäre, vielleicht niemals mehr in diesem Leben nach Hause zurückzukehren. Das war eine große Befreiung, kein Bedauern mehr. Ich erkannte, dass dort in Vietnam auch hier ist, und hier ist dort. Die Dinge sind zutiefst miteinander verbunden und verwoben, sie intersind. Und wenn ich hier auf eine tiefgreifende Weise lebe, dann lebe ich zur gleichen Zeit auch dort auf diese Weise. Es hat mehr als dreißig Jahre gedauert, bis mir diese Erkenntnis kam. Es gibt also einige Dinge, die wir schnell verändern können, und bei anderen müssen wir mehr Geduld haben. Aber Befreiung ist möglich. Wir müssen nur den Weg kennen, den Pfad. Schon ihn zu sehen mindert unser Leiden.

Der Vietnamkrieg war eine schlimme Sache, und Jahrzehnte im Exil zu leben war eine schlimme Sache, aber es gab mir die

Möglichkeit, die Achtsamkeitspraxis im Westen zu vermitteln. Und aufgrund dessen gibt es das Plum-Village-Praxiszentrum im Südwesten Frankreichs und viele andere Praxiszentren und Gemeinschaften für achtsames Leben in Europa und den USA. Wenn wir uns also Zeit nehmen und genau hinschauen, sehen wir, dass sogar sogenannte schlechte Dinge gute hervorbringen können, genau wie der Schlamm die Lotosblumen hervorbringt. Wir wissen, dass Schlamm für das Gedeihen des Lotos wichtig ist, aber wir wissen auch, dass zu viel Schlamm dem Lotos schadet. Jeder braucht also eine gewisse Dosis an Leid, um zu wachsen, gerade so viel, dass wir daraus lernen können. Wir haben aber bereits mehr als genug Leid; wir müssen nicht noch mehr schaffen. Die Praxis der Meditation besteht darin, tief zu schauen, um das Leiden zu erkennen und zu verstehen. Und wenn wir die Wurzeln des Leidens verstehen, wird sich uns der Weg der Transformation und Heilung offenbaren.

Sind wir schon fertig? Es gibt immer noch mehr Kompost!

Was geschieht, wenn wir den Lotos nicht finden können und überall nur Schlamm sehen? Eines Tages trank ich Tee mit Thay und stellte ihm diese Frage. Damals sah ich nur Schlamm. »Dann musst du tiefer schauen. Der Lotos ist da«, sagte Thay und lächelte wissend. Ich fühlte mich ein wenig frustriert. Aber mit der Zeit wurde mir klar, dass nur wir selbst den Lotos in unserem Schlamm finden können; niemand sonst kann das für uns tun. Zuerst musste ich mich selbst darin schulen, wie man atmet. Das klingt so einfach, und doch ist es eine unglaublich kraftvolle Praxis. Als ich nach Plum Village kam, lernte ich die achtsame »Bauchatmung« kennen, und ich erinnere mich, dass ich Thay darüber sprechen hörte, wie er sich immer noch an jeden Atemzug und jeden Schritt aus jener ereignisreichen Nacht in Singapur erinnern konnte. Ich übte mich in den Grundlagen des achtsamen Atmens und hoffte, dass ich, sollte ich jemals in eine Krise geraten, in der Lage sein würde, auf diese Weise zu atmen. Dann, eines Tages, kurz nach meiner Ordination, hörte ich eine Nonne darüber sprechen, welche Kraft darin liege, zehnmal achtsam ein- und auszuatmen, und zwar ganz ohne jedes Denken. Diese einfache Übung habe ihr Leben verändert, sagte sie. Der Trick bestehe darin, immer wieder bei null zu beginnen, sobald ein Gedanke aufkommt. »Klingt einfach«, dachte ich. Wir hatten zweimal am Tag Sitzmeditation, eine Stunde Gehmeditation und drei stille Mahlzeiten – sicher würde ich das schaffen.

Ich habe es versucht und bald festgestellt, dass es viel schwieriger ist als gedacht. Mehr als zwei Monate Training habe ich gebraucht, um zehnmal zu atmen, ohne dabei zu denken. Möglich wurde mir das, indem ich mich von der Erfahrung des Atemvorgangs innerhalb des Körpers völlig faszinieren ließ und meine ganze Aufmerksamkeit von meinem Kopf in die gefühlte Erfahrung des atmenden Körpers brachte. Ist mein Atem abgehackt oder gleichmäßig, flach oder tief, lang oder kurz, unregelmäßig oder rhythmisch? Wie empfindet mein Körper Bewegung, Temperatur oder körperlichen Schmerz? In den Neurowissenschaften wird dieses Gewahrsein »Interozeption« genannt; im Buddhismus ist es als eine besondere Konzentration bekannt, die »Achtsamkeit des Körpers im Körper«.

Ich begann, mich darin zu üben, diese Praxis in schwierigen Situationen anzuwenden – in akuten Momenten in meinem täglichen Leben, wenn etwas schiefging, ich mich verletzt fühlte oder vor einem Dilemma stand, das mir unmöglich zu lösen schien. Ich lernte, einen Schritt zurückzutreten und mir zumindest für einige Atemzüge der gesamten Erfahrung dabei bewusst zu werden. Diese Praxis gab mir allmählich eine sichere Grundlage für den Umgang mit schmerzhaften Gefühlen und den inneren Raum, besser statt schlechter zu reagieren. Manchmal ist es schwieriger als zu anderen Zeiten. Wenn es mir wirklich schwerfällt, innezuhalten und zu atmen, wenn ich es einfach nicht schaffe, einen Schritt zurückzutreten und innezuhalten, dann liegt das daran, dass es für meine Vorfahren schwierig war, meine Gesellschaft es schwierig findet und es für meine Gewohnheiten schwierig ist. Mit all diesen Bedingungen bin ich zutiefst verbunden und verwoben. Dann sage ich mir: »Man muss eine Heldin sein, um innezuhalten!« Das stärkt meine Entschlossenheit, es weiter zu versuchen. Wenn es mir gelingt, in diesen schwierigen Momenten innezuhalten und zu atmen, fühlt es sich jedes Mal wie ein Sieg an, ein Wendepunkt, ein neuer Aufbruch.

Ich erinnere mich noch lebhaft an einen Abend im Kloster, als eine alte Reaktion überwältigender Verzweiflung unerwartet ausgelöst wurde. Meine Gedanken waren chaotisch und mein Gesicht tränenüberströmt. Das Gehen half nicht. Dann, mitten im Sturm, meldete sich eine Stimme von irgendwo tief in mir: »Wer bist *du*, dass du weißt, was zu tun ist, wenn du noch nicht einmal zehnmal achtsam atmen kannst!« Also machte ich mich bereit für meine zehn Atemzüge und glaubte, dies werde bei meiner Geübtheit höchstens ein paar Minuten dauern.

Auf dem Rücken liegend, die Hände auf dem Bauch, richtete ich meine Konzentration auf die Atmung, doch erschien mir die benötigt Stärke an Achtsamkeit so gewaltig, als müsste ich nicht nur ein wildes Pferd, sondern hundert anbinden. Ich zählte mithilfe meiner Finger und musste immer wieder bei null anfangen. Endlich schaffte ich es aus reiner Hartnäckigkeit: zehn Atemzüge ohne Gedanken. Ich setzte mich erschöpft auf, war erleichtert und sehr präsent. Es hatte fast eine Stunde gedauert. Mein nächster Gedanke war: »Ach ja richtig, das Problem! Was war noch mal das Problem?« Zu meiner Überraschung hatte sich die ganze Landschaft meiner Wahrnehmung verändert. Die Situation sah völlig anders aus und fühlte sich anders an – und alle möglichen Lösungen waren da, so klar wie der Tag. Ich war schockiert. Zum ersten Mal wurde mir klar, dass es Momente geben kann, in denen es viel besser ist, meinem Atem als meinem Verstand zu vertrauen.

Wie die meisten von uns habe ich in der Schule nicht gelernt, wie man mit starken oder beängstigenden Emotionen umgeht. Stattdessen bin ich in einer Gesellschaft aufgewachsen, die ausgeklügelte und oftmals süchtig machende Möglichkeiten bietet, mit Schmerzen umzugehen und sie zu überdecken. Bildschirme bieten tausend Welten, in die man sich flüchten kann. Einige von uns haben vielleicht sogar Wege gefunden, ihren eigenen Schmerz nach außen, auf die Welt, zu projizieren, und sie versuchen, ihn dort aufzulösen. Aber auch das ist keine Lösung

Die Herausforderung besteht darin, dass wir uns aktiv darin üben, uns nach innen zu wenden und aufkommende, schmerzhafte Gefühle zu begleiten. Angst, Verzweiflung, Trauer und Kummer können sowohl durch innere als auch durch äußere Ursachen ausgelöst werden, sei es durch unsere eigenen Lebensumstände oder durch die Ungerechtigkeit, Ungleichheit und Zerstörung, die wir auf der ganzen Welt erleben. Neue Begriffe sollen uns helfen, unsere Trauer und Angst um den Planeten zu erkennen. Dazu gehören »ökologischer Kummer«, »Klimaangst«, »Apex Schuld« und »Solastalgia«, die Traurigkeit, die wir über den Verlust oder die Zerstörung eines uns vertrauten, lieb gewonnenen Ortes in der Natur empfinden.

Als Meditierende besteht unsere Aufgabe zunächst darin, uns um diese Gefühle zu kümmern, wenn sie sich in unserem eigenen Körper und Geist manifestieren. Das Vertrauen in unser achtsames Atmen kann uns die Stabilität geben, der Trauer und dem Schmerz in einer verkörperten Weise zu begegnen. Der Fluss unseres Einatmens und Ausatmens ist ein ebenso anschauliches Maß für unsere Gefühle wie ein Seismograf. Ob unsere Atmung nun lang oder kurz, abgehackt oder gleichmäßig, regelmäßig oder unregelmäßig ist, sie ist ein Spiegelbild der Gefühle, die in unserem Herzen lebendig sind. Zu hundert Prozent beim Atem zu sein ist ein Weg, mit schmerzhaften Gefühlen zu sein, jenseits von Gedanken, Worten und Geschichten, und sie zu umarmen.

Indem wir Zuflucht zu unserem Atem nehmen, erlauben wir dem Gefühl, zu entstehen, eine Weile zu bleiben, sich zu entwickeln und zu vergehen.

Wir leugnen es nicht und versuchen nicht, es in irgendeiner Weise zu verändern. Die Energie der Achtsamkeit lässt uns sanft und mitfühlend sein und neugierig auf das, was unser Kummer oder unsere Sorgen uns sagen wollen. Gegenwärtig zu sein und das Gefühl im Körper ruhig zu umarmen führt allmählich zu wachsendem Mitgefühl sowie zu einer Klarheit darüber, was wir tun und wie wir reagieren können. Seit meinem eindringlichen Erlebnis in jener Nacht im Kloster, als ich zum ersten Mal durch akute Verzweiflung hindurchatmen konnte, habe ich gelernt, die Kraft des achtsamen Atmens niemals zu unterschätzen.

In unserer Gesellschaft gibt es Menschen, die nicht richtig atmen können. Als Meditierende müssen wir uns dieser Tatsache bewusst sein. Manche können nicht richtig atmen, weil sie krank sind, andere, weil die Luft verschmutzt ist, und wieder andere bekommen durch die gewalttätige Ungerechtigkeit des systemischen Rassismus und der Ungleichheit nicht genug Luft. Das ist eine immense Quelle des Leidens für die Menschheit und für die Erde. Es besteht eine tiefe Verbindung zwischen der Art und Weise, wie wir einander behandeln und wie wir die Erde behandeln.

Rassialisierte Gerechtigkeit und Umweltgerechtigkeit sind eng miteinander verbunden und verwoben. Überall auf dem Planeten sind die Gemeinschaften, die am wenigsten für den Klimawandel und die Umweltzerstörung verantwortlich sind, am stärksten betroffen. Es besteht ein enger Zusammenhang zwischen der Art und Weise, wie wir uns gegenseitig schaden und ausbeuten, und der Art und Weise, wie wir die Erde schädigen und ausbeuten. Ob wir nun ein Opfer von Ungerechtigkeit, Rassismus oder Ungleichheit sind oder eine weiße Person, die durch das System privilegiert ist, wir sind aufgerufen, als Teil unserer Meditation tief zu schauen.

In unserer Sitz- und Gehmeditation ist es unsere Aufgabe, Zeugnis für das Leiden abzulegen, uns von Mitgefühl berühren zu lassen und aktiv zu erkunden, wie wir zur Heilung und Veränderung beitragen können.

——— T. D.

EINE DOSIS BITTERMELONE

Der Wunsch zu praktizieren, um unser eigenes Leiden und das der Welt zu verwandeln, wird *bodhicitta* genannt. Manchmal wird dieser Begriff auch als »Anfängergeist« oder »Geist der Liebe« übersetzt. Es handelt sich dabei um eine kraftvolle Energiequelle auf unserem Weg. Sie nährt uns und gibt uns die nötige Energie, um die Schwierigkeiten zu überwinden, denen wir begegnen. Ich habe das Glück erlebt, mein Bodhicitta lange Zeit am Leben erhalten zu können. Es ist nicht so, dass ich auf keine Hindernisse gestoßen wäre; ich bin sogar auf sehr viele gestoßen. Aber ich habe nie aufgegeben, weil die Energie des Bodhicitta sehr stark in mir war. Solange der Anfängergeist in Ihnen lebendig und stark ist, brauchen Sie sich keine Sorgen zu machen. Sie können der Welt dienen, Ihr ganzes Leben lang. Sie werden glücklich sein, und Sie werden auch viel zum Glück anderer beitragen.

In Asien gibt es ein kürbisähnliches Gemüse, bei uns als Bittermelone bekannt. Das vietnamesische Wort für »bitter« bedeutet auch »Leiden«. Diejenigen, die es nicht gewohnt sind, dieses Gemüse zu essen, haben es anfangs schwer, denn es ist sehr bitter. Aber in der chinesischen Medizin glauben wir, dass Bitterkeit gut für die Gesundheit ist. Bittermelone ist erfrischend und kühlend. Sie mag bitter sein, aber sie ist köstlich, und wir wissen, dass sie uns guttut.

Wir neigen dazu, alles Bittere zu meiden und vor unserem Leiden davonzulaufen. Wir sind uns der Güte des Leidens nicht bewusst, der heilenden Natur des Leidens. Einige von uns meditieren, um dem Leiden zu entkommen. Meditation verschafft uns etwas Stille und Entspannung und hilft uns, unsere Schwierigkeiten und Streitigkeiten hinter uns zu lassen, und wir empfinden ein wenig Frieden und Glück. Aber das ist nicht der wahre Zweck der Meditation.

Zen-Meister Linji rief seinen Schülern zu: »Sitzt nicht so! Sitzt nicht wie ein Kaninchen zurückgezogen in seinem Bau.« Sitzen ist nicht dazu da, Leiden zu vermeiden.

In der Meditation erfahren wir Stille, Entspannung, Achtsamkeit, Konzentration und Einsicht. Und wir erleben auch Freude und Glück, da wir uns im Loslassen geübt haben und darin, unsere täglichen Sorgen, Ängste und Begierden hinter uns zu lassen. Loslassen ist der erste Schritt.

Trotzdem kann in Ihrem Geist immer noch ein arges gedankliches Geplapper stattfinden. Und das müssen Sie stoppen, um Stille zu kultivieren und etwas Frieden und Glück zu genießen. Bei Ihrem Sitzen erfreuen Sie sich am Atmen, an der Stille und inneren Ruhe.

Doch auch das ist noch nicht genug. Sie müssen tiefer gehen. Auf der Oberfläche mag Stille herrschen, aber darunter verbergen sich oft Wellen. Bei der Meditation geht es darum, dass Sie Ihre Intelligenz und Konzentrationsfähigkeit nutzen, um weiter vorzudringen und den Schmerz, die Angst und das Leiden in den Tiefen Ihres Bewusstseins zu transformieren.

Das Leiden, das Sie dort finden, kann ein Leiden sein, das Sie als Kind ertragen haben, oder es kann das Leiden Ihrer Eltern oder Großeltern sein, die nicht in der Lage waren, mit ihrem Leid umzugehen, und es an Sie weitergegeben haben. Selbst wenn Sie nur ein vages Gefühl für Ihr Leiden haben, müssen Sie sich darin üben, mit ihm in Berührung zu kommen, und Ihre Einsicht nutzen, um es zu erkennen. Es ist, wie eine Bittermelone zu essen. Sie haben keine Angst, denn Sie wissen, dass die Bittermelone Ihnen hilft.

Wenn ein leidvolles Gefühl in Ihnen hochkommt, sollten Sie nicht davonlaufen. Das empfehle ich Ihnen. Bleiben Sie, wo Sie sind, und heißen Sie es willkommen, ob es sich nun um Ärger oder Frustration oder eine unstillbare Sehnsucht handelt. Seien Sie bereit, es willkommen zu heißen, es zärtlich zu umarmen und mit ihm zu leben. Sie werden entdecken, so wie es mir erging, dass es Sie, sobald Sie es akzeptieren und willkommen heißen, nicht mehr stört oder belastet. Genau wie die Bittermelone heilt es Sie. Wenn Sie Ihr Leiden nicht akzeptieren, es nicht zärtlich umarmen, wird es Ihnen unbekannt bleiben. Dieses Leiden kann uns aber etwas lehren und, wenn wir es verstehen, Freude und Glück erleben lassen. Erlauben Sie sich, ein wenig zu leiden. Viele Kinder hassen anfangs Bittermelonen, aber als Erwachsene essen sie gerne Bittermelonensuppe.

Am schwierigsten ist es, wenn man weiß, dass ein leidvolles Gefühl da ist, aber man es nicht benennen kann, weil es zu vage ist. Sie spüren es, es ist real, aber es ist schwer zu identifizieren. Sie spüren eine Blockade, einen Widerstand dagegen, es genauer zu betrachten, und schrecken immer wieder im letzten Moment davor zurück. So geht es vielleicht schon lange Zeit, sodass Sie noch keine Gelegenheit hatten, es klar zu identifizieren. Deshalb müssen Sie sich entschließen, so nicht weiterzumachen. Jedes Mal, wenn es auftaucht, heißen Sie es willkommen. Bleiben Sie mit der Energie der Achtsamkeit und mit Wachheit im gegenwärtigen Moment, dann werden Sie in der Lage sein, es zu identifizieren.

Die Meditation ist auf den gegenwärtigen Moment ausgerichtet. Sie müssen nirgendwohin gehen oder in die Vergangenheit oder Kindheit zurückreisen, um Ihrem Leiden und seinen Wurzeln zu begegnen. Sie bleiben einfach mit Ihrer Wahrnehmung im gegenwärtigen Moment.

BEWAHREN SIE SICH IHRE HANDLUNGSFÄHIGKEIT

Zen-Meister Linji erklärte, dass jeder von uns sein eigener Herr und nicht ein Opfer seiner Umgebung sein sollte. Wir müssen uns unsere Freiheit bewahren, auch wenn die Dinge um uns herum nicht so laufen, wie wir es uns vielleicht wünschen. Es liegt in unserer Verantwortung, Herrin der Lage zu sein und die Situation, in der wir uns befinden, zum Erwachen zu nutzen. Wo immer Sie sind, können Sie Herr Ihrer selbst sein. Ein aktiver Mensch fragt immer: »Was kann ich, was können wir tun, um die Situation nicht zu verschlimmern, sondern zu verbessern? Wie kann ich der anderen Person oder den anderen Personen helfen, sich zu ändern?«

Mit diesem Geist der Liebe und dem Gelübde, anderen zu helfen, sind wir nicht mehr passiv. Statt Opfer zu bleiben, werden wir wieder aktiv. Bodhicitta gibt uns die Energie und Willenskraft, aktiv zu sein und etwas verändern zu können. Das ist sehr wichtig. Auch wenn wir noch gar nicht gehandelt haben, wird allein die Einsicht und der Wille zur Veränderung unser Leiden um achtzig bis neunzig Prozent verringern.

Wenn wir genau hinschauen, sehen wir, dass es niemanden auf der Welt gibt, der noch kein Opfer von schwierigen Situationen geworden ist. Die Gesellschaft ist voll von Diskriminierung, Gewalt, Ungleichheit, Hass, Begierde und Gier. Wir Menschen sind von alldem übervoll und bereiten uns, anderen Arten und dem Planeten dadurch viel Leid. Wir können also nicht behaupten, es gäbe jemand, der kein Opfer von irgendetwas ist. Und wir sollten uns daran erinnern, dass auch in uns die Saat von wertender Unterscheidung, Wut, Begierde, Gewalt und ungeschicktem Verhalten vorhanden ist. Wenn Sie imstande sind, sich selbst zu transformieren, sind Sie auch in der Lage, diejenigen zu transformieren, von denen Sie sich unterdrückt fühlen und die Sie als die Quelle Ihres Leidens ansehen. Das ist auf jeden Fall meine eigene Erfahrung und Praxis. Ich habe keine Feinde, auch wenn ich viel Leid und viel Ungerechtigkeit erlebt habe. Es gibt Menschen, die versucht haben, mich zu töten, mich zu unterdrücken, aber ich betrachte sie nicht als meine Feinde. Ich möchte ihnen helfen. Ich habe mich verändert und transformiert, und deshalb sehe ich mich nicht mehr als Opfer.

Verspüren wir Wut, kommt die Saat der Wut aus den Tiefen unseres Bewusstseins hervor, und wir meinen, dass wir wegen dieser Person oder jener Situation in Wut geraten sind. Aber sobald wir bewusst atmen und die Wut erkennen und annehmen, werden wir wieder zum Souverän unserer selbst und können erklären: »Ich will kein Opfer meiner Wut sein. Ich möchte ich selbst sein. Ich möchte eine Veränderung herbeiführen.« Auf diese Weise wird das achtsame Atmen zu einer Ihre Souveränität wiederherstellende und Ihren freien Willen weiterentwickelnde Praxis.

Die Energien des Verstehens, der Einsicht und des Mitgefühls machen Sie frei, und Sie können anderen helfen, frei zu werden. Diese Art der Praxis transformiert Ihr Herz und Ihren Geist, und Sie werden zum Bodhisattva. Dadurch werden Sie sogar denen helfen wollen, die Sie diskriminieren, unterdrücken oder sogar zu töten versuchen.

Jedes Mal, wenn wir fallen, ist das eine Gelegenheit, wieder aufzustehen – das ist die Einstellung eines aktiven Menschen: *Jedes Mal, wenn ich falle, stehe ich wieder auf, damit das Leben besser werden kann.* Das ist die richtige Haltung: Obwohl es Hindernisse und Herausforderungen gibt, lassen wir uns nicht von ihnen überwältigen. Wir stehen auf wie ein Held, eine Heldin. Mit dieser Haltung fällt schon sehr viel Leid weg.

IN DER GESELLSCHAFT VON BODHISATTVAS

Ein Bodhisattva ist ein Lebewesen *(sattva)*, das erwacht ist *(bodhi)*. Jeder glückliche, achtsame, friedvolle, verständnisvolle, liebende Mensch kann als Bodhisattva bezeichnet werden. Bodhisattvas haben den tiefen Wunsch, anderen zu helfen, und das ist für sie eine enorme Quelle der Energie und Vitalität.

Aber nicht nur Menschen sind Bodhisattvas. Ein Reh, ein Affe, ein Mangobaum oder ein Felsen – sie alle können als Bodhisattvas bezeichnet werden, weil sie Frische, Schönheit und Zuflucht in die Welt bringen. Bodhisattvas sind keine erhabenen Wesen oben in den Wolken oder Statuen aus Metall oder Holz auf einem Altar; sie sind überall um uns herum. Die Kiefer in unserem Vorgarten kann ein Bodhisattva sein, der uns Frieden, Sauerstoff und Freude spendet. Das Diamant-Sutra erinnert uns daran, dass wir, wenn wir uns im Zeichen »Mensch« verfangen, nicht in der Lage sein werden, die Buddhas und Bodhisattvas um uns herum zu erkennen.

Im Buddhismus betrachten wir den Planeten als einen Bodhisattva: als einen echten, authentischen, großen Bodhisattva. Einer der vielen Namen der Erde ist »Große erfrischende Erd-Bodhisattva«. Unsere Erde ist die schönste aller Bodhisattvas. Ihre Qualitäten sind Ausdauer, Festigkeit, Kreativität und nicht wertende Unterscheidung; sie umarmt und erhält jeden und alles. Das soll nicht heißen, dass die Erde von einem Geist bewohnt würde oder es einen Geist irgendwie hinter oder in dem Planeten gäbe. Wir sollten uns nicht in dem Gedanken verfangen, dass eine von einem »Geist« bewohnte »Materie« existierte. Die Erde kann nicht in Begriffen von Materie oder Geist beschrieben werden; der Planet transzendiert beide Kategorien. Die große Erde ist nicht ohne Wahrnehmungen, ohne Gefühle; sie ist nicht unpersönlich. Wie könnte bloße Materie all die wunderbaren Dinge tun, die die Erde tut? Die große Erde ist nicht menschlich, aber sie hat Menschen hervorgebracht, auch außergewöhnliche Menschen mit großem Mitgefühl und Verstehen. Die Erde ist nichts Geringeres als die Mutter aller Buddhas, Bodhisattvas, Heiligen und Propheten.

Die Erde ist eine Bodhisattva, zu der wir Zuflucht nehmen können, nicht nur außerhalb von uns, sondern auch in uns selbst. Wir brauchen nicht zu sterben, um zur Erde zurückzukehren; wir sind bereits jetzt in der Erde. Ob wir gehen oder sitzen, wir können mit der Erde atmen und lernen zuzulassen, dass sie in uns und um uns herum ist. Die Erde hat die Kraft, sich selbst und uns zu heilen, und wir können auf diese Kraft vertrauen. Dies zu erkennen ist kein blinder Glaube, sondern wir können es aus unseren Beobachtungen und Erfahrungen schlussfolgern; es ist nichts, was andere uns sagen und an das wir glauben müssten. Jedes Mal, wenn Sie leiden, jedes Mal, wenn Sie sich verloren oder entfremdet fühlen, können Sie mit der Erde in Kontakt treten und sich so wieder stabilisieren. Indem wir uns mit der Erde in uns verbinden, beginnt unsere Heilung; wird Heilung möglich.

Wir müssen nirgendwohin gehen, um Bodhisattvas zu finden. Wir müssen nicht in ein Flugzeug steigen oder irgendwohin reisen, nicht einmal zu den vier großen heiligen Bergen der Bodhisattvas in China. Zen-Meister Linji sagte, es sei möglich, ihnen genau dort, wo man ist, zu begegnen; sie sind genau hier im gegenwärtigen Moment, in unserem eigenen Herzen und Geist. Warum sollten wir außerhalb von uns nach ihnen suchen?

In der buddhistischen Tradition sprechen wir von dem Bodhisattva Manjushri, dem Bodhisattva des großen Verstehens. Auch in uns gibt es den Samen des Verstehens. Samantabhadra ist der Bodhisattva der großen Tat; auch wir haben den Samen der Tat in uns. Avalokiteshvara ist der Bodhisattva des großen Mitgefühls;

auch dieser Samen ist in uns. Wir müssen diese Samen nur in unserem Bewusstsein gießen, und schon sind wir in Kontakt mit den Bodhisattvas. Was wir suchen, ist sowohl im Außen als auch im Innen und ist weder außen noch innen. Außerhalb von was? Innerhalb von was? Gemäß der Dialektik des Diamant-Sutra – »A ist nicht A, und deshalb kann es wirklich A genannt werden« sind Bodhisattvas keine Bodhisattvas, und deshalb können sie wahrhaftig Bodhisattvas genannt werden, denn Bodhisattvas bestehen nur aus Nicht-Bodhisattva-Elementen.

Bodhisattvas sind Lebewesen mit Qualitäten wie Verstehen, Mitgefühl, Handeln, Ehrfurcht, und auch Sie haben diese Qualitäten. Das braucht Ihnen niemand zu bestätigen; Sie wissen es selbst. Die Übung besteht darin, diese Qualitäten in sich lebendig zu halten. Wann immer wir zum Beispiel in Verzweiflung geraten oder Ressentiments und Hass gegenüber Menschen oder Situationen empfinden, ist das ein Zeichen dafür, dass unser Verstehen noch nicht ausreicht. Aber sobald wir tiefer schauen und die Saat des Verständnisses in uns aufgeht, erstrahlt das Licht, und die Dunkelheit verschwindet. Das ist Manjushri, der Bodhisattva des Verständnisses, der wirklich in Ihnen existiert.

Es ist möglich, ein Bodhisattva zu werden. Bodhisattvas sind nicht Menschen ohne Schwierigkeiten. Es mögen schwierige Momente kommen, aber Bodhisattvas haben keine Angst, weil sie wissen, wie sie damit umgehen können. Jeder von uns muss sein eigenes Licht finden und es der Welt darbringen. Achtsamkeit ist eine Art Licht, eine Energie, die uns hilft zu wissen, wo wir uns gerade befinden und was geschieht, und die uns zu erkennen hilft, was wir zu tun und zu unterlassen haben, damit Frieden, Mitgefühl und Glück möglich werden. Wir wissen, dass es momentan ein sehr wichtiger Zeitpunkt ist, auf diesem schönen Planeten zu leben. Mit dem Licht der Achtsamkeit werden wir zu Bodhisattvas; wir geben der Welt Licht. Erleuchten Sie durch Ihr Erwachen Ihre Umgebung. Sie schauen mit den Augen der Bodhisattvas; Sie handeln mit ihren Händen. Wenn Sie das tun, gibt es keinen Grund, pessimistisch über die Situation in der Welt zu sein. Bodhisattvas mit solch tiefgreifender Absicht sind frei von Verzweiflung und können in Frieden und Freiheit handeln.

ENGAGIERTES HANDELN

Den Begriff »Engagierter Buddhismus« haben wir in den 1960er-Jahren geprägt, während einer intensiven Phase des Vietnamkriegs. Wir praktizierten im Tempel Sitz- und Gehmeditation, während wir die Bomben fallen und die Schreie der Verwundeten hörten. Meditieren bedeutet, sich dessen bewusst zu sein, was vor sich geht, und das war das Leiden und die Zerstörung von Leben.

Sobald man weiß, was vor sich geht, wird man von dem Wunsch motiviert, etwas zu *tun*, um das Leiden zu lindern – sowohl in sich selbst als auch im eigenen Umfeld. Und so mussten wir einen Weg finden, achtsam zu atmen und Gehmeditation zu üben, *während* wir den durch die Bomben verwundeten Menschen halfen – denn ohne eine spirituelle Praxis hätten wir uns verloren und wären ausgebrannt. Und so lernten wir, achtsam zu atmen, zu gehen und unsere Anspannungen loszulassen, damit wir weitermachen konnten. Das waren die Anfänge des Engagierten Buddhismus; er entstand in einer schwierigen Situation, in der wir unsere Praxis beibehalten und gleichzeitig auf das Leiden antworten wollten. In einer solchen Situation geschieht alles, was man in Achtsamkeit tut – sei es soziales Handeln, Teetrinken, Meditieren oder Frühstück zubereiten –, nicht nur für sich selbst. Wir sorgen für uns, damit wir der Welt helfen können.

Das ist die Haltung von Bodhisattvas: Meditation nicht nur für sich persönlich zu praktizieren, sondern für die Welt, um das Leiden zu lindern. Und wenn andere weniger leiden, leiden auch Sie weniger. Wenn Sie weniger leiden, leiden auch die anderen weniger. Das ist *Intersein*. Es gibt keine Trennung zwischen Ihnen und anderen. Sie leben nicht nur für sich selbst; Sie leben für andere Menschen. Ihr Frieden, Ihre Freiheit und Ihre Freude kommen auch anderen zugute; damit sind Sie bereits hilfreich. Wenn Sie also achtsam atmen oder gehen und auf diese Weise Freude und Frieden erzeugen, dann ist das bereits ein Geschenk an die Welt. Entfachen Sie die Energie der Achtsamkeit in Ihrer Familie, Gemeinschaft, Stadt oder Gesellschaft – das ist engagiertes Handeln. Sie strahlen Mitgefühl und Frieden aus.

Sehen Sie sich einen Baum an. Jeder Baum sollte wirklich ein Baum sein: stabil, kräftig, voller Frische. Von einem gesunden, schönen Baum profitieren wir alle. Aber wenn ein Baum kaum noch ein Baum ist, haben wir alle ein Problem. Wissen wir also, wie wir ein gesunder, glücklicher und mitfühlender Mensch sein können, dienen wir bereits der Welt. Wo immer wir sind, sind wir hilfreich. Es geht nicht darum, sich zwischen der Hilfe für andere und der Hilfe für uns selbst zu entscheiden. Meister Tang Hoi sagte: »Ein Arhat ist ein Bodhisattva, und ein Bodhisattva ist ein Arhat.« Das bedeutet, diejenige, die erwacht ist, ist eine Bodhisattva. Es gibt keine wertende Unterscheidung, keine künstliche Grenze mehr zwischen sich selbst und anderen. Es beginnt immer bei Ihnen selbst. Und Sie brauchen auch nicht zehn oder zwanzig Jahre zu warten, um hilfreich sein und etwas bewirken zu können. Jetzt schon sind Sie imstande, vielen Menschen zu helfen.

Wir wissen, dass es da eine »letztendliche Dimension« gibt, in der wir nichts tun müssen. Es ist sehr schön, in dieser Dimension zu verweilen. Wir sollten alle lernen, wie man das macht. Und dann gibt es die historische Dimension, in der es Leiden gibt, Ungerechtigkeit, Ungleichheit, Ausbeutung und so weiter. Die Frage ist, wie wir die letztendliche Dimension berühren können, damit wir nicht mehr unter Angst, Verzweiflung und Einsamkeit zu leiden haben. Wie können wir die letztendliche Dimension in die historische Dimension bringen?

Dafür brauchen wir, schlage ich vor, eine weitere Dimension – die Handlungsdimension. Sie ist das Reich der Bodhisattvas, umfasst die Art von Energie, die uns hilft, das Letztendliche in das Historische zu bringen, sodass wir auf der Ebene des Handelns entspannt und freudvoll sein können, frei von Angst, frei von Stress, frei von Verzweiflung. Wir alle sollten Bodhisattvas sein und die letztendliche Dimension in den gegenwärtigen Moment tragen, damit wir dort ankommen und aufhören davonzurennen, damit wir entspannt und freudig sein und Frieden und Freude für die Menschheit und all die anderen Arten auf der Erde bringen können.

TEIL 2

DIE HANDLUNGSDIMENSION:

EINE NEUE LEBENSWEISE

Unser Bild von einem erleuchteten Menschen ist, dass er Freiheit und geistige Stärke besitzt und kein Opfer seiner Umgebung ist. Ein erleuchteter Mensch hat eine klare Vorstellung von sich selbst und von der Realität – also sowohl von seiner eigenen Natur als auch der gesellschaftlichen Wirklichkeit, in der er lebt. Dieses Verständnis ist das wertvollste Geschenk, das Zen anbieten kann.

Die Seinsweise eines erleuchteten Menschen ist der wichtigste positive Beitrag des Zen für die Welt. Zen ist eine lebendige Tradition, in der sich die Menschen in diesem Verständnis und einer gesunden, widerstandsfähigen und ausgeglichenen Lebensweise üben können. Die Kunst und das Denken, die sich aus diesen Erkenntnissen des Zen speisen, werden ebendiese Qualitäten von Vitalität, Stabilität und Frieden haben.

Ob wir diese Qualitäten von Leichtigkeit und Freiheit kultivieren können, ist eine Frage unseres Erwachens. Die Welt braucht keine eine weitere Ideologie oder Doktrin, sondern die Art von Erwachen, die unsere spirituelle Kraft neu belebt. Echtes Erwachen lässt uns die Situation klar erkennen und von den sozialen und ökonomischen Systemen, die wir selbst geschaffen haben, unsere Souveränität als Menschen zurückfordern. Unser Ausweg besteht in einer neuen Lebensweise, durch die wir unsere Souveränität und unsere Menschlichkeit wiederherstellen können.

ERWACHTES HANDELN

Unser Handeln sollte auf dem Fundament unserer Seinsweise basieren. Wenn wir nicht über genügend Frieden, Verständnis und Toleranz verfügen oder uns Wut und Angst belasten, wird unser Handeln nur geringen Erfolg und Wert haben. Und so hängt die Qualität des Handelns von der Qualität des Seins ab. Im Zen sprechen wir vom Handeln im Nicht-Handeln. Es gibt Menschen, die scheinbar nicht viel tun, aber ihre Anwesenheit ist sehr wichtig für das Wohlergehen der Welt. Und es gibt andere, die versuchen, etwas zu tun, aber je mehr je sie tun, desto fragiler wird die Gesellschaft, weil die Grundlage ihrer Seinsweise nicht gut genug ist. Manchmal tut man nichts, aber damit tut man eine Menge. Und manchmal tut man viel, aber man tut letztlich nichts; es ist nicht hilfreich. Es gibt Menschen, die viel meditieren, aber das Ausmaß ihrer Wut und ihrer Eifersucht ändert sich nicht.

In der historischen Dimension gibt es Dinge, die wir tun müssen, wir müssen handeln, um zu retten, zu nähren, zu heilen, zu versöhnen. Aber in der letztendlichen Dimension können wir alles tun, entspannt und freudig, ohne jede Besorgnis. Das ist mit »Handeln im Nicht-Handeln« gemeint. Sie sind sehr aktiv, aber dabei so entspannt, dass es scheint, als würden Sie überhaupt nichts tun. Sie genießen jeden Moment, weil Sie von einer Basis des Nicht-Handelns aus handeln, ohne nach etwas zu streben oder sich abzuhetzen.

Durch diese Art des Handelns werden unsere Handlungen zu einem wahren Ausdruck unserer Liebe, Fürsorge und unseres Erwachens. Es geht nicht darum, dass wir etwas tun müssten. Wenn wir erwacht sind, wird uns das Handeln auf natürliche Weise ergreifen und leiten. Wir können es gar nicht vermeiden.

In der Zen-Tradition sprechen wir vom Ideal des »nicht geschäftigen« Menschen, jemand, der frei und entspannt ist und nicht mehr etwas anstrebt oder sucht. Ein freier, nicht geschäftiger Mensch ist sehr aktiv, der Welt zu helfen und Leiden zu lindern, lässt sich aber nie von seiner Umgebung oder der Arbeit, die er tut, aus der Ruhe bringen und verliert sich nicht in seinen Idealen oder Projekten. Das ist sehr wichtig. Wir sollten Dinge nicht tun, um dafür Lob, Ruhm oder finanziellen Gewinn einzustreichen. Wir sollten Dinge nicht tun, um vor etwas davonzulaufen oder etwas zu vermeiden. Wir handeln aus Liebe.

Wenn wir etwas aus Liebe tun, können wir das Glück spüren, das damit einhergeht. Wenn wir etwas ohne Liebe tun, leiden wir. Wir fragen uns dann: »Warum muss ich das allein tun? Warum helfen die anderen nicht mit?« Das Wichtigste ist, dass wir uns in unserem Handeln nicht verlieren. Dass wir in jeder Situation souverän bleiben. Dass wir uns in uns selbst wohlfühlen und frei sind.

DIE MEDITIERENDE, DER KÜNSTLER UND DIE KRIEGERIN

In jedem von uns steckt eine Meditierende, ein Yogi. Das drückt sich aus in dem Wunsch, zu meditieren, zu üben, ein besserer Mensch zu werden, das Beste aus uns herauszuholen, erleuchtet zu werden. Unsere innere Meditierende bringt uns Klarheit, Ruhe und tiefe Einsicht. Das ist die Buddha-Natur in uns. Wir wollen vielleicht bessere Menschen werden, und doch gibt es Zeiten, in denen wir nicht üben, nicht meditieren, nicht weil wir nicht wollen, sondern weil wir noch nicht die richtigen Bedingungen geschaffen haben.

In jedem von uns steckt auch ein Künstler. Der Künstler ist sehr wichtig. Er kann dem Leben Frische, Freude und Sinn verleihen. Sie müssen ihrem inneren Künstler erlauben, kreativ zu sein, damit Sie die Freude und das Nährende Ihrer Achtsamkeitspraxis stets spüren und genießen können. Viele von uns können Monotonie nicht ertragen. Wenn wir zu viel von etwas haben, wollen wir es ändern, auch wenn wir wissen, dass es eigentlich gut für uns ist. Das ist ganz natürlich.

Sie fragen sich vielleicht: »Wie kann ich einem Weg immer weiter folgen, ihn bis zum Ende gehen?« Natürlich brauchen Sie dafür Geduld. Aber Sie brauchen auch noch etwas anderes: Der Weg sollte freudvoll, nährend und heilend sein. Wir müssen also einen Weg finden, um diese Freude jeden Tag *zu kreieren.*

Wir müssen unser tägliches Leben so gestalten, dass es sich nicht in Wiederholungen erschöpft, sondern wir jeden Moment als einen neuen Moment erleben. Wir müssen kreativ werden, um unser Bodhicitta, unseren Anfängergeist, lebendig zu halten und zu nähren.

Ob Sie achtsam essen, achtsam Auto fahren, Geh- oder Sitzmeditation praktizieren, Sie sollten immer wieder neue Wege finden, damit Ihnen das Atmen, Gehen und Sitzen Freude, Stabilität und Frieden bringt. Äußerlich mag es gleich aussehen, aber Sie gehen als ein neuer Mensch, Sie sitzen ganz anders; Sie entwickeln sich weiter. Ich kann Ihnen sagen, dass es mir nie langweilig wird, achtsam zu gehen. Wenn ich gehe, ist mir jeder Schritt eine Freude, und zwar nicht, weil ich so fleißig oder diszipliniert bin, sondern weil ich dem Künstler in mir erlaube, meine Praxis neu, interessant, nährend und heilsam zu gestalten.

Achtsamkeitspraxis kann *immer* heilsam und nährend sein, wenn wir wissen, wie wir kreativ sein können. Wir sollten nicht wie eine Maschine üben, sondern wie ein lebendiges Wesen.

Meister Linji zufolge reicht beim Gehen, beim Essen oder im Alltag schon ein einziges Aufblitzen von Achtsamkeit. Ein einprozentiger Erfolg reicht aus, denn dieses eine Prozent kann die Grundlage für viele weitere Prozente sein.

In jedem von uns steckt auch eine Kriegerin. Ihre innere Kriegerin sorgt für die Entschlossenheit zum Weitermachen. Sie geben nicht auf. Sie wollen gewinnen. Dieser inneren Kriegerin müssen Sie erlauben, aktiv zu sein. So werden Sie nicht zum Opfer von irgendetwas. Sie kämpfen darum, Ihre Meditationspraxis zu erneuern. Sie kämpfen darum, dass die Dinge nie langweilig werden. Und so passen die Meditierende und die Kriegerin gut zusammen. Wir sollten keine Angst vor irgendwelchen Hindernissen auf unserem Weg haben. In der Tat mag es viele Dinge geben, durch die Sie sich entmutigt fühlen könnten. Aber wenn Ihre Bodhicitta-Energie stark ist, wenn Ihre Kriegerin stark ist, können Sie diese Hindernisse überwinden, und das stärkt jedes Mal Ihr Bodhicitta. Und so sind dann Hindernisse auch nicht wirklich Hindernisse. Sie sind ein Beschleuniger Ihrer Weisheit, Ihres Bestrebens.

Die Meditierende, der Künstler und die Kriegerin sind nicht drei verschiedene Personen; sie sind drei Aspekte von Ihnen. Und Sie sollten allen drei Aspekten erlauben, gleichzeitig aktiv zu sein, um ein Gleichgewicht zu erreichen. Wir müssen sie alle mobilisieren und niemals zulassen, dass einer von ihnen stirbt oder zu schwach wird. Wir müssen wissen, wie wir diese drei Aspekte in uns kultivieren können, damit wir den Menschen um uns herum mit Gleichgewicht, Stabilität, Stärke und Frische begegnen.

Liebe in Aktion

Schwester Chan Khong, die älteste Schülerin von Thay, ist ein helles Licht in unserer Plum-Village-Gemeinschaft. Sie ist eine Pionierin des Engagierten Buddhismus und eine wahre Bodhisattva, seit sie in den 1960er-Jahren begann, Thay zu unterstützen. Sie ist bekannt als »Schwester Wahre Leerheit« (und als »Schwester Barfuß« für die Kinder), und ihr Leben ist ein Zeugnis für die Kraft des Mitgefühls, zu heilen, zu schützen und zu retten. Schon als junge Frau entwickelte sie ein Programm, um armen Kindern in den Slums von Saigon zu helfen. Dann traf sie Thay und unterstützte ihn, sein engagiertes Sozialarbeit-Programm zu starten.

Ihre spirituelle Praxis unterstützte sie, als sie unter Gewehrfeuerbeschuss Hilfe leistete und nach den schrecklichen Massakern von 1968 Teams anleitete, um die Toten zu bestatten. Während des Krieges schloss sie ihr Biologiestudium ab und wurde Teil der buddhistischen Friedensdelegation bei den Pariser Friedensgesprächen. Es war Schwester Chan Khong, die Thay bei der Einberufung einer der ersten wissenschaftlichen Umweltkonferenzen half. Zu Beginn der 1980er-Jahre entdeckten sie zusammen in Südfrankreich einige verlassene Bauernhöfe und gründeten dort eine Gemeinschaft für achtsames Leben.

Ich war einundzwanzig, als ich Schwester Chan Khong zum ersten Mal in Plum Village während zweier ihrer wunderbaren geführten Meditationen erlebte: die Tiefenentspannung und dann die »Erdberührungen« – bei der man über die tiefe Verbundenheit, das Intersein, mit den Ahnen und der Erde kontempliert, während man sich tief verbeugt und mit dem ganzen Körper auf die Erde niederlegt. Ich studierte damals an einer guten Universität und hatte eine Menge Bücher gelesen, aber in jenem Sommer, in dem ich mit Schwester Chan Khong und den Nonnen zusammen war, begegnet ich erstmals lebendiger Weisheit und weisen Frauen. Damals war sie in ihren Sechzigern hatte funkelnde Augen und ein strahlendes Gesicht, in dem sich ein Leben voller Lächeln ausdrückte. Als junger

Mensch können wir nur hoffen, einmal in unserem Leben jemandem wie Schwester Chan Khong zu begegnen. Ich hätte nie gedacht, dass ich einmal die Gelegenheit haben würde, sie zu begleiten und zu unterstützen und von ihrem unglaublichen Beispiel zu lernen.

Ich erinnere mich noch lebhaft an eine Reise zum Europäischen Parlament in Brüssel kurz nach meiner Ordination. Schwester Chan Khong wollte für die Sicherheit und Religionsfreiheit von Thays jungen Mönchen und Nonnen in Vietnam eintreten, und Thay beauftragte einige von uns, sie dabei zu unterstützen. Meine Aufgabe war es, Treffen und Presseinterviews zu arrangieren, Briefing-Texte zu verfassen und mit Menschenrechts-NGOs in Kontakt zu treten. Unsere »Schwerter« hatten die Form von Laptops und Handys. Wir waren in einem kleinen tibetischen Tempel im Stadtzentrum untergebracht, und Schwester Chan Khong kochte mit Freude für unser Team und bestand auch darauf, dass wir nach dem Essen gemeinsam sangen. Am nächsten Morgen nahmen wir an der Meditationspraxis des Tempels teil und machten uns dann zu Fuß auf den Weg zum Parlament. Schwester Chan Khong ließ uns an der Türschwelle anhalten und lehrte uns, wie man in Stille und Konzentration geht. Mit jedem Schritt sollten wir unserem Atem folgen, Frieden und Mitgefühl in unserem Herzen spüren und unsere spirituellen Vorfahren einladen, mit uns zu gehen.

Die Treffen von Schwester Chan Khong mit verschiedenen Vertreterinnen und Vertretern für Außenpolitik, Menschenrechte und Religionsfreiheit haben mir gezeigt, wie Liebe in der Handlungsdimension aussieht. Schwester Chan Khong war klar, dass unser Erfolg nicht davon abhing, wie gut unsere Dokumente waren oder welche politische Unterstützung wir hatten. Es kam darauf an, dass wir das Herz und die Menschlichkeit einer jeden Person berührten, der wir begegneten.

Schwester Chan Khong wusste, wenn es uns gelang, unsere Ansprechpartner zu der Wahrheit zu erwecken, die direkt vor ihren Augen lag, dann würden sie genau wissen, wie sie helfen könnten. Mit ihrer Liebe und ihrem Charisma gewann sie die Herzen selbst der hartgesottensten Bürokraten. Manchmal lächelte sie, manchmal weinte sie, und manchmal beides auf einmal. Sie wusste, dass sie ihre Stimme erhob, um das Recht und die Freiheit der nächsten Generation engagierter Buddhistinnen und Buddhisten zu verteidigen, die Thays Erbe in Asien weiterführen wollten. Schwester Chan Khong handelte aus Liebe und entfachte auch in anderen Liebe. Die Wirkung dieser Treffen ist immer noch spürbar.

Unser Zeitplan war unerbittlich: Von Brüssel aus reisten wir weiter nach Straßburg, Genf und Paris. Ich erinnere mich, dass wir eine kurze Pause in einem der schicken Cafés auf dem Gelände des Europäischen Parlaments einlegten. Schwester Chan Khong ging an den Tischen vorbei und legte sich dann auf eine Fensterbank des Cafés. Sie schloss die Augen, legte ihre Hände auf den Bauch und begann, achtsam zu atmen und sich tief zu entspannen. Der junge Kellner lächelte ein wenig verblüfft und nickte dann respektvoll. »Aber natürlich können Sie das tun. Bitte, Madame.«

Schwester Chan Khong ist ein Freigeist und eine Naturgewalt. Sie weiß genau, wie sie die Konzentration, den Frieden und die Ruhe der Meditierenden mit der Kreativität und Freude der Künstlerin und der Kraft und Ausdauer der Kriegerin ins Gleichgewicht bringt. Ihr scharfer Verstand ist klar, frei und schnell wie ein Blitz. Sie weiß, wann sie sich engagieren und wann sie loslassen und weitergehen muss. Sie weiß genau, welche Maßnahmen helfen, Leiden zu lindern, und welche nicht. Das ist die Frucht jahrelanger Achtsamkeitspraxis, der Kultivierung von Mitgefühl und der Schulung des Geistes direkt im Herzen des Handelns.

——— T. D.

DEN GEIST SCHULEN

Achtsamkeit, Konzentration und Einsicht sind drei Energien, die uns helfen, Glück zu erzeugen und mit Leiden umzugehen. Wir nennen diese Energien »die dreifachen Schulungen«. Sie *schulen* sich in Achtsamkeit, Sie *schulen* sich in Konzentration, und Sie *schulen* sich in Einsicht. Ein anderes Wort für die Praxis der Meditation ist *bhavana*. Das bedeutet, sich zu schulen, zu üben, zu kultivieren. Wenn etwas noch nicht da ist, können wir es herstellen, so wie ein Bauer ein Feld kultiviert, um Weizen oder Mais anzubauen. *Bhava* bedeutet wörtlich »da sein«. Wir stellen etwas her, wir bringen etwas ins Leben, und dieses Etwas ist Freude, Frieden und Freiheit. Im Deutschen sprechen wir auch von »Praxis«. Ist unsere Praxis gut und gefestigt, brauchen wir keine Angst vor der Zukunft zu haben. In unserer Praxis üben wir uns darin, Freude, Glück, Frieden, Harmonie und Versöhnung zu erzeugen und mit Schmerz, Leiden, Trennung und Missverständnissen umzugehen.

Das Gegenteil von Achtsamkeit ist Unachtsamkeit oder Achtlosigkeit. Das bedeutet, dass Sie sich von der Vergangenheit, der Zukunft, von Ihren Projekten, Ihrem Ärger und Ihrer Angst davontragen lassen. Sie sind dann nicht wirklich lebendig. Jeder von uns hat einen Samen der Achtlosigkeit und einen Samen der Achtsamkeit in sich. Und wenn wir uns ein wenig darin üben – unseren Tee achtsam trinken, achtsam einatmen oder achtsam duschen –, wird der Samen der Achtsamkeit in uns schon nach ein paar Tagen stärker sein. Mit Achtsamkeit ist man konzentrierter, und mit dieser Konzentration sieht man die Dinge tiefer und klarer. Jede Entscheidung, die Sie dann treffen, wird weiser sein, und alles, was Sie tun, wird von besserer Qualität sein. Beim Zusammensein mit einem anderen Menschen bringen Sie mehr Achtsamkeit und Konzentration in die Beziehung, und dadurch gewinnt sie an Tiefe. Mit jedem Tag der Schulung in achtsamem Atmen, Gehen und Handeln öffnet sich die Saat der Achtsamkeit in Ihnen etwas mehr.

Zen-Meister Linji war als junger Mann ein sehr intelligenter, fleißiger Schüler. Aber am Ende ließ er das Studium von Büchern und Texten sein, um der Zen-Praxis zu folgen. Das bedeutet nicht, dass wir nicht studieren sollten; Meister Linji verfügte über ein solides Wissen der buddhistischen Lehren. Intellektuelles Wissen ist notwendig, aber es führt nicht zu Transformation und Erwachen. Viele von uns sind bereit, für einen akademischen Abschluss sechs oder acht Jahre lang zu studieren. Wir glauben, dass dies notwendig sei, um glücklich zu sein. Aber nur sehr wenige von uns sind bereit, sich drei oder sechs Monate oder sogar ein ganzes Jahr lang vor allem darin zu üben, mit der eigenen Traurigkeit oder Wut umzugehen, mit Mitgefühl zuzuhören und liebevoll zu sprechen. Wenn Sie lernen, Ihre Wut, Traurigkeit und Verzweiflung zu transformieren, liebevoll zu sprechen und tief zuzuhören, können Sie vielen Menschen Glück bringen.

EIN ETHIK-KODEX

In unserer globalisierten Welt wird ein harmonisches Miteinander ohne eine Art gemeinsamer Werte oder ein »Weltethos« unmöglich sein. Die »Fünf Achtsamkeitsübungen« sind ein buddhistischer Beitrag zu einer globalen Spiritualität und Ethik. Sie stellen eine spirituelle Praxis vor, die zu wahrem Glück und wahrer Liebe führt, die das Leben schützt, die Kommunikation wiederherstellt und zur Heilung des Planeten und jedes Einzelnen von uns auf der Erde entscheidend beitragen kann. Sie zeigen einen Ausweg aus der gegenwärtigen schwierigen Situation in der Welt. Die Einsichten in Nicht-Selbst und Intersein sind ein festes Fundament, von dem aus Sie Ihr Leben und Ihr Verhalten ändern können. Aus diesen Einsichten wird ganz von selbst ein rechtes oder richtiges Handeln erwachsen – für Ihr eigenes Wohlbefinden und das Wohlergehen unseres Planeten. Wenn Sie dem Pfad der Fünf Achtsamkeitsübungen folgen, haben Sie sich bereits auf den Weg der Transformation und Heilung begeben und werden als Bodhisattva dazu beitragen, die Schönheiten der verschiedenen Kulturen zu schützen und den Planeten zu retten.

Der Weg entsteht durch das Gehen

Im Sanskrit ist das Wort für Pfad *mārga*. Es ist keine gut ausgebaute Straße, sondern ein zerklüfteter Pfad, der sich den Berg hinaufschlängelt. In Zeiten wie diesen mag es schwer sein, einen Weg nach vorne zu erkennen; alles ist wie im Nebel und ungewiss. Wie können wir dem vertrauen, was wir sehen? Welchen Weg sollten wir gehen?

Für Thay ist Achtsamkeit ein Weg, nicht ein Werkzeug. Sie ist kein Werkzeug, um *etwas* zu bekommen – und sei es Entspannung, Konzentration, Frieden oder Erwachen. Sie ist kein Mittel zum Zweck, zur Verbesserung unserer Produktivität, unseres Wohlstands oder Erfolgs. Mit wahrer Achtsamkeit kommen wir bei jedem Schritt am Ziel an. Dieses Ziel ist Mitgefühl, Freiheit, Erwachen, Frieden und Furchtlosigkeit. Wahre Achtsamkeit kann niemals von Ethik getrennt werden. Wenn Ihre durch Achtsamkeit erlangte Einsicht echt ist, wird sie die Art und Weise verändern, wie Sie die Welt sehen und wie Sie leben wollen.

Um die in Teil I vorgestellten radikalen Einsichten zu entwickeln – die Einsichten in Intersein, die letztendliche Dimension und die Umwandlung der Bittermelone des Leidens in Mitgefühl –, brauchen wir eine regelmäßige, solide Meditations- und Achtsamkeitspraxis. Wir brauchen Stille, stilles Sitzen und Zeit in der Natur, aber wir brauchen auch einen Rahmen, um achtsam zu sein in unserer Art und Weise zu arbeiten, zu konsumieren, zu sprechen, zuzuhören, zu lieben und mit der Welt zu interagieren. Achtsamkeit ist nicht nur für die Stille auf dem Meditationskissen wichtig, sondern auch für die dreidimensionale Wirklichkeit unseres täglichen Lebens. Gerade die Anwendung dieser Einsichten und Lehren vor dem Hintergrund der rauen Felswände unserer Realität wird uns in die Lage versetzen, den Weg der Transformation zu gehen.

In den folgenden fünf Kapiteln geht es um Thays kraftvolle Lehren zu den Fünf Achtsamkeitsübungen; fünf essenziellen Richtlinien für eine neue Art und Weise, auf unserem Planeten zu leben. Sie basieren auf der radikalen Einsicht in das Intersein, wie sie im Diamant-Sutra gelehrt wird. In »Ehrfurcht vor dem Leben« erkunden wir die Ethik der Gewaltlosigkeit. In »Tiefe Einfachheit« hinterfragen wir die Vorstellungen von Glück, die unseren Planeten und unsere Gesellschaft zu zerstören drohen. In »Der richtige Treibstoff« untersuchen wir eingehend, was unser Handeln und unsere Träume antreibt. In »Tapferer Dialog« entdecken wir neue Wege des Zuhörens und Sprechens, die Zusammenarbeit und Inklusion unterstützen. Und in »Wahre Liebe« lernen wir die Heilung und Veränderung bewirkende Kraft des Mitgefühls näher kennen. In jedem dieser fünf Kapitel finden Sie auch die entsprechende Achtsamkeitsübung oder »Richtlinie«. Diese ethischen Grundsätze mögen zunächst ungewohnt oder unerwartet klingen, vielleicht sogar herausfordernd. Doch wir werden nur dann einen neuen Ausweg finden, wenn wir zulassen, dass unsere Vorstellungen und Gewohnheiten radikal infrage gestellt werden. Wenn wir unserer Gesellschaft und unserem Planeten helfen wollen, müssen wir Ehrfurcht vor dem Leben, tiefe Einfachheit, wahre Liebe und mutigen Dialog kultivieren, und wir müssen uns mit der richtigen Art von Treibstoff versorgen. Hier ist ein ethischer Kompass, ein Polarstern, der unsere Schritte leitet.

——————— T. D.

EHRFURCHT VOR DEM LEBEN: GEWALTLOSIGKEIT IST EIN PFAD, KEINE TAKTIK

SPIRITUELLE STÄRKE

Wir alle sollten eine geistige, eine spirituelle Dimension in unserem Leben haben, damit wir die Herausforderungen und Schwierigkeiten, denen wir täglich begegnen, bewältigen können. Eine Möglichkeit, über Spiritualität zu sprechen, besteht darin, dies in Begriffen zu tun, die mit *Energie* zu tun haben: die Energie des Erwachens, der Achtsamkeit – die Art Energie, die uns hilft, da zu sein, im Hier und Jetzt präsent zu sein, in Berührung mit dem Leben und den Wundern des Lebens.

Wir neigen dazu, zwischen dem Geistigen und dem Nicht-Geistigen zu unterscheiden. Wir assoziieren das Geistige mit dem Geist und das Nichtgeistige mit dem Körper. Aber das ist eine diskriminierende Art und Weise, die Dinge zu sehen. Nehmen wir zum Beispiel an, ich koche einen Tee. Wir brauchen die Teeblätter, das heiße Wasser, die Teekanne und eine Tasse. Sind diese Elemente dem Bereich dem Geistigen oder dem Nicht-Geistigen zuzuordnen?

Sobald ich das heiße Wasser mit Achtsamkeit in die Teekanne gieße, ist die Energie der Achtsamkeit und Konzentration in mir, und plötzlich werden der Tee, das Wasser und die Teekanne zu etwas Geistigem, Spirituellem. Und wenn ich meine Tasse anhebe und den Tee in meinen Händen halte, mit Achtsamkeit und Konzentration, wird der Akt des Teetrinkens zu etwas sehr Spirituellem. Alles, was von der Energie der Achtsamkeit, Konzentration und Einsicht berührt wird, wird geistig, spirituell, einschließlich meines Körpers, der den Tee genießt. Und so ist eine Unterscheidung zwischen dem Sakralen und dem Profanen keine absolute. Wir leben in der Welt, und das, was als »weltlich« gilt, kann spirituell werden, sobald wir die Energie des Erwachens hinzufügen. Achtsamkeit, Konzentration und Einsicht können wir in jedem Moment unseres täglichen Lebens erzeugen, und es sind diese Energien, die Ihre Spiritualität begründen.

Als sehr junger Mönch wurde mir im Kloster beigebracht, folgende Zeilen beim Aufwachen zu rezitieren:

Ich wache auf und lächle
Vierundzwanzig brandneue Stunden liegen vor mir
Ich gelobe, jeden Augenblick auf eine tiefe Weise zu leben
Und alle Wesen mit den Augen des Mitgefühls zu betrachten.

Damals war mir nicht klar, dass dieses Gedicht sehr tiefgründig und bedeutungsvoll ist; ich habe es nicht verstanden. Warum muss ich lächeln, wenn ich morgens aufwache? Später lernte ich, dass dieses Lächeln bereits ein Lächeln der Erleuchtung ist. Sobald Sie aufwachen, erkennen Sie, dass Sie *ein Leben haben*; dass in Ihnen Leben ist und Sie von Leben umgeben sind, und Sie lächeln dem Leben zu. Sie begrüßen das Leben mit einem Lächeln, um sich wirklich lebendig zu fühlen und die Energie des Lebens in sich zu spüren. Sie erzeugen die Energie der Achtsamkeit, und das macht Sie sofort spirituell.

Beim Rezitieren der zweiten Zeile intensiviert sich Ihr Lächeln, denn Sie erkennen, dass heute vierundzwanzig brandneue Stunden zum Leben vor Ihnen liegen, vierundzwanzig Stunden, die Ihnen frei Haus geliefert, die Ihnen ans Herz gelegt werden. So lächeln Sie ein Lächeln des Erwachens und der Freude; Sie wertschätzen das Leben und sind entschlossen, die Stunden, die Ihnen zum Leben gegeben sind, gut zu nutzen.

Für Christinnen und Christen sind immer dort, wo der Heilige Geist ist, Leben, Mitgefühl, Vergebung, Heilung gegenwärtig. Diese Energien werden auch durch Achtsamkeit erzeugt; man könnte also sagen, dass der Heilige Geist ein anderes Wort für Achtsamkeit ist. Es geht um die Art Energie, die uns lebendig, mitfühlend, liebevoll und vergebend macht. Wichtig ist, dass diese Energie in Ihnen ist, und wenn Sie sie zu kultivieren wissen, können Sie ihnen auch Ausdruck verleihen.

Begegnen wir dem Leiden mit der Energie der Achtsamkeit und Konzentration, gehört dieses Leiden dann zum Weltlichen oder zum Spirituellen? Wenn Sie sich von Leiden überwältigen lassen, ist es nicht spirituell. Aber wenn Sie es zu erkennen und zu umarmen wissen und tief hineinschauen, damit Verstehen und Mitgefühl entstehen, wird auch das Leiden spirituell. Das bedeutet nicht, dass wir noch mehr Leiden erschaffen müssten; wir haben bereits mehr als genug davon. Aber wir können es gut nutzen, um Mitgefühl zu erzeugen. Das Leiden mag sich in körperlichen Spannungen und Schmerzen zeigen. Wenn wir diese Spannungen und Schmerzen durch die Energie des achtsamen Atmens und Gehens auflösen, ist das eine spirituelle Praxis. Und wenn wir mit der Energie der Achtsamkeit schmerzhafte Gefühle und Emotionen wie Wut, Angst, Gewalt und Verzweiflung annehmen, umarmen und unserem Körper und Geist Frieden bringen, ist auch das eine spirituelle Praxis.

1966 wurde ich in die USA eingeladen, um meine Stimme gegen den Krieg in Vietnam zu erheben. Es gab dort eine wachsende Bewegung, die Frieden und ein Ende des Krieges forderte, aber sie tat sich schwer, dies friedvoll zu tun. Ich erinnere mich an einen Vortrag, den ich hielt, als ein wütender junger Amerikaner aufstand und sagte: »Sie sollten nicht hier sein! Sie sollten mit einer Waffe nach Vietnam zurückkehren und dort den amerikanischen Imperialismus bekämpfen.« Es gab viel Wut in der Friedensbewegung.

Meine Antwort war: »Die Wurzeln des Krieges in Vietnam liegen hier in den USA. Die amerikanischen Soldaten in Vietnam sind auch Opfer – sie sind Opfer einer falschen Politik. Deshalb musste ich hierherkommen, um dem amerikanischen Volk zu sagen, dass der Krieg nicht hilft.«

Was auch immer geschieht, wir müssen unser Verstehen und Mitgefühl wachhalten, damit wir uns nicht in Wut und Hass verlieren. Als ich also durch die USA reiste und vor Gruppen der Friedensbewegung sprach, sagte ich, dass man mit viel Wut im Bauch keinen Frieden erreichen kann. Man muss erst Frieden *sein,* bevor man für den Frieden etwas *tun* kann. Nach und nach fanden mit mir befreundete spirituelle Führerinnen und Führer Möglichkeiten, Gewaltlosigkeit und eine spirituelle Dimension in die Friedensbewegung einzubringen.

In schwierigen Situationen brauchen wir alle eine spirituelle Praxis, um zu überleben und unsere Hoffnung und unser Mitgefühl am Leben zu erhalten. Wir alle auf dieser Erde sollten eine spirituelle Dimension ins tägliche Leben bringen, damit wir nicht unseren Halt verlieren, damit wir unser Leiden bewältigen und uns um unser Glück zu kümmern vermögen. Wir müssen zu uns selbst zurückkehren und tief schauen, und das ist eine spirituelle Arbeit. Unser Jahrhundert sollte ein Jahrhundert der Spiritualität sein. Ob wir überleben oder nicht, wird davon abhängen.

LIEBEN SIE SICH SELBST?

Wenn Sie sich selbst nicht respektieren, wird es schwierig sein, andere oder die Erde zu lieben und zu respektieren. Wenn Sie in der Vorstellung gefangen sind, dass Sie *dieser Körper* oder *dieser Geist* sind, dann unterschätzen Sie Ihren Wert. Können Sie sich dagegen von der Vorstellung eines Selbst befreien und Ihren Körper und Geist als einen Strom des Seins all Ihrer Vorfahren sehen, werden Sie Ihren Körper und Geist mit mehr Respekt zu behandeln beginnen.

Vielleicht haben Sie das Gefühl, keine Liebe verdient zu haben. Aber jeder braucht Liebe – sogar der Buddha. Ohne Liebe können wir nicht überleben. Also sollten wir uns nicht selbst herabsetzen. Sie brauchen Liebe, Sie verdienen Liebe, jeder verdient Liebe. Alle Ihre Vorfahren in Ihnen brauchen Liebe. Warum sollte man ihnen die Liebe vorenthalten? Sie sind immer noch in jeder Zelle unseres Körpers lebendig. Vielleicht haben sie in ihrem Leben nicht genug Liebe bekommen. Aber jetzt haben wir die Chance, ihnen Liebe zu geben, indem wir uns selbst lieben und für uns Sorge tragen.

Sie sind eines der Wunder des Lebens, auch wenn Sie das nicht glauben mögen – selbst wenn Sie sich verachten oder bei sich nichts als Leiden sehen Der Ahornbaum dort draußen ist auch ein Wunder, ebenso wie die Orange, die Sie gleich vielleicht schälen werden. Und auch Sie, die sie schälen und essen werden, sind ein Wunder. Nur Ihre Wut, Ihre Ängste und Komplexe hindern Sie daran, das zu sehen. Sie sind so wunderbar wie die Sonne und der blaue Himmel.

Es ist möglich, uns darin zu üben achtsam ein- und auszuatmen und die vielen guten Dinge zu erkennen, die an uns übermittelt wurden: die Samen des Mitgefühls, des Verstehens, der

Liebe und Vergebung. Wir können auf uns selbst vertrauen, weil wir unsere Vorfahren in uns sehen können. Wir leben heute in einer Demokratie, weil unsere Vorfahren hart dafür gekämpft haben. Wir haben schöne Städte, Kunst, Literatur, Musik, Philosophie und Weisheit, weil unsere Vorfahren sie geschaffen haben. Ihre Vorfahren sind in Ihnen. Wenn sie es geschafft haben, können Sie es auch. Glauben Sie an sich selbst, und vertrauen Sie darauf, das fortsetzen zu können, was sie zu ihren Lebzeiten nicht schaffen konnten.

In Vietnam gibt es in jedem Haus einen Altar für die Vorfahren mit Bildern sowohl der spirituellen Vorfahren als auch der Blutsverwandten. Jeden Tag zünden wir eine Kerze und ein Räucherstäbchen an oder bringen Blumen dar und entfernen den Staub. Wir erzählen unseren Kindern, wie sie gelebt haben, welche Eigenschaften sie hatten, und das inspiriert und verbindet uns. Wir alle können zu unseren Wurzeln zurückkehren und die Werte unseres Erbes neu entdecken.

Meister Linji lehrte, dass wir unseren inneren Samen des Erwachens, der Befreiung und des Glücks vertrauen und nicht außerhalb unserer selbst danach suchen sollten. In Ihrem Körper und Ihrem Geist gibt es alle Elemente zu Ihrer Heilung. Sie verfügen bereits über die Elemente des Erwachens, der Erleuchtung und des Glücks; Sie müssen nur zu sich selbst zurückkehren und mit ihnen in Berührung kommen.

ERWACHEN SIE ZU DEN WUNDERN

Ich erinnere mich, dass ich vor einigen Jahren in Nordkalifornien, wo ich Retreats leitete und Vorträge hielt, in einer kleinen Hütte bei einem Kloster oben in den Bergen in einem riesigen

Mammutbaumwald wohnte. Eines Tages kam ein Journalist des San Francisco Chronicle, um mich über Achtsamkeit zu interviewen. Ich lud ihn vor dem Interview zu einem Tee ein, und wir saßen vor der Hütte, am Fuße eines der riesigen Mammutbäume. Ich schlug ihm vor, das Interview zunächst einmal zu vergessen und einfach den Tee mit mir zu genießen. Und er war einverstanden.

Also kochte ich Tee, und wir genossen die frische Luft, den Sonnenschein, die Mammutbäume und den Tee. Mir war klar, dass man, um einen guten Artikel über Achtsamkeit zu schreiben, etwas davon gekostet haben muss und es nicht reicht, Fragen zu stellen und ein paar Antworten zu bekommen. Das würde den Leserinnen und Lesern nicht helfen zu verstehen, was Achtsamkeit tatsächlich ist. Also habe ich versucht, ihm zu helfen, den Tee zu genießen: Achtsamkeit beim Teetrinken. Offenbar hat er es genossen, mit mir Tee zu trinken und das Interview dabei nicht im Kopf zu haben. Danach hatten wir ein gutes Gespräch, und ich begleitete ihn zurück zu seinem Auto.

Auf halbem Weg zum Parkplatz blieb ich stehen. Ich lud ihn ein, in den Himmel zu schauen, zu atmen und zu lächeln: »Wenn ich einatme, bin ich mir des Himmels über mir bewusst. Wenn ich ausatme, lächle ich dem Himmel zu.« Wir verbrachten ein oder zwei Minuten damit, einfach nur dazustehen und in den Himmel zu schauen und zu atmen und das Blau zu genießen. Als wir beim Auto ankamen, erzählte er mir, dass er den Himmel zum ersten Mal auf diese Weise gesehen hatte. Er war wirklich in Berührung mit dem blauen Himmel gekommen. Natürlich hatte er den Himmel schon viele Male zuvor gesehen. Aber das war das erste Mal, dass er ihn tatsächlich sah.

Der französischer Schriftsteller Albert Camus schrieb einen Roman mit dem Titel *Der Fremde*. Der Roman handelt von einem jungen Mann, der ein Verbrechen begangen hat. Er hat jemanden umgebracht und dafür die Todesstrafe erhalten. Drei Tage vor seiner Hinrichtung, auf seinem Bett in der Gefängniszelle liegend, schaut er auf und sieht plötzlich durch ein Oberlicht den blauen Himmel. Natürlich hat er den Himmel schon oft gesehen, aber das war das erste Mal, dass er ihn auf eine so tiefe Weise sehen konnte – nur ein kleines quadratisches Stück Himmel. Vielleicht lag es daran, dass er kurz vor seiner Hinrichtung jeden Augenblick, der ihm noch zu leben gegeben war, wertzuschätzen vermochte. Dieses Erwachen, diese Fähigkeit, mit der Wirklichkeit in Berührung zu kommen, nannte Camus in seinem Roman »Moment der Bewusstwerdung«, ein Moment der Achtsamkeit. Dank der Achtsamkeit gelang es dem jungen Mann, zum ersten Mal mit dem blauen Himmel in Berührung zu kommen.

Wenige Augenblicke später kam ein katholischer Priester, um dem jungen Mann die letzte Ölung zu geben. Aber er wollte den Priester nicht empfangen, weil er wusste, dass er nur noch eine sehr, sehr kurze Zeit zu leben hatte, und er wollte sie nicht mit etwas verschwenden, an das er nicht glaubte. Er fühlte, dass er erwacht war und dass der Priester immer noch in Achtlosigkeit im Dunkeln tappte und nicht voll lebendig war. Er sagte über ihn: »Er lebt wie ein Toter.«

So geht es vielen von uns: Wir sind lebendig, und doch leben wir wie Tote, weil wir diesen Moment des Erwachens nicht in uns haben. Wir sind uns nicht bewusst, dass wir einen Körper haben, der ein Wunder ist. Wir sind uns nicht bewusst, dass es überall um uns herum im Leben Wunder gibt, einschließlich des blauen Himmels. Wir bewegen uns wie Schlafwandler. Wir sind nicht wirklich lebendig. Es ist, als wären wir irgendwie ausgeschaltet; wir sind nicht »an«, um da zu sein und unser Leben auf tiefgreifende Weise zu leben. Wir brauchen eine Art Erwachen, um wieder lebendig zu sein. Dies ist eine Praxis der Auferstehung. Viele von uns leben, als ob sie tot wären, aber sobald wir wissen, wie man achtsam atmet und achtsam geht, können wir uns selbst auferstehen lassen und wieder zum Leben zurückkehren.

Weil ich diese Geschichte im Kopf hatte, lud ich den Journalisten ein, auf dem Weg zum Parkplatz innezuhalten und in den Himmel zu schauen, zu atmen und mit ihm in Berührung zu kommen. Und es war eine erfolgreiche Übung der Achtsamkeit. Der Artikel, den er über Achtsamkeit schrieb, war sehr gut, weil er eine Kostprobe von der Achtsamkeit beim Teetrinken, der Achtsamkeit beim Gehen, der Achtsamkeit beim Atmen und beim Blick in den Himmel erhalten hatte.

Auschecken und abschalten für einen Spaziergang im Letztendlichen

Die Ehrfurcht vor den einfachen Wundern des Lebens zu kultivieren ist in unserer Zeit ein kraftvoller Akt des Widerstands. Die Entscheidung, nach draußen zu gehen, unsere Augen, Ohren und Herzen für die Gegenwart dieses schönen Planeten zu öffnen erfordert Mut und Freiheit. Die Gesellschaft hat uns anders konditioniert.

Thays Tage in seiner Einsiedelei in Plum Village fanden in einem kunstvollen Gleichgewicht zwischen Handeln und Nicht-Handeln statt. Ob er an einer Übersetzung arbeitete, etwas erforschte, sich auf einen Vortrag vorbereitete oder einen Artikel oder Brief schrieb, alle paar Stunden machte Thay einen kurzen Spaziergang in der Natur. Ob bei Wind, Regen, Schnee oder Sonnenschein, er stand von seinem Schreibtisch auf, war sich jedes Schrittes und Atemzugs bewusst, griff nach Mantel, Mütze und Schal und ging nach draußen, um eine Gehmeditation im Garten zu genießen, vorbei an den Bambusbäumen und Kiefern und entlang des kleinen Baches. An sonnigen Tag legte sich Thay in eine zwischen den Bäumen aufgespannten Hängematte und betrachtete die im Wind flatternden Pappelblätter. Manchmal kam ihm eine Einsicht, und zurück in seiner Einsiedelei nahm er einen Kalligrafiepinsel und hielt sie auf Papier fest.

Es mag Arbeit geben, die getan werden muss. Wann gibt es keine Arbeit zu tun? Thay lehrt, dass es als Meditierende an uns liegt, unser Recht geltend zu machen, frei zu sein, einfach ein Mensch zu sein, der das Leben auf diesem schönen Planeten genießt. Wann immer Thay eingeladen wurde, auf einem Kongress oder vor einem Parlament zu sprechen, bestand er darauf, dass es am Ende des Programms eine Gehmeditation im Freien gab. Ob in Harvard, bei Google oder am Hauptsitz der World Bank in Washington D.C., überall war es dasselbe: Thay wollte, dass jeder beim Gang durch vertraute Straßen, Gärten und Plätze den Frieden und die Freiheit erleben konnte, die darin liegen, bei jedem Atemzug und jedem Schritt bewusst und ganz präsent zu sein.

Das Letztendliche ist nicht etwas weit von uns Entferntes. Es eröffnet sich uns in unserer tief empfundenen Erfahrung des Lebens um uns herum, genau da, wo wir wohnen und arbeiten.

Als ich in London als junge Journalistin für die BBC News arbeitete, hatte ich bereits begonnen, bei Thay in Plum Village zu studieren. Ich fragte eine Nonne, wie ich meine Praxis fortsetzen könne, wenn ich in die Stadt zurückkehrte, und sie empfahl, mir in meinem Alltag »Inseln der Achtsamkeit« zu schaffen. Sie riet mir, früher aus dem Bus auszusteigen und den Weg zur Arbeit zu Fuß zurückzulegen. »Du musst dir nur eine Strecke aussuchen und diese in Achtsamkeit gehen. Das wird zeitlich sicher machbar sein, und es hält deine Energie der Achtsamkeit lebendig.«

Ich wählte eine Abkürzung durch einen Kirchhof, und jeden Tag, wenn ich die Straße überquerte und durch das Tor ging, betrat ich ein Reich des vollen Gewahrseins. Ich konnte den Verkehr hören, die Bäume sehen, den Vögeln lauschen, den Puls der Metropole spüren und folgte achtsam jedem einzelnen Schritt und Atemzug. Manchmal, wenn meine Gedanken in mir überhandnahmen, hielt ich inne, atmete tief durch und richtete mein Tempo neu aus. Ich habe mich der Seele der Stadt noch nie so nahe gefühlt wie in diesen wenigen Minuten auf dem Kirchhofgelände.

Einer von Thays engen Freunden und Schülern ist der schwarze Zen-Lehrer Dr. Larry Ward. Er schreibt über die heilende Kraft der Berührung mit den Wundern der Erde in seinem jüngsten Buch *America's Racial Karma: An Invitation to Heal:* »Wenn ich draußen in der Natur bin, bewegt mich die der Erfahrung, nicht verurteilt zu werden und unversehrt von den politischen Ansichten bezüglich meiner Haut zu sein. Kürzlich sagte ich zu einem Freund, dass ich noch nie von einem Baum oder einem Felsen respektlos behandelt oder mir von ihnen absichtlich Leid zugefügt worden wäre. Ich berühre täglich die Wunder des Lebens und nähre dabei mein Herz und meinen Geist mit dem Fluss von Schönheit, Weite und Dankbarkeit. die mein Nervensystem wieder in ein gutes Gleichgewicht bringen.«

Seine tägliche, regelmäßige Praxis, außerhalb der eigenen vier Wände draußen in der Natur, schenke ihm, erklärt Larry, »eine neue und tiefere Vitalität, um mich und die Welt neu zu gestalten … Um Ungerechtigkeit zu überwinden, dürfen wir unsere Zentriertheit nicht verlieren, unsere spirituelle Widerstandskraft und vor allem nicht unsere Fähigkeit, mit Weisheit, Mitgefühl und Handeln zu reagieren, um eine neue Welt zu schaffen.«

——— T. D.

DIE KUNST DER GEWALTLOSIGKEIT

Das Wort für Gewaltlosigkeit lautet in Sanskrit *ahimsa*. Es bedeutet »nicht schaden«, dem Leben, uns selbst und anderen keinen Schaden zufügen. Das Wort »Gewaltlosigkeit« kann den Eindruck erwecken, dass man nicht sehr aktiv ist, sondern eher passiv bleibt ist. Aber das ist nicht wahr. Friedvoll und gewaltlos zu leben ist eine Kunst, und wir müssen sie erlernen.

Gewaltlosigkeit ist keine Strategie, keine Fertigkeit, keine Taktik, um ein Ziel zu erreichen. Es ist die Art und Weise des Handelns oder Reagierens, die aus Verstehen und Mitgefühl entsteht. Solange in Ihrem Herzen Verstehen und Mitgefühl sind, wird alles, was Sie tun, gewaltfrei sein. Aber sobald Sie dogmatisch werden, was Gewaltlosigkeit betrifft, sind Sie nicht mehr gewaltfrei. Wir sollten ein intelligentes Verständnis von Gewaltlosigkeit haben. Ein Polizist kann mit einer gewaltlosen Haltung eine Waffe tragen, denn wenn er mit Ruhe und Mitgefühl an die Lösung schwieriger Situationen herangeht, muss er keine Waffe benutzen. Er scheint vielleicht bereit, Gewalt anzuwenden, aber in seinem Herzen und seinem Geist kann er gewaltfrei sein. Es ist möglich, einen Kriminellen mit Mitgefühl zu verhaften, ihm Handschellen anzulegen und ihn ins Gefängnis zu bringen.

Manchmal ist Nicht-Handeln Gewalt. Wenn Sie zulassen, dass andere töten und zerstören, sind auch Sie, obwohl Sie nichts tun, indirekt an dieser Gewalt beteiligt. Gewalt kann sich also im Handeln wie im Nicht-Handeln ausdrücken.

Gewaltloses Handeln ist auch ein langfristiges Handeln. Im Bildungsbereich, der Landwirtschaft und der Kunst kann man gewaltfreies Denken, gewaltfreies Handeln einbringen. Menschen zu helfen, wertende Unterscheidungen aufzugeben, ist eine grundlegend gewaltlose Handlung, denn Gewalt entsteht durch Diskriminierung, durch Hass, Angst und Wut. Diskriminierung selbst ist eine Art Gewalt. Wenn man andere diskriminiert, gibt man ihnen keine Chance; man schließt sie nicht ein. Und deshalb sind Inklusion und Toleranz sehr wichtig für die Praxis der Gewaltlosigkeit. Man respektiert das Leben und die Würde eines jeden Menschen. Menschen dabei zu helfen, Diskriminierung, Hass, Angst und Wut zu überwinden, bevor sie zu Tätern werden, ist gewaltfreies Handeln, und das ist etwas, mit dem man sofort beginnen kann. Warten Sie nicht, bis Sie mit einer schwierigen Situation konfrontiert werden, um zu entscheiden, ob Sie gewalttätig oder gewaltlos handeln.

Gewaltlosigkeit kann niemals absolut gesetzt werden. Wir können nur sagen, dass wir so gewaltlos sein sollten, wie wir es vermögen. Wenn wir an das Militär denken, glauben wir meist, dass das, was es tut, nur gewalttätig ist. Aber es gibt viele Möglichkeiten, eine Armee zu führen, eine Stadt zu schützen und eine Invasion zu stoppen. Es gibt gewalttätigere und weniger gewalttätige Wege. Man kann sich immer entscheiden. Vielleicht ist es uns nicht möglich, hundert Prozent gewaltfrei zu sein, aber 80 Prozent Gewaltlosigkeit sind besser als 10 Prozent Gewaltlosigkeit. Verlangen Sie nicht nach Absolutem. Sie können nicht perfekt sein. Sie tun Ihr Möglichstes, das, was nötig ist. Wichtig ist Ihre Entschlossenheit, in die Richtung von Verstehen und Mitgefühl zu gehen. Gewaltlosigkeit ist wie ein Polarstern. Wir müssen nur unser Bestes geben, und das ist gut genug.

Gewalt und Krieg haben nicht immer mit Waffen zu tun. Jedes Mal, wenn Sie einen wütenden, missbilligenden Gedanken haben, ist auch das ein Krieg. Krieg kann sich durch unsere Art, zu denken, sprechen und handeln, manifestieren. Wir können im Krieg leben, im Kampf mit uns selbst und den Menschen um uns herum, ohne vielleicht sogar darum zu wissen. Es mag ein paar Momente des Waffenstillstands geben, aber meist sind wir im Kriegsmodus. Verwandeln Sie sich nicht in ein Schlachtfeld. Gefühle zu unterdrücken oder ihnen zu widerstehen kann auch eine Form psychischer Gewalt sein. In der buddhistischen Meditation üben wir uns darin, für unser Leiden, unseren Ärger, unseren Hass oder unsere Verzweiflung da zu sein. Erlauben Sie der Energie der Achtsamkeit, jedes Gefühl sanft zu umarmen und zu durchdringen. Sie lassen es zu, umarmen es und helfen ihm, sich zu transformieren.

Auch ein Wirtschaftssystem kann voller Gewalt sein. Auch ohne den Einsatz von Waffen und Bomben ist es äußerst gewalttätig, weil es eine Art Gefängnis ist, das Menschen ausschließt. Aufgrund der institutionalisierten systemischen Gewalt sind die Armen für immer arm und die Reichen für immer reich. Wir müssen ein solches Wirtschaftssystem abschaffen, um alle Menschen einzubeziehen und ihnen eine Chance auf Bildung zu geben, auf einen Beruf, eine Chance, die eigenen Talente zu entwickeln. Das ist die Anwendung der Gewaltlosigkeit im Bereich der Wirtschaft. Wenn Unternehmer Gewaltlosigkeit in ihren Firmen praktizieren, wird nicht nur ihr Umfeld davon profitieren, sondern auch sie selbst. Nicht durch ein hohes Bruttoinlandsprodukt wird eine Gesellschaft glücklich, sondern indem sie für Mitgefühl sorgt. Das Ziel wirtschaftlichen Wachstums darf nicht auf Kosten des Lebens gehen.

GEWALTFREIER WIDERSTAND

Als junger Mönch neigte ich einige Zeit dazu, Marxist zu werden. Ich sah, dass in der buddhistischen Gemeinschaft Vietnams viel über den Dienst an den Lebewesen gesprochen wurde, aber es keine praktikablen Methoden gab, um dem Land, das unter fremder

Herrschaft stand, zu helfen Die Bevölkerung litt sehr unter Armut und Ungerechtigkeit. Ich wollte helfen, einen Buddhismus zu schaffen, der die soziale Ungerechtigkeit und die politische Unterdrückung mindern konnte. Ich sah, dass die Marxisten wirklich versuchten, etwas zu tun, und bereit waren, für das Wohl der Menschen ihr Leben aufs Spiel zu setzen. Die Versuchung lag damals für mich also nicht in Ruhm, Geld oder schönen Frauen, sondern im Marxismus.

Ich bin nicht Kommunist geworden, weil ich großes Glück hatte. Ich erkannte schnell, dass ich als Mitglied der kommunistischen Partei, den Befehlen der Partei zu gehorchen hatte und vielleicht meine Landsleute, die nicht mit der Partei übereinstimmten, würde töten müssen, anstatt ihnen zu dienen. Als junger Mensch ist man voller guter Absichten, seinem Land zu dienen, also tritt man vielleicht einer politischen Partei bei. Man will dienen, nicht schaden, aber die eigene Partei kann wie eine Maschine werden, und eines Tages erhält man vielleicht den Befehl, andere zu töten – andere junge Menschen, die nicht der Partei angehören. Und so muss man die ursprüngliche Intention, zu lieben und zu dienen, verraten. Ich wurde durch die Erkenntnis gerettet, dass eine gewaltsame Revolution nicht mein Weg war. Ich wollte nicht in diese Richtung gehen.

Das Prinzip, nicht zu schaden, nicht zu töten, ist sehr wichtig. Aus Mitgefühl versuchen Sie, anderen zu helfen, sie zu retten. Mitgefühl ist eine kraftvolle Energie, die Ihnen ermöglicht, alles zu tun, was Sie tun können, um das Leiden in Ihrem Umfeld zu verringern.

Man muss bei engagiertem Handeln nicht sein Leben aufs Spiel setzen, um die eigene Botschaft zu vermitteln. Man muss lebendig sein, um weitermachen zu können. Wir können ins Gefängnis kommen, wir können protestieren. Aber selbst wenn unser Protest sehr stark ist, sollten wir bedenken, dass er nicht in der Lage sein wird, denen, gegen die wir protestieren, ihre Angst, Wut und ihr Verlangen zu nehmen. Wirklicher Protest sollte ihnen helfen, aufzuwachen und eine neue Richtung einzuschlagen. Das ist wahres Handeln. Indem Sie ein Beispiel geben. Sie schaffen eine Gemeinschaft des Friedens und wahrer Solidarität. Sie konsumieren auf eine Weise, die den Planeten schützt. Sie sprechen und hören zu auf eine Art und Weise, die Wut und Spaltung überwindet. Sie leben einfach und sind dennoch glücklich. Dies ist ein radikaler Weg, Frieden zu schaffen. Sie verkörpern eine gute Gesundheit für sich selbst und für die Welt und leben so, dass eine Zukunft möglich ist.

NICHT PARTEI ERGREIFEN

Während des Vietnamkriegs gab es große Angst, Wut und viel Fanatismus. Die Kommunisten wollten die Antikommunisten vernichten und die Antikommunisten die Kommunisten. Wir importierten ausländische Ideologien und Waffen, und bald töteten Brüder Brüder. Die beiden Lager wurden durch ausländische Truppen, Geld und Waffen unterstützt. Jede Seite war davon überzeugt, dass ihre Sichtweise die beste sei, und sie waren bereit, dafür zu sterben. Und doch gab es viele von uns in Vietnam, die den Krieg nicht wollten, und wir versuchten, unsere Stimme zu erheben. Wir durften unseren Wunsch nach Frieden nicht laut äußern, weil beide Kriegsparteien bis zum Ende kämpfen wollten. Und so musste die Friedensbewegung im Untergrund agieren, und Menschen riskierten ihr Leben, wenn sie sich für den Frieden einsetzten. Gemeinsam mit einer Gruppe von jungen Leuten verteilten wir Friedensliteratur, und ich schrieb Antikriegs-

Friedensgedichte, die verboten wurden, und wir veröffentlichten sie heimlich. Man riskierte, verhaftet zu werden, wurde man mit einem Exemplar erwischt.

Wir haben uns für den Frieden eingesetzt und keine Partei ergriffen. Es war sehr, sehr schwierig, sehr gefährlich, eine solche Haltung einzunehmen. Wenn man sich auf eine Seite schlägt, wird man zumindest von dieser Seite geschützt. Aber wenn man keine Partei ergreift, ist man der Gewalt beider Seiten ausgesetzt, und deshalb ist es sehr schwierig. Unter diesen Bedingungen haben wir für den Frieden gekämpft und uns in sozialer Arbeit im Geiste der Gewaltlosigkeit und Nicht-Diskriminierung engagiert. Das war sehr schwer. In dieser Situation wurde unsere Schule der Jugend für soziale Dienste von beiden Seiten missverstanden.

Eines Nachts drangen bewaffnete Männer auf das Gelände ein, entführten fünf unserer Sozialarbeiter und brachten sie an das Ufer des Saigon-Flusses. Dort stellten sie ihnen viele Fragen, um festzustellen, ob sie Sozialarbeiter an unserer Schule waren, und als sie dies bejahten, sagten die Männer: »Es tut uns leid. Wir haben den Befehl erhalten, euch zu erschießen.« Und sie wurden auf der Stelle erschossen. Der Hass war groß. Wir kennen die Geschichte, weil einer der Studenten in den Fluss fiel, als auf ihn geschossen wurde, und er überlebte.

Wir töten uns gegenseitig, weil wir nicht wissen, wer wir wirklich sind. Um jemanden zu töten, muss man ihm erst einmal ein Etikett geben: das Etikett »Feind«. Nur wenn wir jemanden als unseren Feind sehen, können wir ihn, ohne zu zögern, erschießen. Solange wir aber sehen, dass es sich um eine Person, ein anderes menschliches Wesen handelt, werden wir nicht abdrücken. Hinter Gewalt und Mord steht also die Vorstellung, dass die andere Person böse ist, dass nichts Gutes in ihr steckt. Unser Blick ist vom Hass getrübt. Wir halten die andere Seite für das Böse. Doch das ist nur eine Ansicht, eine Idee. Im Buddhismus schneidet das Schwert der Einsicht vor allem Ansichten, Etiketten ab: in diesem Fall, dass eine Person oder eine Gruppe von Menschen »böse« wäre. Solche Etiketten sind gefährlich. Sie müssen abgeschnitten werden. Ansichten können Menschen zerstören; sie können die Liebe zerstören.

Unser Feind sind nicht andere Menschen. Unser Feind sind Hass, Gewalt, wertende Unterscheidung und Angst.

Es waren sehr schwierige, schmerzhafte Zeiten. Die Angreifer hatten, bevor sie die Sozialarbeiter erschossen, gesagt, es tue ihnen leid. Wir wissen also, dass sie sie nicht töten wollten; sie waren gezwungen, es zu tun. Die Angreifer waren auch Opfer. Vielleicht wären sie selbst erschossen worden, wenn sie es nicht getan hätten. Und so haben die Leiter der Schule für soziale Dienste bei der Beerdigung der Sozialarbeiter in ihrer Trauerrede deutlich gemacht, dass sie die Mörder trotz ihrer Taten nicht als Feinde ansahen. Danach gab es keine weiteren Angriffe auf die Schule. Vielleicht haben sie diese Aussage gehört.

Viele Leute haben uns missverstanden, aber wir haben unseren Weg weiterverfolgt, weil wir an unsere Werte geglaubt haben. Wir hatten die Wahrheit erlebt – dass die Wurzeln von Leid und Gewalt Intoleranz, Dogmatismus und das Festhalten an Ansichten sind. In einer solchen Situation ist es sehr wichtig, nicht an Ansichten, Doktrinen oder Ideologien festzuhalten – auch nicht an buddhistischen. Das ist sehr radikal. Es ist das Brüllen des Löwen.

DER BODHISATTVA DES RESPEKTS

Es gibt einen Bodhisattva mit Namen Sadaparibhuta, den Bodhisattva fortwährenden Respekts, der nie jemanden unterschätzt oder jemanden herabsetzt. Die Aktivität dieses Bodhisattvas besteht in der Beseitigung von Komplexen wie Wertlosigkeit und geringem Selbstwertgefühl. Dieser Bodhisattva handelt, um die Botschaft der Hoffnung und des Vertrauens zu überbringen und uns alle daran zu erinnern, dass wir ein Wunder des Lebens sind. Sadaparibhuta kann den Samen des Erwachens in jedem Menschen sehen. Auch wenn Sie übel gelaunt sind, lächelt Sadaparibhuta Ihnen immer noch zu und sagt: »Nun, selbst wenn du mich anschreist, selbst wenn du wütend bist, glaube ich immer noch, dass in dir ein Buddha steckt.« Er versucht nur die Wahrheit zu sagen. Das ist sein Gelübde: auf jeden zuzugehen, ob reich oder arm, intelligent oder weniger intelligent. Und er sagt immer das Gleiche; »Das ist es, was ich wirklich glaube. Ich möchte dir die Botschaft überbringen, dass ein Buddha in dir ist. Du bist fähig, zu verstehen und zu lieben.«

Jeder von uns wird in seinem Leben die Erfahrung machen müssen, auch einmal Momente der Demütigung zu erleben. Auch ich habe das durchgemacht. Wir können Opfer von Diskriminierung werden, von Missbrauch, von Ungerechtigkeit. Aber die Einsicht, dass wir, was auch geschieht, immer noch unsere Buddha-Natur haben, macht uns frei. Wir sind frei von dem Gefühl, ein Opfer zu sein. Und wir können zum Bodhisattva werden, ausgestattet mit enormer Energie und der Macht, unser Leben zu verändern, und sogar das Leben derjenigen, die uns Schaden zugefügt haben.

Heißt das, dass auch diejenigen, die grausame Verbrechen begehen, Mitgefühl haben? Ist uns Mitgefühl angeboren? Der buddhistischen Psychologie zufolge haben wir alle den Samen des Mitgefühls in uns, aber auch den der Gewalt. Das Bewusstsein besteht aus mindestens zwei Schichten: dem »Speicherbewusstsein« in der Tiefe und dem »Geist-Bewusstsein«. In unserem Speicherbewusstsein gibt es viele Arten von Samen – unter anderem die

Samen der Gewalt und der Grausamkeit. Und es gibt auch den Samen des Mitgefühls.

Wenn Sie in einer Umgebung geboren worden sind, in der die Menschen mitfühlend sind und den Samen des Mitgefühls in Ihnen gießen, dann wird die Saat des Mitgefühls aufgehen, und Sie werden zu einem mitfühlenden Menschen. Leben Sie in einer anderen Umgebung, in der niemand weiß, wie man den Samen des Mitgefühls gießt, dann wird die Saat des Mitgefühls in Ihnen schwach bleiben. Wenn Sie sich zum Beispiel viele Gewaltfilme anschauen und in einer sehr gewalttätigen Umgebung leben und Menschen die Samen der Wut und der Gewalt in Ihnen gießen, dann werden Sie zu einem gewalttätigen Menschen werden. Die anderen sehen die Gewalt in Ihnen, sie können das Mitgefühl nicht erkennen, weil der Samen des Mitgefühls sehr schwach ist. Man kann nicht sagen, dass der Samen des Mitgefühls nicht in Ihnen angelegt sei; er ist da, aber er hatte keine Chance, gewässert zu werden. Deshalb besteht die Praxis der Achtsamkeit darin, tagtäglich die Samen des Verstehens und des Mitgefühls zu gießen, sodass wir ein Gleichgewicht zwischen Mitgefühl und Gewalt herstellen können.

MITGEFÜHL BESCHÜTZT SIE

Werden Sie Zeuge von Gewalt, Diskriminierung, Hass und Eifersucht, schützen Sie sich durch Ihr Verstehen und Mitgefühl. Sie sind mit Weisheit ausgestattet, der Einsicht in das Intersein, der Weisheit der nicht wertenden Unterscheidung. Diese Energie lässt Sie zu einem oder einer Bodhisattva werden sein, und Sie werden anderen zu mehr Verständnis und Mitgefühl verhelfen, einschließlich derer, die Ihnen Schaden zufügen. Sie sind nicht länger deren Opfer. Sie üben sich darin, in ihnen den Samen des Erwachens zu sehen, und helfen ihnen ihr diskriminierendes, gewalttätiges Verhalten und ihren Hass abzubauen. Diese Menschen sind Opfer ihrer Ignoranz und wertenden Unterscheidungen, und sie sind das Objekt Ihrer Arbeit und Praxis.

Mitgefühl kann Sie besser schützen als Gewehre und Bomben. Mit Mitgefühl im Herzen werden Sie nicht mehr aus Angst oder Wut reagieren und dadurch viel weniger Gefahr auf sich ziehen. Wenn Sie wütend sind, machen Sie anderen Angst, und aus Angst wird man Sie angreifen, weil der andere befürchtet, dass Sie zuerst angreifen. Mitgefühl schützt also sowohl Sie als auch die andere Person. Wenn Sie Mitgefühl aufbringen und Gewalt verhindern, ist das ein Sieg – ein Sieg für beide Seiten. Und das ist dann ein echter Sieg.

Sind wir von Aufruhr und Leiden umgeben, müssen wir uns darin üben, Zuflucht zu unserer Buddha-Natur zu nehmen. Wir alle sind fähig, ruhig zu bleiben, zu verstehen und mitfühlend zu sein. Wir sollten zu dieser inneren Insel der Sicherheit Zuflucht nehmen, um uns unser Menschsein, unseren Frieden und unsere Hoffnung zu bewahren. Sie selbst werden zu einer Insel des Friedens, des Mitgefühls, und Sie können andere Menschen dazu inspirieren, das Gleiche zu tun. Es ist wie bei einem Boot, das den Ozean überquert: Wenn das Boot in einen Sturm gerät und alle an Bord in Panik geraten, wird das Boot kentern. Aber wenn eine Person an Bord ruhig bleibt, inspiriert das andere dazu, ruhig zu bleiben, und dann gibt es Hoffnung für alle Insassen.

Wer ist die Person, die in Notsituationen ruhig bleiben kann? In meiner buddhistischen Tradition lautet die Antwort: Sie sind es. Sie müssen diese Person sein. Sie werden uns alle retten. Dies ist eine sehr starke Praxis, die Praxis eines Zuflucht nehmenden Bodhisattva. Sie werden in einer Kriegssituation oder in Zeiten der Ungerechtigkeit nicht überleben, wenn Sie sich darin nicht üben. Sie werden sich sonst sehr leicht verlieren. Und wenn Sie sich selbst verlieren, haben wir keine Hoffnung. Wir zählen also auf Sie.

Agenten des Friedens

Wie könnte ein Weg der Kultivierung von Gewaltlosigkeit für Sie aussehen, wie könnten Sie ihm Ausdruck verleihen durch Ihre Art, mit der lebendigen Welt umzugehen, in Ihren Worten, Ihrem Engagement, in der Weise, wie Sie eine Tasse Tee trinken und wie Sie konsumieren? Ehrfurcht vor dem Leben ist ein Samen in unserem Bewusstsein, und je stärker dieser Samen ist, desto schneller wird er für uns da sein, wenn wir ihn in einem schwierigen Moment benötigen. Es braucht Einsicht, Ehrlichkeit und Mut, um sagen zu können: *Dieser Baum ist wertvoll, dieses Leben ist wertvoll, diese Person vor mir – was auch immer ihre Ansichten oder Werte sind – ist wertvoll und ein Kind der Erde, genau wie ich.*

Sehr inspirierend ist für mich die Geschichte von Cheri Maples. Cheri war eine von Thays älteren Schülerinnen, eine Polizeibeamtin, die Achtsamkeit bei der Polizei und in der Strafjustiz in Madison in Wisconsin vermittelte. Ich erinnere mich, wie ich sie im Schatten der Rocky Mountains während eines Retreats im Jahr 2011 traf. Sie war scharfsinnig, stark und sehr beeindruckend mit strahlenden Augen, die ihr gleichzeitig etwas Grimmiges und zärtlich Mitfühlendes gaben, wie es nur die Augen einer Bodhisattva können. Cheri redete nicht um den heißen Brei herum, sie war äußerst furchtlos. Mit ihrem Leben und Handeln bewies sie, dass es mit einer starken persönlichen spirituellen Praxis und einer Gemeinschaft, zu der man Zuflucht nehmen kann, möglich ist, weit mehr zu verwirklichen, als einem zunächst vorstellbar erscheint.

Cheris erstes Retreat mit Thay war sehr transformativ für sie; sie liebte die Meditation, sie liebte den Gemeinschaftsgeist – und war entschlossen, zu Hause weiter zu praktizieren. Aber die Praxis der Gewaltlosigkeit mit dem Gebot, »nicht zu töten«, erschien ihr mit ihrem Beruf unvereinbar, denn sie musste dort eine Waffe tragen. Als sie Thay darauf ansprach, antwortete er: »Wen sonst sollten wir eine Waffe tragen lassen außer jemanden, die es achtsam tut?« Mitgefühl kann sanft sein, es kann aber auch heftig und scharf sein. Cheri lernte von Thay: »Weisheit ist zu wissen, wann man das sanfte Mitgefühl und wann man das starke Mitgefühl guter Abgrenzung einsetzt.« Cheri wurde eine echte »Friedenspolizistin« und hat im Laufe ihrer Karriere ihre Einsichten weitergegeben und sich sehr für eine Veränderung der Kultur in Bezug auf Racial Profiling, Militarisierung und die polizeilichen Standardmaßnahmen zur Anwendung tödlicher Gewalt eingesetzt.

Die Ehrfurcht vor dem Leben kultivieren

Wir leben in einer gewalttätigen Gesellschaft. Wir können Gewalt auf der Straße erleben, zu Hause oder sobald wir den Bildschirm oder die Nachrichten einschalten. Was wir hören, sehen und lesen, kann in uns die Samen der Angst, des Hasses, der wertenden Unterscheidung und Gewalt wecken – oft ohne, dass wir es überhaupt bemerken. Als Meditierende besteht unsere Herausforderung darin, zu sehen, ob wir präsent und wach genug sind, um zu bemerken, wenn das passiert. Können wir die kleinen Handlungen in unserem täglichen Leben erkennen, die auf gewisse Weise auch zum Krieg beitragen? Sind wir Teil eines Systems, das auf Gewalt aufgebaut ist, oder werden davon privilegiert? Was müssten wir tun oder ändern, um zur Schaffung einer gerechten und regenerativen Kultur beizutragen, in der alles Leben respektiert wird?

Respekt beginnt bei den Grundlagen und der Absicht, aktiv einen gewaltfreien Geist im täglichen Leben zu kultivieren. Als Plum Village 2020 damit begann, live-gestreamte Online-Retreats anzubieten, haben wir die

Retreat-Teilnehmenden gebeten, einen besonderen Platz in ihrem Zuhause einzurichten, wo sie den Gesprächen, Meditationen und Entspannungen folgen konnten. Wegen der Pandemie konnten wir keine Menschen in unseren Meditationshallen, Bambushainen oder alten Eichenwäldern willkommen heißen, aber wir konnten ihnen helfen, einen sakralen und inspirierenden Raum mitten in ihrem täglichen Leben zu schaffen. Dieser Raum ist Teil der Architektur unserer Praxis, bei der die Samen des Friedens und des Respekts in unserem Bewusstsein gegossen werden. Blumen sind gut, ebenso wie Kerzen, vielleicht Weihrauch, auch Elemente aus der Natur – ein Stein oder ein schönes Herbstblatt. Und es ist schön, Fotos zu haben von Menschen, die uns inspirieren, von unseren Großeltern oder Vorfahren, oder von Orten auf der Erde, die für uns eine besondere Bedeutung haben. Wenn wir uns Zeit nehmen und einen solchen Raum für uns schaffen, ist er da für uns, wenn wir ihn am meisten brauchen – wenn wir einen Ort brauchen, an dem wir sitzen und atmen und uns verbinden, an dem wir hoffen und träumen oder einfach weinen. Ein solcher Ort kann uns helfen, das Heilige und Spirituelle in unserem eigenen Leben zu berühren.

Auf der folgenden Seite finden Sie den Text der Achtsamkeitsübung zur Kultivierung von Gewaltlosigkeit im täglichen Leben, die erste der Fünf Achtsamkeitsübungen. Es geht dabei nicht um Philosophisches, sondern buchstäblich um ein Training, eine zielorientierte Übung. Nachdem Sie den Text gelesen haben, sollten Sie sich vielleicht ein paar Augenblicke Zeit nehmen und darüber nachdenken, wie er auf Sie wirkt. Spricht er Sie an, oder löst er bestimmte Reaktionen aus? Den Text können Sie als ein Objekt der Kontemplation verstehen und sich von Zeit zu Zeit darin vertiefen. Nehmen Sie ihn als Spiegel, um über Ihr tägliches Leben und Handeln nachzusinnen. Mögen diese Sätze dazu dienen, Ihre Absichten herauszufordern und zu stärken, und Sie inspirieren, mehr Ehrfurcht in Ihrem Leben zu kultivieren.

——— T. D.

DIE ACHTSAMKEITSÜBUNG ÜBER DIE EHRFURCHT VOR DEM LEBEN

Im Bewusstsein des Leidens, das durch die Zerstörung von Leben entsteht, bin ich entschlossen, Mitgefühl und Einsicht in das Intersein zu entwickeln und Wege zu erlernen, das Leben von Menschen, Tieren, Pflanzen und unserer Erde zu schützen. Ich bin entschlossen, nicht zu töten, es nicht zuzulassen, dass andere töten, und keine Form des Tötens zu unterstützen, weder in der Welt noch in meinem Denken oder in meiner Lebensweise. Im Wissen, dass schädliche Handlungen aus Ärger, Angst, Gier und Intoleranz entstehen, die ihrerseits dualistischem und diskriminierendem Denken entspringen, werde ich mich in Unvoreingenommenheit und Nicht-Festhalten an Ansichten üben, um Gewalt, Fanatismus und Dogmatismus in mir selbst und in der Welt zu transformieren.

TIEFE EINFACHHEIT: SIE SIND GENUG

ÜBERDENKEN SIE IHRE GLÜCKS-VORSTELLUNGEN

Um unseren Planeten zu retten, müssen wir unsere Glücksvorstellungen überprüfen. Jeder von uns hat eine Ansicht, eine Idee, was ihn oder sie glücklich macht Und wegen dieser *Vorstellung* von Glück haben wir vielleicht unsere Zeit geopfert und unseren Körper und Geist zerstört, um hinter diesen Dingen herzulaufen. Aber sobald wir erkennen, dass *wir bereits mehr als genug Bedingungen* haben, um glücklich zu sein, können wir hier und jetzt glücklich sein.

Das Erwachen liegt nicht in weiter Ferne. Wenn wir achtsam atmen, unseren Geist zu unserem Körper zurückbringen, wissen wir, dass wir lebendig sind, wir sind gegenwärtig, und das Leben ist für uns da, damit wir es leben. Das ist bereits eine Art Erwachen. Wir müssen uns nicht abmühen. Wir müssen nicht in die Zukunft rennen. Wir müssen nicht nach dem Glück in einer anderen Zeit oder an einem anderen Ort suchen. Wir müssen wirklich *im* gegenwärtigen Moment präsent sein und diesen Moment auf eine tiefe Weise leben, denn in genau diesem Moment können wir Nahrung und Heilung erfahren. Sobald wir dieses Glück berühren, haben wir nicht mehr das Bedürfnis, zu kämpfen oder uns Sorgen zu machen, wir verfügen über ein ausreichendes Maß an Glück, das wir mit anderen teilen können. Deshalb ist das kollektive Erwachen so wichtig.

Wir mögen uns fragen, warum die Verantwortlichen in den Unternehmen und der Politik nicht mehr tun, um den Planeten zu retten. Sie wissen, dass sich der Planet in einer gefährlichen Situation befindet, die unsere dringende Aufmerksamkeit braucht, und vielleicht wollen sie sogar etwas tun, um zu helfen. Sie sind intelligent und gut informiert. Es ist also nicht so, dass sie nichts tun *wollen*, aber sie befinden sich in einer Situation, in der sie aufgrund eigener Schwierigkeiten nichts tun *können*.

Mit ihren Schmerzen und ihrem Leiden wissen sie nicht umzugehen, und deshalb sind sie nicht imstande, uns bei der Lösung der Umweltprobleme zu helfen. Sie sind in ihrer eigenen Welt gefangen. Und sie sind in der Ansicht gefangen, dass es in erster Linie Geld und Macht sind, die Glück bringen und das Leiden verringern. Aber es stimmt nicht, dass Reichtum, Macht und Wirtschaftswachstum weniger Leiden bedeuten; viele Menschen haben viel davon und leiden trotzdem. Deshalb müssen wir ihnen helfen, ihre Vorstellung von Glück zu ändern. Und selbst das reicht vielleicht nicht aus; wir müssen sie auf den *Geschmack* des wahren Glücks bringen. Nur wenn sie wahres Glück gekostet haben, werden sie ihre Denk- und Lebensweise ändern und ihre Geschäfte auf eine Weise führen, die zum Schutz der Erde beiträgt.

Glücklich zu sein bedeutet, verstanden zu werden, geliebt zu werden und die Kraft zu haben, andere zu verstehen und zu lieben. Jemand ohne Verstehen und Mitgefühl ist völlig abgeschnitten. Selbst wenn Sie eine Menge Geld, große Macht, viel Einfluss haben, ohne Verstehen und Mitgefühl, wie können Sie dann glücklich sein?

Wahres Glück beruht auf Freiheit – nicht auf der Freiheit, unseren eigenen Körper und Geist zu zerstören, noch auf der Freiheit, die Natur zu beherrschen und zu zerstören, sondern auf der Freiheit, Zeit zu haben, das Leben zu genießen: die Freiheit, Zeit zum Lieben zu haben; die Freiheit von Hass, Verzweiflung, Eifersucht und Verblendung; die Freiheit, sich nicht so sehr von

Arbeit und Geschäftigkeit bestimmen zu lassen, sodass wir keine Zeit mehr haben, das Leben zu genießen oder uns umeinander zu kümmern. Unsere Lebensqualität hängt von dieser Art von Freiheit ab.

Im gegenwärtigen Moment können wir eine ganze Welt entdecken

Das Streben nach Wirtschaftswachstum um jeden Preis wird unser Glück nicht garantieren, sondern kann es sogar bedrohen. Glück ist nichts, das wir erlangen, indem wir Reichtum oder Status anhäufen; es steht uns allen zur Verfügung, genau in diesem Moment, wenn wir nur dazu erwachen. Und doch neigen wir dazu, dem gegenwärtigen Moment nicht viel Beachtung zu schenken. Wir sehen einen Baum, und es ist nur ein Baum für uns, der nicht viel macht, keine große Sache. Der Himmel – sehr schön, aber was solls. Es gibt Orte, die wir aufsuchen müssen, wir haben Dinge zu tun, Probleme, die wir lösen müssen. Da ist der Mond – wir denken vielleicht: »schön« und gehen weiter, machen mit unserem Leben weiter. Wie viele Augenblicke und wie viele Atemzüge haben Sie dem Anblick des Mondes beim letzten Mal geschenkt? Können Sie etwas über den ersten Baum erzählen, den Sie sahen, als Sie aus Ihrem Haus traten? Wie ist sein Charakter? Wann singt er sein Lebenslied am hellsten? Ist es ein Lied, das von Blüten, Knospen oder gefärbten Herbstblättern kündet?

Thay lud uns einmal ein, »die Vorhänge zu öffnen« für den gegenwärtigen Moment. Die Wahrheit ist, dass ich mich manchmal dabei ertappe, dass ich ihm nur einen Bruchteil meiner Aufmerksamkeit schenke, vielleicht zehn Prozent. Ich bin voll von allem, was passiert ist (die Vergangenheit), und bin bereits bei dem, was ich mir wünsche, dass es passiert – oder was ich fürchte, dass es geschieht – in der Zukunft. Wir leben in einer überstimulierten, überfüllten Gegenwart. Als Meditierende besteht die

Herausforderung darin, uns darauf einzustellen, die Wirklichkeit in Zeitlupe in unser Bewusstsein eindringen zu lassen. Im gegenwärtigen Moment gibt es eine Multidimensionalität, die wir oft vernachlässigen: Es gibt Berührung, Geschmack, Geruch und verkörpertes Bewusstsein.

Als Meditierende ist es unsere Aufgabe, uns davon faszinieren zu lassen, wie sich der gegenwärtige Moment tatsächlich *anfühlt*. Ich erinnere mich, dass ich anfangs dachte, ich müsse den gegenwärtigen Moment mit meinem Verstand erfassen. Aber langsam habe ich verstanden, dass ich ihn am direktesten über die Sinne erreiche: den Geruch des Waldes, die Berührung durch eine Windbrise, das Geräusch des Regens, das Geräusch der Schritte auf dem Asphalt. Ich habe gelernt, beim Hören von Geräuschen zum Beispiel den Raum zu öffnen, um mich mit meinem ganzen Wesen in diesem Moment damit zu verbinden. Betrachte ich die Sonne, erinnere ich mich daran, sie mit zehn vollen Ein- und Ausatmungen zu genießen, den Körper zu beruhigen, die Sinneswahrnehmungen auszukosten. Das Gleiche gilt für die Gegenwart eines geliebten Menschen oder eines schönen Baums. Es kostet Kraft, dem Davonlaufen zu widerstehen und einfach da zu sein, offen für alles, was in uns und um uns herum vorgeht.

Als junge Novizin hatte ich die Gelegenheit, Thays Begleiterin bei seinen Vorträgen zu sein. Die Aufgabe schien einfach, war aber überraschenderweise auch sehr herausfordernd: einfach da zu sein, an Thays Seite, in jedem Moment, und ihm bei allem zu helfen, was er brauchte – ob es sein Mantel, seine Brille, ein Notizbuch oder, öfter, als ich dachte, eine Tasse Tee war. Und die Herausforderung bestand natürlich auch darin, mir dabei der eigenen Atemzüge und Schritte bewusst zu sein.

Der erste Tag war ziemlich schwierig. Thay war bemerkenswert schnell: jede seiner Handlungen so entschlossen und klar. Er war schon aufgestanden und griff nach seinem Mantel, bevor ich ihm helfen konnte, und er war schon an der Tür, bevor ich sie öffnen konnte. Meine Übung bestand darin, überall zu sein, vorne und hinten, und ich hatte viele Eindrücke zu verarbeiten; mein Verstand kam mir ständig in die Quere. Ich war fasziniert von Thays Art zu gehen; er schien bei jedem Schritt stehen zu bleiben und bewegte sich doch mühelos wie ein Boot durch das Wasser.

Ich erinnere mich, dass ich ihn eines Tages nach dem Mittagessen mit der ganzen Gemeinschaft in sein Arbeitszimmer begleitete. Ich war froh, vor ihm an der Tür zu sein, sie achtsam zu öffnen und zu schließen, die Tasche abzustellen und die Hängematte für ihn zum Ausruhen zu öffnen. Es gab einen friedvollen Moment der Stille, als ich langsam die Hängematte schaukelte und er aus dem Fenster blickte. Da war das Lachen in der Ferne, das Zwitschern der Vögel, das Knistern des Ofens und das leise Ticken der Uhr an der Wand. »Wie spät ist es?«, fragte Thay ganz sanft. Ich war mir nicht ganz sicher. Von dort, wo ich die Hängematte schaukelte, konnte ich die Uhr nicht sehen. »Ähm … fast zwei?«, sagte ich zögernd. »Ich dachte, du seist Engländerin!«, sagte er und lächelte, seine Augen leuchteten wie Sterne. Ich muss irgendwie verloren ausgesehen haben. Trotzdem lächelte er. »Ist es nicht *Teatime*? Ich dachte, in England sei immer Teezeit!«

———————— T. D.

Es gibt viele Türen, die zum Glück führen. Wenn Sie eine dieser Türen öffnen, wird das Glück auf viele verschiedene Weisen zu Ihnen kommen. Wenn Sie aber an einer bestimmten Vorstellung von Glück festhalten, ist es, als hätten Sie bis auf eine alle Türen verschlossen. Und weil sich diese bestimmte Tür nicht öffnen lässt, kann das Glück nicht zu Ihnen kommen. Verschließen Sie also keine Türe. Öffnen Sie alle. Legen Sie sich nicht nur auf eine Vorstellung von Glück fest. Packen Sie Ihre eigenen Vorstellungen vom Glück beiseite, und das Glück stellt sich sofort ein. Tatsache ist, dass sich viele von uns an eine Reihe von Dingen binden, von denen wir glauben, dass sie entscheidend für unser Wohlbefinden seien – eine Stelle, eine Person, materieller Besitz, ein Ziel –, es könnte alles sein. Auch wenn wir darunter sehr leiden, haben wir oft nicht den Mut, es loszulassen. Aber in Wahrheit leiden wir gerade deswegen weiter. Ein jeder, eine jede von uns muss tief schauen und dies für sich selbst erkennen. Es braucht große Einsicht und Mut, unsere Glücksvorstellungen loszulassen. Wenn es uns gelingt, können sich Freiheit und Glück sehr leicht einstellen.

Nachdem ich 2005 nach Vietnam zurückkehren konnte, baten Hunderte junge Menschen um die Erlaubnis, als Mönche und Nonnen in unserer Plum-Village-Tradition ordiniert zu werden. Uns wurde der Prajna-Tempel im zentralen Hochland angeboten, und dort begannen wir mit einer neuen Form von Achtsamkeitspraxiszentrum, gedacht für eine neue Generation buddhistischer Mönche und Nonnen. Der Tempel hatte so regen Zulauf, dass er von den Behörden als Bedrohung wahrgenommen wurde. Im Jahr 2009 versuchten sie, den Tempel zu schließen, und Mobs wurden geschickt, um die Mönche und Nonnen einzuschüchtern und zu bedrohen. Für die vierhundert Mönche und Nonnen, die dort lebten, war der Tempel zu ihrem Zuhause geworden, ihrem Praxiszentrum, und sie taten alles, um es zu erhalten. Sie alle taten ihr Bestes, um sich gegen eine gewaltsame Schließung des Zentrums zu wehren. Prajna war für sie ein Ort, an dem sie sie selbst sein konnten, die Wahrheit aussprechen und miteinander teilen konnten, was ihnen am Herzen lag. Sie wollten um jeden Preis an diesem Umfeld und dieser Gemeinschaft festhalten, egal was passierte. Mehr als anderthalb Jahre lang widersetzten sie sich mit gewaltlosen Mitteln. Aber am Ende wurde uns klar, dass nicht der Ort wichtig war, sondern die Praxis und die Energie des Zusammenseins; es sind Brüderlichkeit und Schwesterlichkeit, die wichtig sind. Egal wohin wir auch gehen, wir können das mitnehmen. Also gingen die jungen Mönche und Mönche fort, tauchten unter und haben schließlich andere Orte gefunden, um weiter gemeinsam zu praktizieren. Heute leben viele von ihnen in unseren Praxiszentren in Frankreich, Deutschland und Thailand. In diesem Prozess haben wir etwas Wertvolleres als ein Praxiszentrum gefunden: Unser Glaube an diesen Weg und an die Gemeinschaft ist stärker geworden. Wir haben jetzt sogar bessere Bedingungen gefunden, wo es einfacher ist, das zu tun, was wir tun wollen, nämlich uns weiterhin gemeinsam in Achtsamkeit zu üben und unsere Gemeinschaft zu vergrößern.

Wir sollten also nicht an einer bestimmten Vorstellung von Glück festhalten. Wenn wir unsere diesbezüglichen Ideen loslassen, werden sich viele Möglichkeiten auftun, das zu verwirklichen, was wir verwirklichen wollen. Wir sollten uns unserer Ideen nicht zu sicher sein. Wir sollten bereit sein, sie loszulassen. Was wir zunächst für ein Unglück halten, kann sich später als Glück erweisen. Es hängt davon ab, wie wir mit der Situation umgehen.

MAN MUSS NICHT IN EINER HÖHLE LEBEN, UM ZEN ZU SEIN

Es gibt Menschen, die glauben, dass sie, wenn sie an einem abgelegenen Ort ungestört von der Gesellschaft leben, mehr Zeit zum Üben haben. Dem Buddha zufolge ist der beste Weg, allein zu sein und nicht gestört zu werden, zu sich selbst nach Hause zu kommen und sich dessen bewusst zu werden, was im gegenwärtigen Moment geschieht. Zur Zeit des Buddha gab es einen Mönch, Thera genannt, der gerne allein war. Er versuchte, alles allein zu tun, und war sehr stolz auf seine Praxis des Alleinseins.

Einige der Mönche gingen zum Buddha und berichteten ihm, dass es da einen Mönch gab, der so praktizierte und behauptete, die Lehren des Buddha über das Alleinsein zu befolgen. Eines Tages rief der Buddha den Mönch Thera zu sich und fragte ihn, ob er gerne allein praktiziere. Thera antwortete mit Ja. Und der Buddha sagte: »Erzähl mir, wie du das machst.« Und Thera antwortete: »Ich sitze allein. Ich gehe allein auf Almosenrunde ins Dorf, ich esse mein Mittagessen allein, ich mache meine Gehmeditation allein. Ich wasche meine Kleider allein.«

Daraufhin sagte der Buddha: »Das ist sicher eine Art, allein zu sein. Aber ich habe eine viel bessere, um allein zu leben.« Und dann fuhr er mit den Worten fort: »Verfolge nicht die Vergangenheit. Lauf nicht in die Zukunft. Die Vergangenheit ist nicht mehr. Die Zukunft ist noch nicht gekommen. Derjenige, der Tag und Nacht in Achtsamkeit verweilt, ist jemand, der den besseren Weg kennt, allein zu leben.«

Allein zu leben *(ekavihari)* bedeutet, nicht jemanden bei sich zu haben. Dieser »Jemand« kann die Vergangenheit, die Zukunft oder es können Ihre Projekte sein. Er kann das Objekt Ihres Suchens oder Verlangens sein oder Ihre Vorstellung von Glück.

Allein zu leben bedeutet, völlig zufrieden zu sein mit dem Hier und Jetzt, sich vom gegenwärtigen Moment tief erfüllt zu fühlen. Sie müssen nicht in die Berge gehen oder sich in eine Höhle zurückziehen, um allein zu sein. Sie könnten auf dem Berg oder in der Höhle sein und sich immer noch nach etwas anderem sehnen, immer noch auf der Suche sein oder etwas bedauern – und dann sind Sie nicht allein. Aber mit der Achtsamkeit können Sie mitten auf dem Marktplatz sitzen und trotzdem allein sein in Frieden und Freiheit. Es braucht keinen jahrelangen Aufenthalt in einer Höhle.

BEFREIEN SIE SICH

Freiheit ist eine Übung. Sie ist nichts, was man sich in zehn Jahren erarbeitet. Sobald wir unser Bedauern und unsere Ängste hinter uns lassen und in Kontakt mit der Gegenwart kommen, werden wir sofort frei. Wir alle sind Kriegerinnen, und Achtsamkeit ist das scharfe Schwert, das uns frei macht.

Alles, was Sie suchen, alles, was Sie erleben wollen, muss im gegenwärtigen Moment geschehen. Dies ist ein sehr wichtiger Punkt. Die Vergangenheit ist nicht mehr da, die Zukunft ist nur eine vage Vorstellung. Wenn wir uns an die Zukunft klammern, können wir den gegenwärtigen Moment verlieren. Und wenn wir den gegenwärtigen Moment verlieren, verlieren wir alles – unser Glück, unsere Freiheit, unseren Frieden und unsere Freude. Und so müssen wir all unsere Bestrebungen, all unsere Träume, all unsere Projekte in den gegenwärtigen Moment bringen und dort zentrieren. Nur der gegenwärtige Moment ist real.

Sie atmen einfach ein und erkennen, dass Sie einen Körper haben. Sie lächeln Ihrem Körper zu; genießen es, einen Körper zu haben, um auf der Erde zu sitzen oder zu gehen und sich an der Erde zu erfreuen. Und mit dieser Energie der Achtsamkeit kümmern Sie sich auch um jedes Unwohlsein, um Ihre Unruhe und Ihr Leiden. Das ist sehr konkret. Es ist keine Philosophie oder eine Idee, sondern eine reale Art der Praxis, die Ihnen hilft, weniger zu leiden und das Leben mehr zu genießen – beginnend mit Ihrem Atem, Ihrem Körper, mit der Erde.

Sie erkennen, dass Ihr Körper wunderbar ist und all Ihre Vorfahren und zukünftigen Generationen umfasst. Sie spüren das Privileg, am Leben zu sein. Das Leben besteht nicht nur aus Leiden, es ist auch voller Wunder. Erlauben Sie Ihrem inneren Künstler, das Gute und Schöne zu erkennen, es zu bewundern und sich danach zu sehnen. Der Künstler in Ihnen ist nie gestorben. Jeden Morgen, an dem Sie den Sonnenaufgang genießen, ist er aktiv. Die Kriegerin geht Hand in Hand mit der Meditierenden und dem Künstler. Wir müssen auch der Kriegerin in uns eine Chance geben. Deren Waffe ist das befreiende Schwert der Weisheit.

Das Leben ist wunderbar, geheimnisvoll. Es gibt so viel zu entdecken und neugierig zu erkunden. Erlauben Sie sich, frei zu sein und Ihre Zeit auf der Erde zu genießen. Der Welt zu helfen, Menschen von ihrem Leid befreien zu können, setzt voraus, dass wir uns zunächst selbst helfen und befreien.

WER IST DER BOSS?

In unserer Zeit leben viele von uns im Autopilot-Modus; wir leben wie Maschinen. Ein achtsames Leben ist anders. Wenn Sie Auto fahren, wissen Sie, dass Sie fahren. Sie sind der Boss. Nicht das Auto fährt Sie, sondern Sie selbst fahren es. Und wenn Sie atmen, geschieht das nicht nur, weil Ihr Körper atmen muss. Sie atmen ein, und Sie genießen das Einatmen. Freiheit wird durch solch kleine Dinge kultiviert. Wenn Sie gehen, dann nicht nur, um irgendwo hinzukommen. Bei jedem Schritt genießen Sie es, am Leben zu sein. Sie sind wirklich Sie selbst. Und das ist Freiheit. Achtsamkeit macht Freiheit möglich. Und je freier wir sind, desto glücklicher sind wir.

Wenn Sie in den vierundzwanzig Stunden Ihres Tages auch nur fünf Minuten des Friedens, der Leichtigkeit und der Freiheit erleben, ist das gar nicht mal so schlecht. Sehen Sie, wie großzügig wir sind! Wenn Sie sich nur fünf Minuten lang nicht von Begierden, Projekten oder Ängsten beherrschen lassen, sind Sie ein freier Mensch, der nichts tun und nirgendwo hingehen muss.

Und doch lassen sich viele von uns von den Ereignissen und Situationen um uns herum und von dem, was wir sehen und hören, mitreißen. Wir verlieren uns selbst. Deshalb müssen wir auch die Freiheit und Unabhängigkeit von anderen kultivieren. Sind sie wirklich frei, können Sie, auch wenn die Menge schreit oder in eine Richtung geht, immer noch Sie selbst sein. Sie lassen sich nicht von den Emotionen der Mehrheit mitreißen. Diese Art von Freiheit bedarf großer Stärke.

Der Buddha war ein Mönch, der über große Freiheit verfügte. Auch wenn alle anderen anderer Meinung waren als er, vermochte er immer noch zu erkennen, dass seine Denkweise die Wahrheit war. Als zum Beispiel der Buddha über das Nicht-Selbst sprach, erhoben viele Menschen Einspruch, weil diese Einsicht dem Denken Indiens zu jener Zeit widersprach. Doch der Buddha hatte den Mut, an seiner Einsicht festzuhalten. Er war innerlich frei und war geduldig. Und schließlich konnte er diese Einsichten vielen Menschen zugänglich machen. Wahre Freiheit bringt Liebe, Geduld und viele andere wunderbare Qualitäten hervor.

DAS IST ES

Als Novize begleitete ich meinen Lehrer bei einem Besuch zum Hai-Duc-Tempel in Huế, Vietnam. Dort sah ich einen Zen-Meister auf einer hölzernen Plattform sitzen. Das Bild beeindruckte mich. Er machte keine Sitzmeditation. Er war nicht in der Meditationshalle. Er saß einfach vor einem niedrigen Tisch, sehr anmutig, sehr gerade. Sein Anblick beeindruckte mich sehr. Er sah so friedlich, natürlich und entspannt aus. Und als Novize formte sich in meinem Herzen ein Gelübde, eine tiefe Sehnsucht, auch so zu sitzen. Wie könnte ich so sitzen? Ich würde nichts tun müssen. Ich müsste nichts sagen. Ich bräuchte nur zu sitzen.

In der Zen-Tradition wird die Meditation als eine Art Nahrung verstanden. Man kann sich durch Meditation nähren und heilen. In der Zen-Literatur findet man die Formulierung »die Freude und das Glück der Meditation als tägliche Nahrung«. Jede Sitzmeditation sollte uns nähren, Heilung und Freiheit schenken.

Sitzmeditation ist wie das Sitzen im Gras bei einer Frühlingsbrise. In Plum Village sitzen wir, um wirklich präsent zu sein. Wir sitzen, um mit all den Wundern des Kosmos, des Lebens im gegenwärtigen Moment in Berührung zu sein. Es gibt kein anderes Ziel. Wir sitzen einfach und brauchen nichts zu tun. Wir müssen nicht einmal erleuchtet werden. Wir sitzen einfach, um glücklich zu sein. Wir sitzen, um Frieden und Freude zu erleben. Sitzen ist keine harte Arbeit. In der Soto-Zen-Tradition spricht man vom »Sitzen um des Sitzens willen« oder »einfach sitzen«. Wir sitzen nicht, um etwas zu tun, sondern um einfach nur zu sitzen.

Wir müssen unser tägliches Leben so organisieren, dass wir mehr Möglichkeiten haben, einfach zu sein, zu lernen, Frieden zu sein, Freude zu sein, liebevoll zu sein, mitfühlend zu sein. Wir brauchen konkrete Wege, um dies zu tun. Wie können wir aufhören,

Opfer unseres eng getakteten Alltags zu sein? Wir sind so sehr in unseren alltäglichen Sorgen und Ängsten gefangen, dass wir keine Zeit mehr haben, unser Leben zu leben oder zu lieben. Wir haben keine Zeit, auf eine tiefe Weise zu leben und die wahre Natur dessen zu berühren, was da ist, um zu verstehen, was das Leben ist. Wir sind zu beschäftigt und haben kaum Zeit, zu atmen, zu sitzen, zu ruhen.

Warum müssen wir so beschäftigt sein? Es ist möglich, ein einfacheres Leben zu führen – ein Leben, das Ihnen mehr Freiheit gibt. Sie sollten ein Leben führen, das Ihnen etwas Zeit zum Sitzen und Nichtstun lässt. Und wenn Sie still sitzen, eröffnet sich Ihnen vieles. Sie haben dann Zeit, sich um Ihren Körper zu kümmern, um Ihre Gefühle und Emotionen. Sie schmecken die Freude der Freiheit.

Der Mut zum Sitzen

Das Problem beim Ankommen im gegenwärtigen Moment ist, was wir dort vorfinden. Vielleicht vermeiden wir es ja deshalb so sehr? Sobald wir uns unserem Körper zuwenden und die Augen schließen, entdecken wir, dass wir voll von allem Erlebten sind und all den Bildern, Klängen und Gefühlen, die damit einhergehen. Wenn sich die Welt schon so kaputt anfühlt, warum sollten wir das noch mehr fühlen wollen? Wir wollen dem nicht begegnen, wir wollen ihm *widerstehen*.

Es mag paradox erscheinen: Auf der einen Seite weisen uns die Zen-Meister an, zu atmen und die Situation zu akzeptieren; andererseits sagen sie, dass wir versuchen sollten, sie zu verändern. Die Lösung ist, beides zu tun. Denn wie können wir hoffen, etwas zu ändern, wenn wir noch nicht verstanden haben, wie es zustande gekommen ist? Wie können wir zuhören und verstehen, was im Außen vor sich geht, wenn wir nicht zuhören und verstehen können, was in uns vor sich geht? Zwanzig oder dreißig Minuten des Sitzens können zwanzig oder dreißig Minuten sein, in denen wir uns um die Welt kümmern, deren Leiden sich in unserem eigenen Körper und unseren Gefühlen widerspiegelt. Das erfordert Mut.

In Plum Village praktizieren wir zweimal täglich dreißig Minuten Sitzmeditation. Schon auf dem Weg zur Meditationshalle beginnt unsere Sitzmeditation: Wir folgen unserem Atem, kommen bei jedem Schritt an. Wir öffnen die Tür, ziehen unsere Schuhe aus und sind ganz präsent, spüren jeden Schritt, wenn wir uns unserem Sitzkissen nähern und dann hinsetzen. Es ist wichtig, eine stabile, bequeme Haltung zu finden: Wir sitzen mit unserem Körper, nicht mit unserem Geist. Viele von uns beginnen mit einem Bodyscan und entspannen dabei mit der sanften Energie der Achtsamkeit jeden Muskel im Körper. Im Akt des Ankommens und des Lauschens zeigt sich, wie sich der Tag in unserer Stirn, unserem Kiefer, unseren Schultern oder unserer Brust ausdrückt.

Wir üben uns darin, uns selbst mit Sanftheit zu begegnen, ohne zu urteilen oder zu reagieren. Wir sitzen nicht, um ein Buddha zu sein, um jemand anderes, jemand Besseres zu sein. Wir sitzen einfach, um wir selbst während des Sitzens zu sein. Jeden Tag ein Zeitfenster von fünfzehn Minuten der Freiheit zu schaffen, um wir selbst zu sein, ist sehr wertvoll. Zu sitzen ist eine Kunst. Es geht nicht darum, immer länger zu sitzen oder eine bestimmte Haltung einzunehmen oder irgendwohin zu fliehen, wo wir gerade nicht sind. Einfach nur da zu sein, lebendig, fasziniert von dem Wunder des Atmens und der Wahrnehmung der Welt – das gibt uns Leichtigkeit, Natürlichkeit, und wir sind ohne unsere gewohnte Zielorientiertheit.

Geführte, angeleitete Meditationen mögen hilfreich sein, um den Faden der Konzentration zu halten, wenn wir sehr abgelenkt sind, aber eine direkte, stille Erfahrung unseres eigenen gegenwärtigen Moments kann noch besser sein. Wir lauschen dem Abdruck der Welt in unserem Körper und unseren Gefühlen; wir lösen die Unruhe auf, besänftigen die

Ängste. Wenn nötig, weinen wir. Wir meditieren nicht nur, um Frieden zu finden; wir meditieren, um alles zu erkennen, zu umarmen und zu transformieren, was den Weg zwischen uns und dem Frieden blockiert. Thay sagt immer: »Ihr könnt ruhig weinen. Vergesst nur nicht zu atmen« – wir umarmen unsere Tränen mit der Energie der Achtsamkeit. Im Sitzen brauchen wir das Mitgefühl und die Kreativität einer Künstlerin, die Stille eines Meditierenden und die Disziplin einer Kriegerin. Wir brauchen eine Strategie. Wo wollen Sie sitzen? Wann wollen Sie sitzen? Alles, was Sie vor dem Sitzen tun, ist bereits das Sitzen.

——————— T. D.

Als junger Novize hatten wir im Tempel kein fließendes Wasser, kein heißes Wasser, keinen Strom, und trotzdem lebten wir sehr glücklich. Selbst den Abwasch für hundert Mönche haben wir genossen, denn wir taten es gemeinsam, mit der Freude und im Geist der Brüderlichkeit. Wir gingen in die Berge, um Tannennadeln für das Feuer zu sammeln, mit denen wir das Wasser erhitzten. Wir hatten keine Seife, sondern benutzten die Schalen von Kokosnüssen und Asche, um die Töpfe zu reinigen. Das Glück hängt nicht nur von äußeren Bedingungen ab; es hängt von der Art und Weise ab, wie wir die Dinge betrachten und verstehen. Wir können einfacher leben, wenn wir wissen, wie wir die Bedingungen, die wir haben, wertschätzen können.

Mahatma Gandhi sagte, dass wir die Veränderung sein müssen, die wir uns für die Welt wünschen. Wenn wir wissen, wie wir ein einfacheres, entspannteres und glücklicheres Leben führen können, wird unser Planet eine Zukunft haben, und alle Arten auf unserem Planeten werden eine Zukunft haben. Das ist ein Traum, den wir verwirklichen können, jetzt, heute. Gandhi kleidete sich einfach, ging zu Fuß und aß sparsam. Die Einfachheit seines Lebens zeugt nicht nur von seiner Freiheit von materiellen Dingen, sondern auch von seiner geistigen Stärke. Was Gandhis Kampf zu einem großen Erfolg machte, war keine Doktrin – nicht einmal die Doktrin der Gewaltlosigkeit –, sondern Gandhis eigene Lebensweise.

Überall in der Welt versuchen Menschen, das Prinzip der Gewaltlosigkeit anzuwenden, aber es fällt ihnen schwer, an Gandhis Vitalität heranzukommen. Es fehlt ihnen Gandhis geistige oder spirituelle Stärke, und dann ist es schwer, ein ähnliches Maß an Mitgefühl und Aufopferungsbereitschaft aufzubringen. Solange wir uns weiterhin von der Maschinerie des Konsums mitreißen lassen, wird es schwierig für uns sein, unsere spirituelle Kraft aufzubauen. Deshalb muss der Ausgangspunkt einer neuen menschlichen Kultur die Entschlossenheit sein, sich nicht von materiellen Gütern »kolonisieren« zu lassen, zu rebellieren gegen den Materialismus zugunsten unseres tiefen Wunsches, *Mensch* zu sein.

Ein einfacheres Leben kann uns enormen Mut geben, die Wahrheit zu sagen. Wenn wir uns äußern, tun wir das aus Liebe und Mitgefühl. Sie haben den Mut, die Wahrheit zu sagen, weil Sie keine Angst haben, etwas zu verlieren. Sie sind frei. Sie wissen, dass Verstehen und Liebe die Grundlage des Glücks sind, nicht materieller Besitz, Status oder eine hohe Position. Aber wenn Sie Angst davor haben, diese Dinge zu verlieren, werden Sie nicht den Mut haben, Ihre Meinung zu sagen.

BODHISATTVA SAMANTABHADRA

Bodhisattva Samantabhadra ist »der Bodhisattva der großen Tat«. Es gibt viele Arten von Handlungen, die wir im Geiste Samantabhadras unternehmen können, um das Leiden in der Welt zu lindern, dazu gehört die Praxis der Großzügigkeit, des Gebens. Unser tägliches Leben sollte eine Opfergabe sein. Man braucht nicht viel Geld, um eine Opfergabe zu machen; Ihr eigener Frieden und Ihr Glück sind bereits ein großes Geschenk für andere. Sie mögen sich großzügig vorkommen, aber Sie müssen auch konkrete Wege beschreiten, um Ihre Großzügigkeit zu entwickeln. Zeit ist mehr als Geld. Zeit ist Leben. Zeit ist dazu da, mit dem anderen Menschen ganz präsent zu sein. Zeit ist dazu da, anderen Freude und Glück zu bringen.

Ihre Anwesenheit – Ihre Art zu sein, ist das, was Sie jede Minute, jede Stunde des Tages schenken. Samantabhadra ist keine abstrakte Figur. Samantabhadra ist überall um uns herum in Fleisch und Blut. Samantabhadra ist in all denen von uns, die etwas tun, damit es den Menschen auf diesem Planeten besser geht. Auch in meiner eigenen Gemeinschaft sehe ich viele Bodhisattvas, die unermüdlich daran arbeiten, anderen zu helfen, und ich bin ihnen sehr dankbar. Einige sind jung, andere schon älter. Sie alle sind die Arme des Bodhisattva der großen Tat. Wenn wir helfen, fühlen wir uns nicht dazu gezwungen; wir sind froh, es zu tun. Unsere Praxis besteht darin, unser tägliches Leben so zu leben, dass jede Handlung zu einem Akt der Liebe wird. Wir dienen allen Wesen durch unser Verstehen, Mitgefühl und Handeln – und wir können dabei glücklich sein.

WAS SOLL ICH MIT MEINEM LEBEN ANFANGEN?

Wie können wir wissen, dass wir ein Leben führen, mit dem wir einen Beitrag zum Wohle der Menschheit leisten? Wie können wir uns eine Arbeit aussuchen, bei der wir mehr mit uns selbst im Reinen sind und der Welt mehr zu helfen vermögen?

Die Entscheidung, was wir tun wollen, ist eine Frage der Entscheidung, wie wir sein wollen. Tun ist eine Frage der Lebensweise, des Seins. Entscheidend ist bei Ihrem Tun, dass Sie es genießen und Ihre Präsenz der Welt und sich selbst voll und ganz zur Verfügung stellen. Alles ist dann gut. Es kommt darauf an, wie man die Dinge tut, nicht, was man tut. Es gibt viele Tätigkeiten, die Ihnen helfen können, Ihre Freude und Ihr Mitgefühl für die Menschheit und für alle Arten zum Ausdruck zu bringen. Sie verdienen vielleicht weniger, leben in einer kleineren Wohnung und haben nur ein kleines Auto, aber Sie werden dafür glücklicher sein. Sie können lachen, und Sie können lieben – alles, was Sie tun, ist ein Ausdruck der Liebe. Wenn Sie so leben, führen Sie ein glückliches Leben; es ist möglich, einfach zu leben. Das Hilfreichste, was Sie tun können, ist, ein glückliches menschliches Wesen zu sein.

Viele von uns arbeiten viel zu viel, und so verlieren wir unser Leben; wir haben keine Zeit, unser Leben auf tiefe Weise zu leben. Das ist unsere Kultur. Burn-out ist eine Realität. Das ist es nicht wert. Das Leben ist ein Geschenk, und wir sollten das Beste aus diesem Geschenk machen. Wir brauchen Zeit zum Leben. Wir müssen ein dualistisches Denken vermeiden, das zwischen »Arbeit« und »Leben« unterscheidet. Wenn Sie Holz hacken, Wasser tragen, Frühstück machen – all das ist »Arbeit«, aber es ist möglich, in der Zeit, in der man die Arbeit verrichtet, Freude und Glück zu empfinden. Haben Sie ein Treffen mit einem Kunden, ist es dasselbe. Das Treffen dient nicht nur dazu, ein Geschäft abzuschließen, sondern kann zu einer angenehmen Begegnung zwischen zwei Lebewesen werden. Das Element der Achtsamkeit und liebevollen Güte kann dieses Treffen zu einem freudigen, bedeutungsvollen und glücklichen Moment machen. Es ist eine Frage der Qualität, wie Sie leben, nicht der Quantität, also wie viel Sie tun oder wie effizient Sie sind.

Wann immer ich kalligrafiere, übe ich mich darin, Leben und Arbeit als eins zu sehen. Zu Beginn jeder Sitzung bereite ich mir immer einen Tee zu, und dann mische ich etwas Tee in die Tinte. Tee und Zen gehören schon seit Hunderten von Jahren zusammen. Und während ich mit dem Pinsel einen Halbkreis zeichne, atme ich ein. Wenn ich die andere Seite des Kreises zeichne, atme ich aus. Im Kreis ist Atmen, ist Achtsamkeit. Von Zeit zu Zeit lade ich meinen Lehrer oder meinen Vater ein, den Kreis mit mir zu zeichnen. Ich berühre die Wahrheit des Nicht-Selbst, weil mein Lehrer in mir ist, ebenso wie mein Vater; und die Meditation, die Arbeit, die Freude und das Leben werden eins. Es gibt keine Unterscheidung mehr. Die Kunst besteht darin, die Arbeit angenehm und erfreulich zu gestalten – und das ist mit Achtsamkeit und mit Übung möglich.

WIE KANN ICH SCHWIERIGE ENTSCHEIDUNGEN TREFFEN?

In unserem täglichen Leben sind wir oft gezwungen, Entscheidungen zu treffen, und oft treffen wir sie zu schnell oder wenn wir noch ängstlich oder aufgewühlt sind. Solche Entscheidungen sind nicht das Resultat eines klaren Geistes. Wir sollten es vermeiden, Entscheidungen zu treffen, wenn unser Geist nicht frei ist. Selbst wenn uns Menschen unter Druck setzen, sollten wir uns weigern, denn eine falsche Entscheidung kann für uns und andere für eine lange Zeit Leid bedeuten.

Treffen Sie also noch keine Entscheidung. Atmen Sie ein und konzentrieren Sie sich ganz auf Ihren Atem, lassen Sie los, was Sie beschäftigt, lassen Sie die Vergangenheit und die Zukunft los, und das macht Sie freier. Innerhalb von nur fünf oder sieben Minuten haben Sie vielleicht schon genug Freiheit gewonnen, um die Entscheidung schließlich zu treffen. Ihr Atem nährt die Freiheit, die Sie haben, und es wird Ihnen eine Vielzahl von Entscheidungsmöglichkeiten zur Verfügung stehen. Ihre Entscheidung wird besser, nutzbringender und mitfühlender sein als eine Entscheidung, die unter dem Einfluss von Furcht, Bedauern, Angst oder Kummer getroffen wird. Sie können ein großes Maß an Freiheit gewinnen, wenn Sie achtsam atmen. Und wenn Sie wollen, dass diese Freiheit anhält, dehnen Sie Ihr achtsames Atmen so lange aus, wie Sie wollen. Die Übung ist einfach, aber sehr wirkungsvoll.

Achtsamkeit zu praktizieren bedeutet nicht, dass Sie keine Zukunftspläne schmieden sollten, und auch nicht, dass Sie nicht aus der Vergangenheit lernen sollten. Es geht darum, sich nicht in Angst oder Ungewissheit über die Zukunft zu verlieren, sondern in der Gegenwart zu bleiben und die Zukunft in die Gegenwart zu holen und tief zu schauen. Das bedeutet: die Zukunft planen. Sie verlieren sich nicht in der Zukunft; Sie planen für die Zukunft direkt im gegenwärtigen Moment.

WIE MAN SCHEITERT

Haben Sie Angst vor dem Scheitern? Wie können Sie mit dieser Angst umgehen? Vielleicht zweifeln Sie daran, ob Sie das, was Sie erreichen wollen, verwirklichen können. Aber was ist wirklich ein Erfolg, und was ist Misserfolg? Jeder von uns hat den Wunsch, erfolgreich zu sein. Einige von uns scheitern, aber auf der Grundlage dieses Scheiterns machen wir es besser und können dann einen wahren Erfolg erreichen. Andere wiederum haben Erfolg, werden aber zu dessen Opfer. Das ist nicht die Art von Erfolg, die wir wollen.

Angenommen, Sie praktizieren achtsames Atmen und sind darin erfolgreich. Achtsames Atmen bringt den Geist zu Ihrem Körper zurück und hilft Ihnen, sich im Hier und Jetzt zu verankern. Es bringt Freude und Frieden. Diese Art Erfolg kann Ihnen niemals schaden. Es ist eine Frage der *Art und Weise*, wie Sie die Dinge tun. Wenn Sie erfolgreich sein wollen und alles

Ihnen Mögliche dafür tun, und dabei auch nicht so gute Mittel einsetzen, mögen Sie zwar »Erfolg« haben, aber Sie ruinieren sich als Mensch.

Richtiges oder rechtes Handeln ist die Art Handeln, die in die Richtung Verstehen, Mitgefühl und Wahrheit geht. Es ist die Art Handeln, die ohne wertende Unterscheidung auskommt und auf der Einsicht in unser Intersein basiert. Rechtes Handeln wird durch Mitgefühl motiviert. Wenn alles, was Sie tun, um Erfolg zu haben, im Geiste rechten Handelns erfolgt, dann haben Sie nichts zu befürchten, denn dieses rechte Handeln erzeugt die Energie der Güte, des Mitgefühls und des Friedens. Und das kann Sie Ihr ganzes Leben lang schützen.

Wenn Sie darauf achten, was Sie denken, sagen und tun, müssen Sie keine Angst vor einem Versagen haben. Mit der Energie der Achtsamkeit, der Konzentration und Einsicht wird jeder Moment Ihres Lebens bereits zu einem Erfolg. Sie brauchen nicht ein Jahr zu warten, um erfolgreich zu sein. Jeder Schritt ist ein Erfolg. Jeder Atemzug ist ein Erfolg. Denn mit jedem Schritt können Sie Freude, Frieden und Glück erzeugen. Und wenn die Mittel gut sind, wird auch das Ende gut sein.

DER STUDENT UND DER EINSIEDLER

Die Welt braucht Licht. Wir brauchen Menschen, die das Licht der Freiheit, das Licht des Verstehens, das Licht der Liebe in diese Welt bringen. Buddha Dipankara ist jemand, der die Fähigkeit hat, »das Licht der Weisheit zu entzünden« und die Welt zu erleuchten.

Die Legende besagt, dass Buddha Shakyamuni in einem früheren Leben ein Student war. Er war noch kein Buddha; er war ein Bodhisattva. Und er träumte, nach höheren Studien ein Staatsmann zu werden. Die jungen Männer seiner Zeit hatten alle den gleichen Traum: die Prüfungen bestehen und vom Kaiser für ein Staatsamt auserwählt werden. Und so taten die Eltern und Freunde alles, was ihnen möglich war, um die Studenten beim Bestehen der Prüfungen zu unterstützen.

Jede Provinz organisierte Wettbewerbe, und von den vielen Tausend, die sich bewarben, wurden nur hundert ausgewählt und in die Hauptstadt zur weiteren Ausbildung und Auswahl geschickt. In der Hauptstadt legte der Kaiser selbst die Fragen für die Dissertation im kaiserlichen Wettbewerb fest. Er wollte testen, ob die Kandidaten die Situation im Lande verstanden, und er wollte sehen, welche Ideen sie hatten, um den Menschen und der Gesellschaft zu helfen, sich weiterzuentwickeln und glücklicher zu sein.

Der junge Mann nahm am Wettbewerb teil, aber er wurde nicht ausgewählt. Das stürzte ihn in tiefe Verzweiflung. Er hatte lange studiert, um seinen Traum zu verwirklichen, seinem Volk und seinem Land zu dienen, ein gutes Gehalt zu bekommen und eine Familie zu gründen. Entmutigt trat er die lange Heimreise zu Fuß über Berge, Wälder und Felder an. Als er eines Nachmittags völlig erschöpft an einem Hügel ankam, hatte er das Gefühl, nicht mehr weitergehen zu können. Da stieß er auf einen Mönch, der ganz einfach am Fuße des Hügels lebte. Er blieb stehen und bemerkte, dass der Einsiedler etwas in seinem kleinen Topf kochte. Er war so hungrig und müde, dass er um etwas zu essen bat. Der Einsiedler sagte: »Ruh dich ein wenig aus, und wenn die Suppe fertig ist, gebe ich dir eine Schüssel. Hier, du kannst die Wurzeln dieses Baumes als Kopfkissen benutzen.« Der junge Mann legte sich zur Ruhe und fiel bald in einen tiefen Schlaf.

Er träumte einen sehr seltsamen Traum. In dem Traum sah er, dass er zu den hundert Besten des dreijährigen Wettbewerbs gehörte und in die Hauptstadt geschickt worden war, um an dem kaiserlichen Wettbewerb teilzunehmen. Er tat sein Bestes, um die die vom Kaiser gestellten Fragen zu beantworten, wobei er sein ganzes durch die Lektüre vieler, vieler Bücher erworbenes Wissen einsetzte. Er wurde vom Kaiser ausgewählt, und da er sich als der Herausragendste von allen jungen Leuten, die beim Wettbewerb teilgenommen hatten, erwiesen hatte, bot der Kaiser ihm die Hand der Prinzessin an. Die Prinzessin war sehr schön, und er war überglücklich. Er war voller Hoffnung und voller Energie und bekam im Kabinett den sehr wichtigen Posten als Verteidigungsminister.

Aber es war ein kleines Land, das an ein viel stärkeres Land grenzte. Als Verteidigungsminister war er für die Verteidigung der Grenzen verantwortlich, und er stieß in seinem Amt auf viele Schwierigkeiten und Herausforderungen, darunter Eifersucht, Verzweiflung und Wut. Auch seine Beziehung zur Prinzessin gestaltete sich nicht einfach, und sie stritten sich fast jeden Tag. Zudem war die Erziehung ihrer beiden Kinder sehr schwierig. Sie waren sehr unglücklich. Es gab Probleme in seinem Familienleben wie in seinem politischen Leben.

Eines Tages erhielt er die Nachricht, dass im Nachbarland Truppen für eine Invasion aufgestellt worden waren. Er musste seine Truppen zusammenrufen und sie an die Grenze schicken, um der Invasion entgegenzutreten. Da er in seinem öffentlichen als auch in seinem privaten Leben nicht genügend Ruhe und Herzensklarheit hatte, unterliefen ihm bei der Organisation des Gegenangriffs Fehler. Der Feind konnte ein großes Gebiet erobern. Die Nachricht von der Niederlage erreichte den Kaiser, der wütend befahl, den Verteidigungsminister zu enthaupten.

Im Traum sah sich der junge Mann von Soldaten umringt zum Hinrichtungsblock geführt. Gerade als er enthauptet werden sollte, hörte er eine Art Vogelgesang, und er wachte auf. Orientierungslos blickte er sich um. Er erkannte, dass er sich am Fuße eines Hügels befand und neben ihm der Einsiedler stand.

Dieser schaute ihn mit einem feinen Lächeln an und sagte: »Hast du dich gut ausgeruht? Die Hirsesuppe ist fertig. Komm setz dich hierher und lass mich dir eine Schale gute Suppe geben.« Der junge Mann stand auf und war kaum noch hungrig. Er hatte so viel in seinem Traum gesehen, als wäre ein ganzes Leben vergangen. Wenn man nicht weiß, wie man jeden Augenblick auf tiefe Weise lebt, kann das Leben wie ein Traum an uns vorbeiziehen, sehr schnell, vielleicht sogar schneller, als es braucht, um einen Topf Hirse zu kochen.

Der Einsiedler saß da, ruhig und gelassen, und rührte mit einem Paar Essstäbchen die Suppe um. Wenn man ihn genau betrachtete, konnte man sehen, dass Frieden in ihm lebendig war. Er war wirklich lebendig; er war wirklich glücklich. Mit Frieden, Festigkeit und Freiheit ist das Leben etwas Wunderbares, und Glück ist möglich. Der junge Mann setzte sich in die Nähe des Einsiedlers und stellte ihm viele Fragen. Da er intelligent war, begann er zu entdecken, dass Frieden und Freiheit im Herzen für ein glückliches Leben unerlässlich sind, und er gab seine Ambitionen auf, ein Staatsmann zu werden. In ihm formte sich ein neuer Traum. Er wollte lernen, wie ein Einsiedler zu leben, damit er sein Leiden transformieren und Frieden und Freiheit in seinem Herzen wiedererwecken konnte. Er beschloss, ein Schüler des Einsiedlers zu werden.

Dieser Einsiedler war der Buddha Dipankara, derjenige, der das Licht der Weisheit entzündet. Danach wurde der junge Mann, nachdem er viele Leben lang geübt hatte, ein Buddha mit dem Namen Shakyamuni. Wenn Sie noch jung, vielleicht noch in der Ausbildung sind, sollten Sie über diese Geschichte nachdenken.

Prüfen Sie Ihre Ambitionen und Pläne gründlich, um herauszufinden, ob es sich lohnt, Ihr ganzes Leben und Ihre Energie darauf zu verwenden, Dingen nachzujagen, nach denen Sie sich sehnen.

Mit jemandem in Kontakt zu sein, einem Freund, einer Freundin, der oder die den Weg der Freiheit kennt und weiß, wie man Solidität und Mitgefühl erzeugt, ist etwas sehr Notwendiges. Es gibt ein sehr wichtiges Wort im Buddhismus: *kalyanamitra*. Gemeint ist damit ein Freund, der weise ist, eine Freundin mit Licht – ein wahrer spiritueller Freund, eine wahre spirituelle Freundin. Diese Person ist Ihnen vielleicht schon sehr nahe, aber Sie haben sie möglicherweise bisher noch nicht als solche erkannt. Wir alle müssen diese uns in Freundschaft verbundene Person finden, die uns unterstützen und uns Licht geben kann, damit wir in der Dunkelheit unseren Weg nicht verlieren. Der Moment, in dem Sie diese Person finden, ist ein wunderbarer Moment.

Die Kunst des wahren Glücklichseins erlernen

Die großen Zen-Meister sagen uns, dass wir den Weg, den wir gehen müssen, erkennen werden, wenn wir uns die Zeit nehmen, still zu sein und zu lauschen. Niemand sonst kann uns zu dieser Einsicht verhelfen – wir müssen selbst dahin gelangen, durch unsere eigene authentische Praxis. Einsichten lassen sich nicht durch Worte oder gar ein Buch vermitteln. Die Worte können den Weg weisen, aber sie können den Weg nicht für uns gehen.

Als junge Journalistin habe ich Achtsamkeit in der Redaktion geübt, im obersten Stockwerk eines sechsstöckigen Gebäudes im Zentrum Londons. Ich übte mich darin, meinen Kollegen zuzuhören, wenn sie schrien, zu atmen, bevor ich das Telefon abnahm, und mir jedes Mal Bergquellen und Wasserfälle vorzustellen, wenn ich mir einen Becher Wasser aus der

Kühlbox holte. Wenn es hart auf hart kam – wenn ein Live-Gast in letzter Minute ausfiel oder ein Band verloren ging, habe ich geübt, mich daran zu erinnern, wo die Sterne waren: nicht nur über meinem Kopf, jenseits des grauen Himmels der Stadt, sondern auch links, rechts und unter meinem Schreibtisch, weit weg auf der anderen Seite des Planeten. In Momenten extremen Drucks entdeckte ich, dass ich mich in die Toilettenkabinen für kurze zehnminütige Entspannungsübungen zurückziehen konnte. Und ich fand heraus, dass es möglich war, bei jedem Schritt präsent zu sein, wenn ich in letzter Minute den Studiogang entlangsprintete, um Sekunden vor der Live-Sendung die Karten mit den Stichworten zu verteilen.

Achtsamkeit half mir, meine Zeit in der Nachrichtenredaktion auf tiefe Weise zu leben, meine Situation klar zu sehen. Ich erinnere mich, dass ich eines Tages meinem Atem und meinen Schritten folgte und mir einen Kaffee machen wollte, während mir die Geschichten aus den zwei Radiosendungen und sechs Zeitungen im Kopf herumschwirrten, die ich mir an diesem Morgen schon hatte einverleiben müssen. Als ich mit einem achtsamen Schritt die Küchenzeile betrat, verschlug mir die plötzlich in mir aufkommende Frage kurz den Atem: Möchte ich so meine Stunden, Tage und Monate verbringen? Mir wurde klar, dass ich ein winziges Rädchen in einer giftigen Maschine war, verteilt auf Tausende von Großraumbüros, Großraumstudios, Büros und Teeküchen. Ist es wirklich das, was ich mit meinem einen, kostbaren Leben machen wollte? Wollte ich hier weiterhin meine Energie investieren? Die Frage hat sich mitten in mein Leben gepflanzt und wurde zu einem Koan. Und eines Tages lag die Antwort plötzlich klar auf der Hand.

Die heutige Generation junger Klimaaktivistinnen und -aktivisten hat eine ganz besondere Art von Bodhisattvas hervorgebracht – starke, die Wahrheit verkündende Boten und Spiegel für unsere Welt. Ihr außergewöhnlicher Einfluss zeigt, dass wir keine akademischen Abschlüsse brauchen, um die Wahrheit zu sagen. Die Wahrheit ist da, direkt vor unseren Augen, wenn wir uns nur erlauben, sie zu sehen, sie zu hören und sie auszusprechen.

Wir brauchen viel mehr solcher Boten in unserer Welt, und wir brauchen viele verschiedene Arten von Bodhisattvas. Welche Art von Bodhisattva werden Sie sein? Wie werden Sie Ihre Zeit und Energie einsetzen? Die Entscheidungen, die wir als Spezies über unsere Zeit, Energie und unseren Lebensunterhalt treffen, sind die Wurzel unserer gegenwärtigen planetarischen Krise.

Auf der folgenden Seite finden Sie die nächste der Fünf Achtsamkeitsübungen. Auch sie können wir als ein herausforderndes Objekt unserer Kontemplation nehmen, das uns womöglich zu einer tieferen Einfachheit und Erfüllung führt. Nach dem Lesen sollten Sie vielleicht einen Moment innehalten und darüber nachdenken, welches Licht diese Übung auf Ihr jetziges Leben wirft.

—————————— T. D.

DIE ACHTSAMKEITSÜBUNG ÜBER DAS WAHRE GLÜCK

Im Bewusstsein des Leidens, das durch Ausbeutung, soziale Ungerechtigkeit, Diebstahl und Unterdrückung entsteht, bin ich entschlossen, Großzügigkeit in meinem Denken, Reden und Handeln zu praktizieren. Ich bin entschlossen, nicht zu stehlen und nichts zu besitzen, was anderen zusteht. Ich werde meine Zeit, Energie und materiellen Mittel mit denen teilen, die sie brauchen. Ich werde mich in tiefem Schauen üben, um zu erkennen, dass das Glück und das Leiden anderer nicht getrennt sind von meinem Glück und meinem Leiden, dass wahres Glück nur möglich ist mit Verstehen und Mitgefühl und dass es viel Leiden und Verzweiflung bringen kann, hinter Reichtum, Ruhm, Macht und sinnlichem Vergnügen herzujagen. Ich bin mir bewusst, dass Glücklichsein von meiner geistigen Haltung und nicht von äußeren Umständen abhängig ist und dass ich glücklich im gegenwärtigen Augenblick leben kann, indem ich mich daran erinnere, dass ich bereits mehr als genug Bedingungen habe, um glücklich zu sein. Ich bin entschlossen, »Rechten Lebenserwerb« zu praktizieren, um so dazu beizutragen, das Leiden der Lebewesen auf dieser Erde zu verringern und den Prozess der globalen Erwärmung umzukehren.

RICHTIGER TREIBSTOFF: BESCHÜTZEN SIE IHREN GEIST, NÄHREN SIE IHRE TIEFE SEHNSUCHT

WAS NÄHREN SIE?

Um die Umwelt wirklich schützen zu können, müssen Sie in der Lage sein, auf sich selbst aufzupassen. Die Basis unseres Handelns sind unser tägliches Leben und unser Körper, unsere Gefühle, Wahrnehmungen, Geistes-Formationen und unser Bewusstsein. Das Wohlbefinden des Planeten hängt vom Wohlergehen Ihres Körpers und Geistes ab, so wie das Wohlergehen Ihres Körpers und Geistes vom Wohlbefinden des Planeten abhängt. Der Schutz des Planeten hat mit unserer Art zu konsumieren zu tun. Wenn Sie nicht mit Ihrer inneren Verschmutzung und dem Verlust des inneren Gleichgewichts umgehen können, wie können Sie dann mit diesen Problemen in der Natur umgehen? Die Lehre vom Intersein ist hier sehr wichtig.

Wir leiden, weil wir die falsche Art Nahrung zu uns nehmen. Wir ruinieren unseren Planeten durch unsere Art zu konsumieren, und das wird für unsere Kinder vermutlich viel Leid bedeuten. Der Weg zur Rettung unseres Planeten liegt in achtsamem Konsumieren. Andernfalls wird die Menschheit weiterhin den Planeten ruinieren und eine Menge Leid verursachen, nicht nur für andere Menschen, sondern auch für andere Arten auf der Erde.

Der Buddha sagte: »Nichts kann ohne Nahrung überleben.« Und er sagte auch: »Wenn es uns schlecht geht, geben wir der Außenwelt die Schuld, und wir beschuldigen andere Menschen, von denen wir glauben, dass sie uns leiden lassen. Aber wenn wir tief schauen, finden wir heraus, dass unser Feind Nummer eins wir selbst sind.« Wir selbst fügen uns am meisten Leid zu, durch die Art und Weise, wie wir konsumieren, wie wir essen, wie wir trinken, wie wir unser Leben organisieren, wie wir uns verhalten – sogar durch die Art und Weise, wie wir unseren Vorstellungen von Glück hinterherjagen. Wir schaffen uns unser eigenes Leid; wir sind unser eigener ärgster Feind. Das sagt der Buddha. In vielerlei Hinsicht sind wir *verantwortlich* für unser eigenes Leiden. Wir haben vielleicht gedacht, dass etwas gut für uns sei, und doch geht es uns dann schlecht.

Es ist möglich, unser Unwohlsein zu beenden. Das ist die gute Nachricht! Depression kann beendet werden. Ihre Angst, Wut und Ihr Hass können ein Ende finden. Wir sollten uns darin üben, unser Unwohlsein im Sinne von Nahrung zu verstehen. Sobald wir erkennen, was die Quelle der Nahrung für unser Unwohlsein ist, schneiden wir sie einfach ab, und unser Leiden hört auf; es hat keinen Treibstoff mehr und wird sterben.

Im Buddhismus sprechen wir von den vier Arten von Nahrung: essbare Nahrungsmittel (was wir essen und trinken), Sinneseindrücke (alles, was wir durch unsere Sinne in Form von Bildern, Klängen, Musik, Filmen, Webseiten und so weiter aufnehmen), Willenskraft (was wir in Form unserer tiefsten Absichten konsumieren) und Bewusstsein (was wir durch die kollektive Energie um uns herum konsumieren). All diese Nahrungsquellen können gesund oder giftig sein.

UNSER TIEFSTER WUNSCH

Die erste der Vier Nahrungen, über die wir kontemplieren, ist die »Willenskraft«, unser »Wollen«. Was wollen wir mit unserem Leben anfangen? Wir müssen uns Zeit nehmen, um das herauszufinden. Ist es Ihr tiefster Wunsch, Ihr tiefstes Verlangen, Ruhm, Macht, Erfolg, Reichtum und sinnlicher Stimulation hinterherzulaufen, oder ist es etwas anderes? Das tiefste Verlangen eines Terroristen ist es, zu bestrafen und zu töten. Für eine Ökologin liegt es darin, die Umwelt zu schützen.

Wir alle haben ein tiefes Verlangen, und das kann gesund oder ungesund sein. Es kann uns leiden lassen oder uns glücklich machen. Ist es gesund oder nicht? Wenn unser tiefster Wunsch darin besteht, weniger zu leiden und glücklicher zu sein; zu uns selbst zurückzukehren, Freude und Glück zu schaffen und uns selbst zu nähren und anderen zu helfen, dasselbe zu tun; wenn es unser tiefster Wunsch ist, zu lernen, wie wir unser Leiden annehmen und transformieren können, damit wir weniger leiden und anderen dabei helfen können – dann ist das gut. Das ist eine gute Motivation, es ist Bodhicitta, die beste Art des Wollens.

Wir wissen, dass es Leiden in uns selbst und in der Welt gibt. Wir wollen etwas *tun*, etwas *sein*, um dazu beizutragen, das Leiden zu verringern. Aber wir fühlen uns vielleicht hilflos, weil uns das Ausmaß des Leidens so überwältigend erscheint. Und allein scheinen wir nicht viel bewirken zu können. Das nimmt uns alle Lebenslust, obwohl wir vielleicht noch sehr jung sind.

Als der Buddha jung war, hatte er das gleiche Gefühl. Er sah das Leiden, und er erkannte, dass man, selbst in der Position eines Königs, nicht viel tun kann, um das Leiden zu lindern. Und so beschloss er, kein König zu werden. Er kehrte dem Hof den Rücken und suchte nach einem anderen Weg. Was ihn motivierte, Mönch zu werden, zu praktizieren, war der Wunsch, den Menschen zu helfen, weniger zu leiden. Wenn wir das Leiden in uns selbst transformieren, können wir helfen, das Leiden in der Welt zu verändern. Das ist sehr einfach, sehr klar. Und das ist es, was der Buddha getan hat.

Wir praktizieren Achtsamkeit – wir werden vielleicht sogar Mönch oder Nonne –, nicht, um das Leiden oder die Gesellschaft zu meiden, sondern um die nötige Kraft und Stärke zu entwickeln, um damit umzugehen und zu helfen. Wir lernen, dass wir zwar allein nicht viel tun können, aber mit einer Gemeinschaft können wir etwas bewirken. Deshalb war das Erste, was der Buddha nach seiner Erleuchtung tat, sich nach den Elementen für den Aufbau einer Gemeinschaft, einer Sangha, umzusehen, und er war ausgezeichnet darin.

Im Laufe der letzten Jahrzehnte habe auch ich gelernt, eine Sangha aufzubauen. Als ich Martin Luther King Jr. kennenlernte, benutzte er die Worte »beloved community« (»geliebte Gemeinschaft«), um die Sangha, unsere spirituelle Gemeinschaft, zu beschreiben.

Als ich ein junger Mönch war, gab es unermessliches Leid in Vietnam. Millionen von Menschen starben. Wie konnten wir helfen? Wir fühlten uns von dem Leid überwältigt. Und doch wollten wir etwas tun, um den Krieg zu beenden. Meine Freunde und Mitarbeiterinnen – darunter Schwester Chan Khong, die damals noch eine junge Studentin war, taten alles, was sie vermochten, um das Leid der Armen und Unterdrückten zu lindern helfen. Aber es war nie genug, denn der Krieg richtete so viel Zerstörung an. Und so begannen wir, uns für den Frieden zu engagieren; Schwester Chan Khong wurde sogar verhaftet. Auch ich litt unter den Folgen meiner Friedensbemühungen: vierzig Jahre Exil, weil ich es gewagt hatte, aktiv zu werden, um dem Krieg ein Ende zu setzen. Vierzig Jahre Exil! Aber wir mussten etwas tun, sonst hätten wir nicht überleben können, weder körperlich noch geistig. Es hätte uns in den Wahnsinn getrieben, nichts zu tun.

Heute sind wir in einer ähnlichen Situation. Unser Planet ist in Gefahr. Es gibt so viel Gewalt, so viel Leid auf der Welt, dass man verrückt werden könnte. Man will etwas tun, zunächst einmal, um selbst zu überleben, und dann, um das Leiden zu verringern. Es ist Ihnen wichtig, etwas zu tun. Sie *wollen* etwas. Diese Art Verlangen ist wichtig, denn Sie gibt Ihnen genug Energie, sich selbst zu stärken. Ihr tiefster Wunsch ist nicht nur Geld, soziale Anerkennung, Einfluss oder Erfolg. Sie wollen mehr.

Vielleicht wollen Sie helfen, die Richtung zu ändern, in die sich unsere Zivilisation bewegt. Vielleicht wollen Sie Menschen dabei unterstützen, sich um sich selbst zu kümmern, damit sie sich heilen und transformieren können, freudig und glücklich leben und der Erde helfen, ihre Schönheit wiederzugewinnen. Das ist ein guter Wunsch, eine gute Quelle der Nahrung. Das ist Bodhicitta, der Geist der Liebe. Und wenn Sie als Politikerin, Aktivist oder Unternehmerin diese Art guter Absicht, guten Willens haben, können Sie die Richtung, in die sich unsere Zivilisation bewegt, umkehren.

Es gibt Formen des Verlangens, die Ihren Körper und Ihren Geist zerstören. Und es gibt solche, die Ihnen viel Kraft geben können: eine tiefe Sehnsucht, ein Gelübde. Gerade als junger Mensch braucht man diese Art Nahrung. Natürlich haben wir unser eigenes Leid, aber sobald wir über eine starke Motivation verfügen, sind wir bereit, etwas zu tun. Wenn wir das Leiden in der Welt sehen, spüren wir, dass das Leiden in uns nicht das Wichtigste ist, und sofort geht es uns besser. Und deshalb ist diese Art Nahrung ist sehr wichtig.

Ein Verlangen dieser Art lässt Ihre Augen leuchten, Ihr Lächeln schöner und Ihre Schritte fester werden. Dieses starke Verlangen ist die Art Nahrung, die Sie brauchen. Und wenn wir als Gemeinschaft zusammenkommen und ein gemeinsames Ziel haben, gibt uns das die nötige Energie, um das zu verwirklichen, was wir verwirklichen wollen. Wir nehmen Zuflucht zu einer Gemeinschaft, nicht um unserer selbst willen, sondern um aller willen, denn allein werden wir nicht weit kommen.

Sie wissen, was zu tun ist. Sie müssten die Techniken der Achtsamkeit, Konzentration und Einsicht beherrschen, denn die junge Generation braucht Sie. Dafür sollten Sie sich Zeit nehmen. Jeder Augenblick gibt uns die Gelegenheit, uns zu üben, uns zu transformieren, uns darauf vorzubereiten, der Welt zu dienen. Wir haben keine Zeit an Dinge zu verschwenden, die nicht wirklich wichtig sind. Unser Weg ist sehr klar. Wir haben etwas zu tun. Und wir wissen, dass wir, wenn wir aktiv werden, dazu beitragen, das Leiden in der Welt zu verringern. Auch in meinem hohen Alter halte ich meine Inspiration noch lebendig. Ich bin immer noch jung im Geiste und möchte diese Energie an meine Schülerinnen und Schüler weitergeben. Werden Sie nicht geistig alt; bleiben Sie jung. Nehmen Sie die richtige Nahrung zu sich. Und bauen Sie mit anderen Gemeinschaften auf.

BODHISATTVA KSITIGARBHA

Jeder und jede Bodhisattva, jedes große Wesen, verfügt über eine überreiche innere Energiequelle. Wenn Sie sich noch nicht von einem tiefen Wunsch motiviert fühlen, sollten Sie schauen, ob Sie einen in sich finden. Sie können sich mit Ihrem Partner, mit Ihren Freundinnen über Ihre tiefsten Sehnsüchte austauschen und sie erkunden. Sind Sie ähnlich gelagert, wird das Ihre Beziehungen stärken. Wir sind hier, wir leben, und wir alle wollen etwas aus unserem Leben machen. Wir wollen, dass unser Leben nützlich ist, sinnvoll.

Es gibt einen Bodhisattva, dessen Name Ksitigarbha ist. Das Gelübde Ksitigarbhas ist es, an die Orte zu gehen, an denen es viel Leid gibt, um zu dienen und zu helfen. Überall auf unserem Planeten gibt es Höllen. Manchmal mag die Hölle in unserer eigenen Familie, unserer eigenen Gemeinschaft oder in dem Land, in dem wir leben, sein. Wir hassen einander, wir töten uns gegenseitig, wir benutzen Bomben und Gewehre, um uns gegenseitig zu töten. Wir gehören zur selben Familie, zur selben Nation, Gemeinschaft, Kultur, und doch machen wir uns gegenseitig das Leben zur Hölle. Ksitigarbha ist bereit, in diese Gebiete zu gehen und zu helfen. Es ist sehr schwierig. Man muss dafür frisch, muss geduldig und ausdauernd sein, muss mit Furchtlosigkeit bewaffnet sein. Und man kommt nicht, um zu beschuldigen, sondern um zu helfen, die Angst, Wut und Gewalt zu stoppen, um Verstehen und Mitgefühl zu zeigen und andere zu unterstützen, in ihren Herzen Verstehen und Mitgefühl zu erzeugen.

Es gibt viele Ärztinnen, Krankenpfleger und Sozialarbeiterinnen, die lebendige Ksitigarbhas sind. Sie melden sich freiwillig, um an gefährlichen, leidvollen Orten auf unserer Erde zu helfen. Der Bodhisattva Ksitigarbha ist also sehr real – er ist nicht nur eine Ikone. Viele junge Menschen wirken überall auf der Welt als Bodhisattva Ksitigarbha. Sie haben keine Angst vor dem Leiden, weil sie wissen, dass sie Linderung bringen können. Sie werden von einer starken Energie des Mitgefühls und ihres tiefen Wunsches beschützt.

Wir alle sollten Menschen unterstützen, die sich stark für andere engagieren, damit sie ihren tiefen Wunsch, ihre Motivation, nicht verlieren oder ausbrennen. Wir senden ihnen unsere Energie, die sie ermutigen soll. Nach sechs Monaten oder einem Jahr Engagement in sehr schwierigen Situationen kehren sie wieder nach Hause zurück und brauchen Nahrung und Heilung. Wir sind da, um uns um sie zu kümmern und unser Bestes zu tun, sie zu stärken, damit sie wieder hinausgehen können, um ein zweites oder drittes Mal zu helfen. Die Ksitigarbhas dieser Welt brauchen Hilfe. Sie brauchen eine Gemeinschaft, eine Sangha, damit sie noch lange Zeit weitermachen können.

In schwierigen Situationen müssen Sie den inneren Künstler, die Meditierende und die Kriegerin zu kultivieren wissen – die entschlossene und furchtlose Ausdauer von Ksitigarbha –, sodass Sie ausgeglichen und beständig für Menschen da sein können. Zeitweise sah es so aus, als würde der Krieg in Vietnam nie enden. Die Verzweiflung war vor allem unter jungen Menschen weit verbreitet. Ich erinnere mich, dass sie kamen und fragten: »Thay, wird jemals der Tag kommen, an dem der Krieg vorbei ist?« Es sah nicht so aus, als würde er jemals enden; er zog sich schon ewig hin. Da eine Antwort zu geben war sehr schwierig, aber nachdem ich ein- und ausgeatmet hatte, sagte ich: »Meine Freunde, wir wissen, dass alles vergänglich ist, und das gilt auch für den Krieg.«

Die Antwort auf diese Frage ist nicht so wichtig. Wichtig ist, in jeder Situation einen Weg zu finden, Mitgefühl, Ruhe und Klarheit zu kultivieren. Wenn diese lebendig bleiben, dann gibt es Hoffnung. Der schlimmste Feind ist die Verzweiflung. Wir müssen weiter hoffen. Unsere Praxis, zur Ruhe zu kommen, tief zu schauen und offen zu sein, nährt unsere Hoffnung. Und damit können wir eine Bewegung des Erwachens wachsen lassen, in Größe und Qualität. So viele Menschen sind bereit, sich für Frieden, für soziale Gerechtigkeit und den Schutz des Planeten einzusetzen. Wir sollten uns nicht allein fühlen. Die Versuchung, zu verzweifeln oder Gewalt anzuwenden, ist immer da. Aber wenn sowohl die Meditierende als auch der Künstler in uns lebendig sind, dann wird die Kriegerin genau wissen, in welche Richtung sie zu gehen hat.

IST ES ZEN, WENN MAN TRÄUMT?

Vielleicht denken Sie, Thay Nhat Hanh hat uns immer ermutigt, im gegenwärtigen Moment zu leben, und jetzt sagt er uns, wir sollten von der Zukunft träumen! Es mag ja ein schöner Traum sein, aber es ist trotzdem nur ein Traum.

Was ist unsere größte Hoffnung und unsere tiefste Sehnsucht, unser tiefstes Bestreben, wenn nicht ein Traum? Im Buddhismus ist die Bodhicitta-Energie, der Geist der Liebe, nicht nur ein Traum. Bodhicitta ist real, ist lebendige Energie, die uns Vertrauen und Hoffnung gibt. In jedem Augenblick unseres täglichen Lebens können unsere Träume Wirklichkeit werden. In den letzten Jahrzehnten meines Lebens gab es keinen Moment, das kann ich Ihnen versichern, in dem ich nicht erlebt habe, dass meine Träume wahr wurden. Unsere Träume *können* wahr werden. In der Tat werden sie *bereits* Wirklichkeit. Träume werden vielleicht nie zu hundert Prozent verwirklicht, aber sie können mit jedem Tag realer werden, so real, dass wir sie direkt im gegenwärtigen Moment berühren können.

Im Mahayana-Buddhismus gilt das Kultivieren einer tiefen Bestrebung als eine sehr wichtige Praxis. Um ein wahrer Bodhisattva zu werden, braucht man einen tiefen Wunsch, und zwar den, sich selbst zu transformieren und anderen zu helfen, dies ebenfalls zu tun. Sie *brauchen* einen starken inneren Wunsch. Und doch können Sie auch Absichtslosigkeit praktizieren (oder »ungeschäftig« sein, wie Meister Linji es nannte). »Absichtslosigkeit« bedeutet: »Setz dir nicht etwas vor die Nase und versuch, es zu erreichen.« Eine andere Art, es zu verstehen, ist folgende: Sie sind bereits das, was Sie werden wollen. Unterschätzen Sie sich nicht. In diesem Moment ist alles da. Sie brauchen nicht mehr zu suchen. Alles ist schon da. Alles, was Sie suchen – ob es Frieden,

Wohlbefinden, Glück oder Liebe ist –, ist schon da. Sie brauchen nicht mehr weiter zu suchen.

Der gegenwärtige Moment enthält die Vergangenheit und die Zukunft. Wenn Sie wissen, wie Sie Ihren Wunsch, Ihren Traum auf eine tiefe Weise in der Gegenwart leben können, dann berühren Sie die Ewigkeit. Im Buddhismus sollten Mittel und Ziel identisch sein. Es gibt keinen Weg, der zum Glück führt; der Weg selbst ist das Glück. Es gibt keine Praxis, die zu Heilung und Transformation führt; die Praxis selbst sollte Heilung und Transformation sein. Sie haben eine tiefe Aspiration, aber Sie können sich auch in »Absichtslosigkeit« üben. Das ist möglich.

Wagen Sie es zu träumen?

Für engagierte Meditierende ist die Energie ihres Bestrebens eines der wesentlichen Elemente ihres Pfades. Wir können uns fragen: »Wonach strebe ich in meinem Leben? Wie steht es um meine tiefe Sehnsucht, mein tiefes Bestreben?« Hat sich dieses ein wenig erschöpft, können wir es neu mit Leben erfüllen. Ist es immer noch eher eine vage Idee, können wir es klarer herausarbeiten. Sind wir diesem Bestreben in früheren Zeiten gefolgt, haben es aber mittlerweile fast verloren, müssen wir es uns zurückholen. Wenn die tiefe Sehnsucht in uns verschüttet ist, sollten wir nach einem Weg suchen, um sie wieder erfahrbar zu machen.

Fälschlicherweise glauben manche, dass die Akzeptanz und der Gleichmut, die wir in der Meditation erfahren können, zu einer Art gelassener oder kalter Gleichgültigkeit gegenüber dem Leiden in der Welt führt, aber das ist nur dann der Fall, wenn wir die Meditation benutzen, um die Wahrheit zu verbergen. Tatsächlich besteht die Kunst der Meditation darin, uns die Wahrheit und den vor uns liegenden Weg zu *enthüllen*. Sobald wir erkennen und verstehen, wie das Leiden in der Welt entstanden ist, können wir auch sehen, wie wir es transformieren können. Es gibt eine *Dynamik* im Weltverständnis von Meditierenden. Das Verstehen und Erkennen des Leidens führen zu Mitgefühl und dem tiefen Wunsch, das Leben zu schützen und zu nähren. Für uns Schülerinnen und Schüler des Bodhisattva-Weges ist unser Bestreben, unsere tiefe Sehnsucht, ein Samen der Vitalität, eine Lebenskraft für unsere Reise.

Es gibt einen Unterschied zwischen Bestreben und Ehrgeiz. Geld zu verdienen, Erfolg zu haben, Einfluss, eine wichtige Position oder einen gewissen Status zu erreichen sind nur äußere Merkmale, die uns die Gesellschaft zu verwirklichen vorschreibt. Vielleicht verlangt es uns auch danach, ohne dass uns dies so bewusst ist. Ein tiefer Wunsch reicht viel weiter als das. Dabei geht es darum, was wir in diesem Leben wirklich für die Welt tun wollen.

Ich erinnere mich, wie jemand zu mir als junger Journalistin sagte, dass ich, wenn ich weiterhin so hart arbeitete, eines Tages sicher Chefredakteurin würde. Das war ein großes Wort, und es klang beeindruckend. Die Worte kamen mir immer wieder in den Sinn: »Wenn Sie so weitermachen, werden Sie eines Tages …«

Damals pflegte ich vor dem Schlafengehen die Fünf Erinnerungen zu rezitieren: mich im Stillen, Atemzug für Atemzug daran zu erinnern, dass ich von Natur aus krank werde, alt werde, sterbe, getrennt werde von denen, die ich liebe, und es nichts gibt, was ich tun kann, um diesen Tatsachen zu entkommen. Die letzte Zeile ist die Erinnerung daran, dass ich nichts mitnehmen kann, wenn ich sterbe, dass meine Handlungen in Körper, Rede und Geist meine einzige Fortführung sind. Ich begann zu erkennen, dass das Sterben ein sehr privater Moment der Abrechnung ist. Ich werde es dann wissen wollen: Bin ich mir selbst treu geblieben? Habe ich mein Bestes getan, um gut zu leben, um das zu tun, was ich mit diesem einen, kostbaren Leben anfangen wollte?

Eines Tages wurde mir plötzlich klar, dass, wenn ich so weitermachte wie bisher, auf meinem Grabstein stehen würde: »Natasha Phillips, BBC-

Redakteurin«. Mir war sofort klar, dass ich das nicht wollte. Der nächste Gedanke war: »Ich würde lieber sterben, als das auf meinem Grabstein zu haben!«

Viele außergewöhnliche Menschen haben als BBC-Redakteure der Gesellschaft wunderbare Dinge geschenkt, aber ich erkannte, dass dies für mich nicht der richtige Weg war. Die nächste Erkenntnis war, dass, egal was auf dem Grabstein stünde, ich auf meinem Sterbebett vor allem mit meiner Beziehung zu mir selbst konfrontiert sein würde. Werde ich dann das getan haben, was für mich am wichtigsten war? Wie kann ich diese Chance nicht verraten, lebendig zu sein, zu heilen und zu verwandeln, und zwar nicht nur meinen eigenen Müll, sondern auch den meiner Vorfahren und meiner Kultur? Wie muss ich meine Minuten und Stunden leben, damit ich auf dem Sterbebett meinen Frieden finden kann? Es war ein neuer Boden, auf dem ich stand, um Entscheidungen für mein Leben zu treffen. Ich hatte ein tieferes Gefühl dafür bekommen, wie sich ein »gut gelebtes Leben« anfühlen könnte, und das gab mir Mut, einen weniger ausgetretenen Weg zu gehen.

Das Feuer hüten

Wenn wir uns darüber im Klaren sind, wie wir leben wollen, und unsere tiefe Sehnsucht nähren, kann dies ein starkes Mittel gegen unsere Verzweiflung sein. Ohne dies, sagt Thay, »werden wir verrückt«, wenn wir so viel Leid in der Welt sehen. Aber es ist nicht immer leicht, die Flamme am Leben zu erhalten.

In den ersten Jahren nach meiner Ordination als Nonne, war ich sehr aktiv, um Thay bei den engagierten Projekten der Gemeinschaft zu helfen. Aber ich hatte noch nicht gelernt, mein Gleichgewicht zu bewahren, und war irgendwann erschöpft und ausgelaugt. Da ging die Saat der Verzweiflung auf. Ich erkannte, dass ich mich neu orientieren musste, und bat die

Gemeinschaft, mich von der Computerarbeit und der Organisation freizustellen, um ein Jahr lang im Gemüsegarten zu arbeiten. Ich habe meine Kindheit auf dem Land auf einem Bauernhof verbracht, und es war tröstlich, wieder zu der Einfachheit und Ruhe des Erdreichs, des Komposts und des Grüns zurückzukehren. Aber der Kummer war immer noch da, und obwohl die Weichheit und Kühle der Erde heilend wirkten, verzogen sich die dunklen Wolken in meinem Herzen nur langsam.

Eines Tages brachte ein Mönch – Brother Spirit – mir eine Nachricht: »Thay bat mich, dir zu sagen, dass er möchte, dass du ein Retreat für Journalisten im nächsten Frühjahr organisierst.« Meine unmittelbare Reaktion war Frustration. Ich war Nonne geworden, um nicht mit Journalistinnen zusammen zu sein und um zu heilen. Mein Weg hatte gerade erst begonnen! Ich wollte mein Recht auf ein einfaches Leben einfordern, ein Leben in der Nähe der Natur und weit weg von Computern. Thay hatte uns gelehrt, wie wichtig es ist, im Gleichgewicht zu sein und unsere Grenzen zu erkennen. Also gab ich ihm die trotzige Antwort mit auf den Weg: »Nein! Sag Thay, dass die Arbeit am Computer im Moment zu anstrengend für mich ist. Ich kann Achtsamkeit viel besser im Garten praktizieren. Die Gemeinschaft hat mir bereits die Erlaubnis gegeben, ein Jahr lang im Garten zu arbeiten.« Brother Spirit übermittelte die Nachricht an Thay, der daraufhin lächelte. Mit einer Art grimmigem Vergnügen ließ er sein Zen-Schwert zum Einsatz kommen: »Es ist das Gleiche. Sag ihr, am Computer zu arbeiten oder Salat zu pflanzen ist das Gleiche.« Ich vernahm die Botschaft, widersprach und kehrte zu meinem Kompost zurück.

Eine Woche später hatte Brother Spirit eine neue Botschaft für mich. Er gab mir einen Entwurf von Thays Artikel »Vertrautes Gespräch mit Mutter Erde«, und sagte: »Thay bittet dich, ihn zu überarbeiten. Und er möchte, dass du für die Veröffentlichung eine Pressekonferenz organisierst.« Mein Starrsinn wollte Nein sagen, aber mein Herz sagte Ja. Also bat ich einige andere Mönche und Nonnen um Hilfe, und wir arbeiteten gemeinsam daran und veröffentlichten schließlich Thays wunderschönen

Beitrag als Buch, *Liebesbrief an die Erde**. Die Bedingungen für die Pressekonferenz waren noch nicht gegeben. Aber etwa zwei Jahre später konnten wir eine Veranstaltung über Achtsamkeit im *Dart Center for Journalism and Trauma* in New York organisieren. Es war ein intensives, lohnendes Event. Thays Pfeil war nicht weit vom Ziel entfernt gelandet; es hatte nur etwas gedauert, bis das Feuer entfacht war.

Die Heilung von Burn-out ist kompliziert, und jeder von uns muss dabei seinen eigenen Weg finden. Wir brauchen Zeit in der Natur, um dort in den gegenwärtigen Moment einzutauchen und die Wunder in uns aufzunehmen; wir brauchen Zeit mit den Menschen, die wir lieben und die uns wichtig sind, sowie Zeit, um uns um Körper und Geist zu kümmern und unsere Schmerzen, unser Bedauern und unseren Kummer zu heilen. Wir brauchen Schlaf, Zeit zum Weinen und Zeit zum Lachen. Aber was ich aus dieser Erfahrung mit Thay gelernt habe, ist, dass eines der wichtigsten Dinge, die wir tun können, darin besteht, das Feuer der Sehnsucht, unseres tiefen Bestrebens, am Leben zu erhalten; es ist unser wichtigster Treibstoff. Und wenn er schwächer wird, brauchen wir gute, nahe Freunde auf dem Weg und Mentorinnen, die uns helfen, in Bewegung zu bleiben, und uns daran erinnern, was uns im Leben am wichtigsten ist.

Eine meiner Mentorinnen beschrieb einmal »Aspiration« und »Achtsamkeit« als zwei Flügel eines wunderschönen Vogels, der hoch oben am Himmel durch einen Sturm fliegt. Wir brauchen beide Flügel, um den Winden zu trotzen. Wir brauchen das Feuer der Entschlossenheit, der Ausdauer und der Unerschrockenheit – die Qualitäten des Bodhisattva Ksitigarbha –, und wir brauchen auch die ausgleichende Kraft unseres achtsamen Atmens und Gehens, wir brauchen gutes Essen und guten Schlaf, Entspannung, Präsenz für uns selbst und Fürsorge für das, was in uns aufkommt, während wir durch unsere Arbeit dienen.

———————— T. D.

* Thich Nhat Hanh: Liebesbrief an die Erde, Nymphenburger Verlag, 2014

Aspiration oder »Wollen« ist eine der vier Nahrungen. Eine andere Art Nahrung ist das, was wir im Buddhismus »Sinneseindrücke« nennen – das, was wir hören, sehen, berühren und riechen. Wenn wir uns Filme und Fernsehserien anschauen, konsumieren wir. Wenn wir ins Internet gehen, konsumieren wir. Wenn wir ein Buch oder eine Zeitschrift lesen oder Musik hören, konsumieren wir. Selbst wenn wir ein Gespräch führen, konsumieren wir dieses Gespräch. Was eine andere Person sagt, kann voller Hass und Verzweiflung sein, und wenn wir das in unseren Körper und unseren Geist hineinlassen, kann das sehr giftig sein. Die Nachrichten können eine Menge Wut, Angst, Furcht und Hass enthalten.

Wir wollen etwas Aufregendes erleben und nehmen unser Telefon, unseren Laptop, ein Buch oder eine Zeitschrift zur Hand und erwarten, das dann zu bekommen. Wir suchen nach Bildern und Klängen, die uns von dem Unbehagen ablenken, das wir im gegenwärtigen Moment verspüren, und unser inneres Leiden überdecken. Wenn wir nach Stimuli greifen, dann nicht, weil wir diese Dinge wirklich *bräuchten*, sondern wir tun alles uns Mögliche, um uns selbst nicht begegnen zu müssen. Nach diesen Dingen können wir süchtig werden und dennoch nie die Art Erfüllung finden, die wir brauchen. Wir brauchen Liebe, wir brauchen Frieden, und nur weil wir noch nicht wissen, wie wir diese Liebe und diesen Frieden in uns selbst erzeugen können, suchen wir sie außerhalb unserer selbst.

Der Buddha riet uns, keine Angst davor zu haben, zu uns nach Hause zurückzukehren, zu atmen und achtsam zu gehen. Dadurch entwickeln wir die nötige Energie von Achtsamkeit, Konzentration, Einsicht und Mut, um uns der Einsamkeit und unseren inneren Leidens anzunehmen. Mit etwas Übung werden Sie Ihren

Geist zurück zu Ihrem Körper bringen, Körper und Geist wieder vereinen und Momente schaffen, die Ihnen Liebe und Freude schenken. Wenn Sie wirklich gegenwärtig sind, erkennen Sie beim Blick nach draußen, dass es regnet, und das ist wunderbar; die Bäume sind da, und sie sind wunderschön; die Luft ist erstaunlich frisch. Beim Ein- und Ausatmen begegnen Sie den Wundern des gegenwärtigen Augenblicks.

Ich erinnere mich, dass ich in den frühen 1970er-Jahren die vietnamesische buddhistische Friedensdelegation bei den Pariser Friedensgesprächen vertrat. Es gab so viele Dinge, über die wir uns Sorgen machen mussten. Tagtäglich fielen die Bomben, und sehr viele Menschen kamen um. Gedanklich war ich sehr damit beschäftigt, wie wir den Krieg, wie wir das Töten beenden konnten. Ich hatte keine Zeit, mit den Wundern des Lebens in Berührung zu kommen, die so erfrischend und heilend sind. Und so bekam ich nicht die Nährstoffe, die ich brauchte. Schwester Chan Khong war Teil der Delegation, die mir zur Seite stand, und eines Tages bereitete sie einen Korb mit frischen, duftenden Kräutern vor. In Vietnam werden bei jeder Mahlzeit frische Kräuter serviert. Ich habe gestaunt. Ich hatte keine mehr Zeit gehabt, an Dinge wie duftende Kräuter und die Wunder des Lebens zu denken. Dieser Moment hat mich viel gelehrt: dass ich nicht in Arbeit ertrinken und mich ganz von ihr vereinnahmen lassen darf. Ich sollte mir Zeit zum Leben nehmen, um in Berührung zu kommen mit den erfrischenden und heilenden Elementen in mir und um mich herum. An diesem Tag fand ich mein Gleichgewicht wieder, dank eines Tellers voller duftender Kräuter, den mir Schwester Chan Khong gereicht hatte.

Sind wir sozial oder ökologisch sehr engagiert und aktiv, wollen wir in unseren Bemühungen, der Welt zu helfen, erfolgreich sein, aber wenn wir kein Gleichgewicht zwischen unserer Arbeit und unserer Selbstfürsorge halten, werden wir nicht sehr weit kommen. Deshalb üben wir Gehmeditation, achtsames Atmen und suchen für unser Überleben den Kontakt mit den erfrischenden und heilenden Elementen in und um uns herum.

DER PFAD DER HELDEN

Warten Sie nicht bis morgen, um sich von Ihren Leiden zu befreien. Das müssen Sie heute angehen. Manchmal zögern wir, und wir bleiben Monat für Monat, Jahr für Jahr in unseren Schwierigkeiten stecken und können uns nicht von ihnen befreien. Unsere innere Kriegerin will wirklich frei sein, der Meditierende in uns will die Situation transzendieren, und doch lassen wir zu, dass unser Leiden uns immer wieder runterzieht. Wir wollen der Situation ein Ende setzen, aber die Kriegerin in uns wird nicht aktiv, und deshalb fühlt sich der Meditierende in uns weiter gefangen.

Wann immer wir uns nach etwas sehnen – sei es nach bestimmten Nahrungsmitteln, nach Alkohol oder Sinnesfreuden –, werden wir leicht ein Opfer unseres Verlangens und verlieren unsere Freiheit. Die Objekte unseres Verlangens erscheinen uns überaus verlockend, aber sie haben einen verborgenen »Haken«, in dem wir uns verfangen. Der Ausweg besteht darin, den Haken zu erkennen und sich dadurch selbst zu befreien. Die Kriegerin benutzt das Schwert der Einsicht, um alle Leiden und Begierden zu durchschneiden, und sie muss es jetzt tun. Die Kriegerin erklärt: »Ich kann nicht warten. Ich muss frei sein.«

Was auch immer es ist, was Sie in Versuchung führt oder die Kontrolle über Ihr Leben übernommen hat, welche Gewohnheit auch immer es ist, die Sie leiden lässt – nehmen Sie das Schwert der Weisheit, um sich zu befreien. Genau jetzt, heute, sofort sollten Sie den Entschluss fassen, diese Richtung nicht mehr weiterzuverfolgen. Jetzt oder nie. Geben Sie Ihrer inneren Kriegerin die Chance, aktiv zu werden, das Schwert zu zücken und Sie zu befreien. Nicht heute Abend, nicht morgen, sondern genau in diesem Augenblick.

Wenn Sie Frieden wollen, wird der Frieden sofort da sein. Sie erklären dem Objekt Ihrer Begierde: »Ich will frei sein. Ich lehne es ab, abhängig zu sein. Ich lehne es ab, ein Sklave zu sein.« Sie wollen frei sein. Sie wollen Frieden. Die Frage ist nur, ob Sie es stark genug wollen. Das ist der Schlüssel. Wenn Sie noch nicht frei sind, wenn Sie die Freiheit, den Frieden und die Heilung, die Sie suchen, noch nicht haben, dann liegt das an Ihrem zu schwachen Wollen. Sie müssen es tatsächlich so sehr wollen, als hinge Ihr Leben davon ab. Ihre Entschlossenheit, frei zu sein, erwächst aus Ihrem Erwachen. Sie erkennen, dass Sie schon zu lange leiden. Es reicht Ihnen. Sie wollen da raus. Sie wollen nicht auch nur einen Tag so weitermachen. Das ist das Erwachen. Und von diesem Ort des Erwachens aus beschließen Sie, frei zu sein.

WOHIN LÄUFT IHR PFERD?

Es gibt eine Zen-Geschichte über einen Mann auf einem schnell galoppierenden Pferd. An einer Kreuzung rief ihm ein Freund zu: »Wohin reitest du? »Und der Mann antwortete: »Ich weiß es nicht. Frag das Pferd!« Das ist die gegenwärtige Situation der Menschheit: In unserer Zeit ist dieses Pferd die Technologie. Sie reißt uns mit sich und ist außer Kontrolle geraten. Zu Beginn hatte Google das Motto »Don't be evil«, »Sei nicht böse«. Ist das realistisch? Ist es möglich? Kann man eine Menge Geld verdienen, ohne böse zu sein? Das ist es, was sie versuchen, aber bisher nicht sehr erfolgreich. Die Technologie entfremdet uns von uns selbst, von unserer Familie und auch von der Natur. Dabei hat die Natur die Kraft, zu heilen und zu nähren. Aber wir verbringen so viel Zeit vor unserem Computer, dass wir nicht mehr für uns selbst da sind, für unsere Familie oder Mutter Erde. Die Menschheit geht in die verkehrte Richtung. Die Art und Weise, wie wir zu Geld kommen, tötet vielleicht niemanden, raubt vielleicht niemanden aus, aber sie kostet uns unser Leben, unser Glück und das Leben und Glück unserer Lieben und Mutter Erde.

Der Markt nutzt die Technologie, um unsere Wünsche zu befriedigen und die Erde weiter auszubeuten, statt dass wir die Erkenntnisse der Wissenschaft und Technologie nutzen, um den Planeten zu retten. Das Problem ist, dass wir die Technologie hauptsächlich zur Befriedigung unserer Gelüste nutzen und uns damit aus dem gegenwärtigen Moment herausziehen. Wir haben genügend Technologie, um uns und die Erde zu retten, aber die Bereitschaft, sie dafür einzusetzen, ist noch nicht da. Die Frage ist: Wie kann die Technologie zu einer Kraft der Integration und nicht der Zerstörung werden? Wie können sich Technologieunternehmen so erneuern, dass sie sich gut um ihre Mitarbeiterinnen und Mitarbeiter kümmern, dass sie den Menschen helfen, für sich Sorge zu tragen, und dass sie sich für die Erde einsetzen?

ACHTEN SIE AUF DIE BLOCKADE

Wir können unser »Speicherbewusstsein« als eine Art Keller betrachten und das »Geist-Bewusstsein« als das Wohnzimmer. Wir haben die Tendenz, alles, was uns nicht gefällt, in den Keller zu stellen; im Wohnzimmer soll es schön aussehen. Das Gleiche gilt für unser Leiden. Aber unser massives inneres Leiden will nicht im Keller bleiben, und wenn es zu stark wird, stößt es die Tür auf und lässt sich, auch ohne unsere Einladung, im Wohnzimmer nieder. Das geschieht vor allem in der Nacht, wenn wir keine Kontrollmöglichkeiten haben.

Auch tagsüber können Gewalt, Begierde, Hass und Wut hartnäckig nach oben drängen, weil Sie ihnen durch die Art und Weise Ihres Konsums erlaubt haben, zu wachsen und stärker zu werden. Sie verschließen die Tür. Sie errichten eine Art Blockade zwischen Wohnzimmer und Keller und drängen das, was dort unten ist, zurück. Und wie tun Sie das? Sie stopfen Ihr Bewusstsein mit Konsum voll. Sie fühlen sich unwohl, unruhig, spüren, dass da etwas hochkommen will, also schalten Sie Musik ein, greifen zum Telefon schalten den Fernseher ein, gehen aus. Sie tun alles, um das Wohnzimmer vollzustopfen, damit diese massiven Formen von Schmerz keinen Platz mehr finden können.

Aber viele der Dinge, die wir in solchen Momenten konsumieren, sind ebenfalls sehr toxisch, und während man sie zu sich nimmt, tröpfelt das Gift von Gier, Hass und Gewalt in das Speicherbewusstsein und vergrößert das Leiden nur noch mehr. Dies ist eine sehr gefährliche Situation. Der erste Schritt liegt also darin, diese Samen nicht mehr zu gießen, um ihr weiteres Wachstum zu verhindern. Mit Ihren Lieben, Ihren Freundinnen und Bekannten sollten Sie eine Strategie des achtsamen Konsumierens entwickeln um einander zu unterstützen und zu schützen.

Nehmen wir Depressionen. Depressionen kommen nicht von selbst und aus dem Nichts. Wenn wir tief in eine Depression hineinschauen, werden wir ihre Wurzeln erkennen. Auch eine Depression braucht Nahrung, um am Leben zu bleiben. Und so müssen wir in den vergangenen Monaten in einer Weise gelebt und konsumiert haben, die eine Depression im gegenwärtigen Moment möglich macht. Vielleicht haben wir unser Leiden durch unsere Art zu konsumieren unterdrückt und so für eine schlechte Zirkulation in unserem Bewusstsein gesorgt. Mit Achtsamkeit reagieren Sie anders. Sie lassen den Schmerz zu, erkennen und umarmen ihn zärtlich und schauen tief in ihn hinein. Sie umarmen ihn mit der Energie der Achtsamkeit, der Konzentration und des Mitgefühls, und so wird der Schmerz nachlassen und etwas von seiner Kraft verlieren. Und wenn er das nächste Mal auftaucht, lassen Sie ihn zu, weil Sie wissen, wie Sie damit umgehen können. Nach ein paar Wochen Übung herrscht in Ihrem Bewusstsein wieder eine gute Zirkulation. Die Praxis der Achtsamkeit kann sehr heilsam sein.

Die Strategie eines Kriegers, um den Geist zu schützen

Das Konzept, das Thay hier vorschlägt, ist relativ einfach: Wir sollten beginnen, alles, was wir lesen, sehen und hören, als Nahrung zu betrachten. Der schwierige Teil besteht darin, unsere Gewohnheiten zu verändern, die auch die Gewohnheiten unserer Kultur, unserer Vorfahren und unserer Zivilisation sind. Achtsamkeit gibt uns die Chance, wachsam und aufmerksam zu sein und zu spüren, wie unser Körper und Geist auf den Input reagieren. Wie fühlen wir uns beim Internetsurfen, und wie fühlen wir uns danach? Wie fühlen wir uns bei den Filmen oder Serien, die wir gerade sehen, vor allem unmittelbar danach? Wie sind unsere Eindrücke? Haben sie Spannung, Angst, Aufregung und Einsamkeit in uns ausgelöst? Oder Freude, Erfüllung, Verbundenheit und Verständnis?

Bildschirme bieten uns viele gute Dinge: Lachen, Inspiration, Bildung, Unterhaltung. Fernsehen, Filme und so weiter sind nicht per se schlecht; sie haben auch ihr Gutes. Die Herausforderung besteht für uns darin, nicht in ihnen zu ertrinken. In Plum Village haben wir während unserer klösterlichen Retreats einen Filmabend. Und im Sommer haben wir schon zusammen mit Hunderten von Menschen das Endspiel der Fußballweltmeisterschaft angesehen – in der Meditationshalle.

Hier gibt es nichts Absolutes, kein »Richtig« oder »Falsch« – achtsamer Konsum ist eine Kunst. Es geht um den Inhalt: Ist das, was wir zu uns nehmen, durch Angst, Gewalt oder Wut verschmutzt? Es geht um Zeit: Wie viel ist genug? Und es geht darum, was uns unsere Bildschirme und Kopfhörer wegnehmen: die Gegenwart eines geliebten Menschen, Zeit in der Natur oder einfach die Chance, für uns selbst und die Gefühle, die in uns hochkommen, da zu sein. Das ist individuell sehr verschieden. Aber je stärker unsere Praxis der Achtsamkeit wird, desto klarer ist unsere Sicht und über desto mehr freien Willen und Optionen verfügen wir. Und je mehr wir lernen, mit den akutesten und schwierigsten Gefühlen umzugehen, desto weniger Angst haben wir vor dem, was uns in uns selbst begegnet, sobald wir den Bildschirm ausschalten.

Es ist nicht einfach, die Kontrolle zu übernehmen und frei in der Wahl dessen zu sein, was wir in unseren Kopf lassen: Es gibt ausgeklügelte Algorithmen und Supercomputer, die genau darauf angelegt sind, unsere Vorlieben auszunutzen und von unserer Aufmerksamkeit zu profitieren. 2013 begleiteten einige von uns Mönchen und Nonnen Thay, als er sich mit leitenden Angestellten und Ingenieurinnen in einem Sitzungssaal des Google-Hauptquartiers im kalifornischen Mountain View traf.

Thay hielt vor Hunderten von Mitarbeitern einen Vortrag darüber, wie wichtig es ist, die Art von Apps und Geräten zu entwickeln, die uns aktiv dabei helfen können, weniger zu leiden und uns um unseren Körper, unsere Gefühle und Beziehungen zu kümmern. Die Ingenieure stellten ihm dazu Fragen. Sie wollten wissen, was Thay tun würde, wenn er an ihrer Stelle wäre; sie wollten wissen, wo dabei die ethischen Grenzen zu ziehen sind.

Thay hörte sich ihre Anliegen genau an. Er war geduldig und achtsam, großzügig und ermutigend, aber auch entschieden: Wenn wir helfen können, Leiden zu verringern, sollten wir es tun. Einer der Ingenieure, der an diesem

Tag dabei war, gründete später das Zentrum für Humane Technology, eine Nichtregierungsorganisation, die sich für eine digitale Welt einsetzt, in der das menschliche Wohlbefinden gefördert und nicht die menschliche Schwäche ausgenutzt wird. Individuell und kollektiv liegt es an uns, einer digitalen Zukunft Widerstand zu leisten, die – ohne dass wir es überhaupt bemerken – unsere Aufmerksamkeit zu Geld macht, uns in unseren Ansichten radikalisiert und eine Ökonomie von Clickbait und Verlangen anheizt.

Die Frage ist: wie? Wir brauchen eine Strategie: Wir sollten entscheiden, wie viele Stunden pro Woche wir Filme und Fernsehen schauen, Spiele spielen, Nachrichten lesen oder in den sozialen Medien surfen. Oder ob wir Apps und Blocker nutzen, die uns helfen, unsere Aufmerksamkeit zu bewahren, damit wir unsere Vorsätze einhalten. Können wir mit uns vereinbaren, unser Handy wegzulegen, wenn wir mit uns lieben Menschen zusammen sind oder unser Telefon nicht mit in unser Schlafzimmer zu nehmen? Das sind leichte Entscheidungen, und doch sind sie nicht einfach. Selbstbeherrschung beginnt im Kleinen.

Wir brauchen auch einen Plan, wie wir uns um unseren Geist kümmern, wenn wir nicht konsumieren. Wie gehen wir mit unserer Einsamkeit, unserem Kummer oder unserer Verzweiflung um? Wie nähren wir Freude und Verbundenheit? Wie entspannen wir uns? Ich habe meine eigene kurze Liste für das, was funktioniert. Wenn Kummer in mir hochkommt, gehe ich, wenn möglich, nach draußen und bringe meine volle Aufmerksamkeit zum gegenwärtigen Moment – zu den Klängen, dem Sichtbaren, den Gerüchen, den Geschmäcken – und berühre die Wunder dessen, was wir leben nennen.

Wenn ich unruhig oder ängstlich bin, spüre ich das in meinen Knochen und nehme mir ein paar Minuten Zeit für eine Bodyscan-Entspannung, entweder im Sitzen oder Liegen. Regt sich Wut in mir, versuche ich so schnell wie möglich einen Spaziergang zu machen. Mitgefühl zu erzeugen hilft – es wirkt am effektivsten gegen Wut. Und manchmal können wir direkt hinter unserer Wut den versteckten Schmerz und die Angst finden, die in der Nanosekunde direkt zuvor ausgelöst wurden, und wir können uns darum kümmern.

Bei einem verärgerten Gemütszustand, der sich einfach nicht bessern will, übe ich mich darin, »den Kanal zu wechseln«, die Spur zu wechseln, das Thema zu wechseln und mich etwas Positiverem zu widmen. Das nennt man im Buddhismus das Kultivieren von »angemessener Aufmerksamkeit«. Manchmal ist das Objekt unserer Aufmerksamkeit zu wechseln das Beste, was wir tun können, um unser Gleichgewicht wiederzugewinnen; zu anderen Zeiten kann das aber auch Vermeidung oder Eskapismus sein. Der Trick, die Kunst, besteht darin, herauszufinden, was unser Geist jeweils braucht – was am gesündesten wäre –, in jedem Moment oder Kontext.

Ich habe auch gelernt, die Bedeutung von guten Freundinnen und Freunden nie zu unterschätzen: Menschen, mit denen man einfach entspannt zusammen sein, reden, lachen, spielen und weinen kann. Durch die Pandemie wurde diese wichtige Ressource noch knapper und wertvoller. Allein das Zusammensein mit anderen Menschen kann eine tiefe und erfüllende Quelle der Nahrung sein, und dieses »kollektive Bewusstsein« ist die nächste der vier Nahrungen im Buddhismus.

——— T. D.

KOLLEKTIVES BEWUSSTSEIN IST NAHRUNG

Es gibt also die Nahrung des »Wollens« und die Nahrung der »Sinneseindrücke«. Und die dritte Art Nahrung, die der Buddha erwähnt, ist das *Bewusstsein*. Wir können von *individuellem* Bewusstsein und von *kollektivem* Bewusstsein sprechen. Das Individuelle besteht aus dem Kollektiven, und das Kollektive besteht aus dem Individuellen; sie sind miteinander wechselseitig verbunden und durchdringen einander, sie intersind. Unser individuelles Bewusstsein spiegelt das kollektive. Zum Beispiel erleben wir Angst und Wut individuell, aber sie spiegeln auch gesellschaftliche Ängste und Wut. Oder nehmen wir an, Sie finden etwas schön. Sie tun das nicht, weil es an sich schön ist, sondern weil es vom kollektiven Bewusstsein als schön angesehen wird. Das individuelle Bewusstsein und das kollektive Bewusstsein, das wir täglich konsumieren, sind *sehr real*.

Gedanken, Gefühle und Geisteszustände können wir als eine Art Nahrung betrachten, die in unseren Körper und Geist gelangt. Wenn wir uns traurig oder schlecht fühlen und wir – wie Wiederkäuer – wieder und wieder darauf herumkauen, kann das Bewusstsein zu einer ungesunden Art Nahrung werden. Aber mit der Energie der Achtsamkeit können wir uns darin üben, unserem Denken mit angemessener Aufmerksamkeit zu begegnen, und zwar so, dass dies zu Verstehen, Mitgefühl und Freiheit führt. Wir können wählen, *wann* es angemessen ist, unsere Aufmerksamkeit auf verschiedene Arten des Denkens zu lenken. Unser Bewusstsein ist eine Quelle der Nahrung, und mit Achtsamkeit können wir die Art Nahrung wählen, von der wir wissen, dass sie uns guttut und uns zu wachsen hilft. Wirkt eine Freundin gedankenverloren und schaut sie ängstlich oder traurig, wissen wir, dass sie vielleicht aus ihren Gedankenschleifen oder ihren Gefühlen von Schmerz und Kummer nicht mehr herausfindet. Sie betreibt eine »unangemessene Aufmerksamkeit«. In solchen Momenten müssen wir helfen. Wir legen unserer Freundin die Hand auf die Schulter und sagen: »Ich würde doch zu gern wissen, was du gerade denkst! Es ist ein schöner Tag. Lass uns einen Spaziergang machen.« Wir helfen unserer Freundin, sich von dem Konsum ungesunder Bewusstseinsnahrung zurückzuziehen. Wir lassen sie nicht einfach grübelnd dasitzen. Die Atmosphäre positiver, freundschaftlicher kollektiver Energie ist sehr ansteckend, nährend und transformativ.

Das Gleiche gilt auch für negative Energien im kollektiven Bewusstsein. Kollektiv erlebte Angst und Wut können extrem gefährlich und ansteckend sein. Deshalb ist es sehr wichtig, sich eine Umgebung zu wählen, in der Sie von einem gesunden, klaren kollektiven Bewusstsein beeinflusst werden. Viele von uns lassen sich vom Denken in ihrem Umfeld beeinflussen. Während des Irak-Krieges im Jahr 2004 glaubten beispielsweise 80 Prozent der US-Amerikaner, dass der Krieg gerecht wäre, während in Großbritannien nur 35 Prozent dieser Meinung waren. Ein ganzes Land kann sich also auf eine Vorstellung, eine Idee, ein Gefühl festlegen. Die Massenmedien, der militärisch-industrielle Komplex, all diese Elemente können zu einer Art Gefängnis für uns werden, sodass wir alle dasselbe denken, wahrnehmen und ähnlich handeln.

Wer kann uns helfen, aus diesem Gefängnis der Ansichten und Gefühle herauszukommen, dem Gefängnis des kollektiven Bewusstseins? Sie können das. Sie sollten Ihre *eigenen* Einsichten entwickeln, ob als Künstler, Schriftstellerin, Journalist, Filmemacherin, Aktivist oder Meditierende. Sie helfen Ihrem inneren Buddha, sich zu manifestieren, und Sie drücken sich aus im Licht der Wahrheit. Und selbst wenn die Mehrheit die Wahrheit anders sieht als Sie, so sind Sie mutig genug, weiterzumachen. Auch eine Minderheit, die die Wahrheit kennt, kann die ganze Situation verändern.

GEWALTLOSIGKEIT BEIM ESSEN

Die vierte Art Nahrung, über die der Buddha sprach, ist das Essen: Frühstück, Mittagessen und Abendessen – alles, was wir über den Mund zu uns nehmen. Was wir essen, ist sehr wichtig. »Sag mir, *was* du isst, und ich sage dir, wer du bist. Sag mir, *wo* du isst, und ich sage dir, wer du bist.«

Dem Buddha zufolge sollten wir so essen, dass wir dabei unser Mitgefühl lebendig halten. Laut UNICEF sterben jedes Jahr drei Millionen Kinder an Hunger und Unterernährung. Sie sind unsere eigenen Söhne und Töchter. Wenn wir zu viel essen, ist es so, als würden wir sie essen. Unsere Art zu essen und Nahrung zu produzieren kann sehr gewalttätig sein. Wir essen unsere Kinder; wir essen unsere Nachkommen. Wir essen die Erde leer.

Durch Achtsamkeit können wir uns all dessen bewusst werden. Die Fleischindustrie hat unseren Planeten verwüstet. Die Wälder werden zerstört, um Weideland für Rinder zu schaffen oder Getreide anzubauen, um sie zu füttern. Allein die Rinder verbrauchen weltweit eine Nahrungsmittelmenge, die dem Kalorienbedarf von 8,7 Milliarden Menschen entspricht. Hundertmal mehr Wasser wird für die Produktion eines einzigen Pfunds Fleisch benötigt als für ein Pfund Getreide.

Es besteht ein dringender Handlungsbedarf auf individueller und kollektiver Ebene. Der Verzicht auf Fleisch ist ein wirk samer Weg, um das Überleben unseres Planeten zu unterstützen. Durch vegetarische Ernährung können Sie zum Erhalt von Wasservorräten beitragen, die Umweltverschmutzung reduzieren, die Abholzung von Wäldern verhindern und die Tierwelt vor dem Aussterben bewahren. Wenn wir aufhören zu konsumieren, werden sie aufhören zu produzieren.

Ihr Gewahrsein für das Leiden wird Ihre Entschlossenheit stärken, gewaltfrei zu konsumieren – niemand muss Sie dazu zwingen. Sie tun es aus Bewusstheit, Achtsamkeit und Mitgefühl. Sie zeigen so der Erde Ihre Liebe und Dankbarkeit. Und es wird Ihnen sofort Frieden, Freude und Glück schenken. Unser tägliches Leben muss Ausdruck unseres Erwachens sein. Nur wenn wir achtsam konsumieren, können wir unser Mitgefühl lebendig erhalten und die Zukunft unseres Planeten sicherstellen.

Schätzen Sie sich glücklich, wenn Sie sich vegetarisch ernähren, und tun Sie das, ohne zu urteilen und bewerten. Bleiben Sie tolerant; zwingen Sie anderen nicht Ihre Ideen auf. Lassen Sie andere sie selbst sein. Sie sollten nicht zu viel Worte darum machen, sondern einfach andere einladen, leckere vegetarische Gerichte mit Ihnen zu genießen. Es wird immer Menschen geben, die weiterhin Fleisch essen oder viel Alkohol trinken, aber wir brauchen als Ausgleich 50 Prozent der Menschheit, die sich freiwillig anders ernährt. Das Essen ist nur ein Teil der Praxis, und wenn andere Ihren Frieden, Ihre Freude und Ihre Toleranz sehen, werden sie auch allmählich eine gewaltfreie Art des Essens schätzen lernen. Wenn in unserer Gesellschaft mehr und mehr achtsames Konsumieren praktiziert wird, werden wir in der Lage sein, uns selbst zu heilen, unsere Gesellschaft zu heilen und auch den Planeten zu heilen.

In der buddhistischen Tradition gibt es einen Vers, der jeden Mönch, jede Nonne daran erinnert, in ihren Interaktionen mit der Welt so sanft und achtsam zu sein wie eine Biene, die eine Blume besucht. Bienen ernähren sich vom süßen Nektar der Blüte, ohne jedoch deren Duft und Schönheit zu zerstören. Wir sind alle Kinder der Erde, und wir können das Beste aus der Erde machen und von ihrer Schönheit profitieren, aber in einer die Erde respektierenden Weise, so wie eine Biene die Blume respektiert.

Auch Geschäftsleute und Politiker sollten darüber nachdenken, denn wir haben die Erde zerstört, wir haben die Blumen, die Gewässer und die Berge mit unserer Gier zerstört. Wir sollten uns nur das nehmen, was wir wirklich brauchen, und uns so verhalten, dass die Schönheit und das Blühen des Planeten intakt bleiben. Die Lehren über die vier Nahrungen helfen uns zu verstehen, wie wir nicht länger uns selbst, unsere Gemeinschaft oder unseren Planeten zerstören, sondern uns und unsere Umwelt nähren und schützen.

Die Kunst des Nährens und Heilens erlernen

Durch Mut und eine radikale Ehrlichkeit erkennen wir die Auswirkungen unserer Art zu konsumieren auf uns selbst und unseren Planeten. Ist das Tempo unseres wirtschaftlichen Wachstums nachhaltig? Bin ich Herr oder Herrin meiner Aufmerksamkeit? Was ist der tatsächliche Preis eines billigen T-Shirts, Glases Schnaps oder Pfunds Rindfleisch? Die Wahrheit mag schmerzhaft sein, aber sie vermag uns aufzuwecken. Dann können wir unsere Gewohnheiten ändern und neue Wege finden, unser tiefstes Anliegen aufrechtzuerhalten und für gesunden Treibstoff für unseren Körper und Geist zu sorgen.

Wir brauchen die Entschlossenheit und Stärke eines Kriegers, um uns durchzusetzen und unsere Freiheit einzufordern, aber wir brauchen auch die Geduld und Freundlichkeit einer Meditierenden und die Offenheit, Toleranz und Kreativität eines Künstlers. Wie Thay sagt: »Macht aus euch kein Schlachtfeld!« Die Welt braucht nicht noch mehr Fanatiker. Eine schwer veränderbare Gewohnheit ist uns wahrscheinlich über mehrere Generationen hinweg vererbt oder von der Gesellschaft, der Kultur und unserer Umgebung an uns weitergegeben worden. Wir können eine Menge über uns selbst und unsere Vorfahren erfahren, wenn wir beginnen, unsere Entscheidungen an unseren Werten auszurichten.

Auf der folgenden Seite finden Sie die nächste der Fünf Achtsamkeitsübungen, die Thay formuliert hat, um uns auf unserer Reise zu einer achtsameren Art des Konsumierens anzuleiten. Möglicherweise erscheint sie ihnen recht konfrontativ oder herausfordernd. Wenn das so ist, ist das in Ordnung. Der Text ist provokativ gemeint, so wie die Frage des Zen-Meisters: »Bist du sicher?« Nehmen Sie sich Zeit für den Text, und nehmen Sie wahr, inwiefern er Sie anspricht oder eher herausfordert. Jede Lektüre kann eine andere Reaktion hervorrufen. Welche Einsichten, Fragen oder Reaktionen löst der Text heute in Ihnen aus?

—— T. D.

DIE ACHTSAMKEITSÜBUNG ÜBER NAHRUNG UND HEILUNG

Im Bewusstsein des Leidens, das durch unachtsamen Konsum entsteht, bin ich entschlossen, auf körperliche und geistige Gesundheit für mich selbst, meine Familie und meine Gesellschaft zu achten, indem ich achtsames Essen, Trinken und Konsumieren praktiziere. Ich werde mich darin üben, tief zu schauen, um meinen Konsum und meinen Umgang mit den vier Arten von Nahrung – Essbarem, Sinneseindrücken, Willenskraft und Bewusstsein – zu erkennen. Ich bin entschlossen, weder Alkohol noch Drogen oder andere Dinge zu benutzen, die Gifte enthalten, wie zum Beispiel bestimmte Internetseiten, Glücksspiele, elektronische Spiele, Fernsehsendungen, Filme, Zeitschriften, Bücher oder Gespräche. Ich werde mich darin üben, zum gegenwärtigen Augenblick zurückzukommen, um mit den erfrischenden, heilenden und nährenden Elementen in mir und um mich herum in Berührung zu sein. So lasse ich mich weder von Bedauern und Kummer in die Vergangenheit ziehen noch von Sorgen, Angst oder Begierden aus dem gegenwärtigen Augenblick bringen. Ich bin entschlossen, nicht zu versuchen, Einsamkeit, Angst oder anderes Leiden zu überdecken, indem ich mich im Konsum verliere. Ich werde das Intersein tief betrachten und auf eine Weise konsumieren, die Frieden, Freude und Wohlergehen sowohl in meinem Körper und Bewusstsein als auch im kollektiven Körper und Bewusstsein meiner Familie, meiner Gesellschaft und unserer Erde bewahrt.

MUT IM DIALOG: DIE KRAFT DES ZUHÖRENS

IN EINEM ECHTEN DIALOG SIND BEIDE SEITEN BEREIT, SICH ZU ÄNDERN.

Wenn man den Planeten retten und die Gesellschaft verändern will, braucht man Brüderlichkeit und Schwesterlichkeit; man braucht Zusammengehörigkeit. Wann immer wir über die Umwelt oder über Frieden und soziale Gerechtigkeit sprechen, reden wir gewöhnlich von gewaltfreien Aktionen oder technologischen Lösungen und vergessen dabei, dass ein entscheidender Faktor die Zusammenarbeit ist. Ohne sie können wir nichts tun; wir können unseren Planeten nicht retten. Technische Lösungen müssen durch ein Miteinander, durch Verstehen und Mitgefühl unterstützt werden.

Um zusammenzuarbeiten, sollten wir wissen, wie wir zuhören und mit Geschick sprechen, wie wir eine abgebrochene Kommunikation wieder in Gang setzen und unseren Austausch erleichtern können, damit wir imstande sind, uns mit uns selbst und anderen zu verständigen. Wir mögen viel guten Willen haben, um zusammenzukommen, die Situation zu analysieren, Pläne zu machen und Maßnahmen zu ergreifen. Aber wenn wir uns nicht einigen können, wenn wir nur miteinander streiten, wird unsere Organisation zerfallen. Wissen wir uns nicht gegenseitig zu helfen oder zuzuhören, werden wir wütend und spalten uns.

Die Wiederherstellung der Kommunikation ist eine dringliche Aufgabe. Eine gute Kommunikation ermöglicht Harmonie, Verständnis und Mitgefühl zwischen Einzelnen, verschiedenen Gruppen und sogar Nationen. Unsere Regierungsvertreter müssen sich über die Gefahr austauschen, die unserem Planeten droht. Für gegnerische Parteien ist die Praxis des tiefen Zuhörens und des geschickten, mitfühlenden Sprechens so wichtig, um Einsichten und Ideen auszutauschen und echte verständnisvolle menschliche Beziehungen herzustellen. Politische Führungspersönlichkeiten und Regierungsverantwortliche müssen sich in der Kunst des tiefen Zuhörens üben: Sie müssen dem eigenen Volk zuhören, dem Leiden in ihrem eigenen Land und dem Leiden anderer Nationen. Viele Menschen haben das Gefühl, dass ihr Leid nicht gehört und verstanden wird. Unsere Gesellschaften sind tief gespalten. Wir bringen uns gegenseitig um, und es gibt Angst, Wut, Diskriminierung und Verzweiflung, weil wir – als Menschheit – nicht genügend miteinander kommunizieren. Wir bringen nicht nur *andere* Arten um, sondern wir töten uns auch selbst als Spezies. Und deshalb müssen wir lernen, wie wir tief zuhören können, damit jeder von uns auch sein Zuhören und Mitgefühl einbringen kann.

Wenn andere auf tadelnde, urteilende Weise mit uns sprechen, kann uns das irritieren, wütend machen oder Frustration auslösen. Wir brauchen also mehr als nur die Absicht zuzuhören: Wir müssen es erlernen. Wenn wir die Tür unseres Herzens öffnen und die Kommunikation in unseren nahen Beziehungen verbessern, werden wir in der Lage sein, dasselbe an unserem Arbeitsplatz, in der Gesellschaft und zwischen verschiedenen politischen Parteien und Nationen zu schaffen.

Hören wir der anderen Seite tief zu, erkennen wir nicht nur ihre falschen Wahrnehmungen, sondern auch unsere *eigenen.* Aus diesem Grund sind achtsamer Dialog und achtsame Kommunikation so wichtig. Die Praxis des tiefen Zuhörens und liebevollen Sprechens kann helfen, die falschen Wahrnehmungen zu beseitigen, welche die Grundlage für Angst, Hass und Gewalt sind.

Ich hoffe von ganzem Herzen, dass unsere politische Führung solche Instrumentarien nutzt, um sich selbst und der Welt Frieden zu bringen.

DIE KLUFT ÜBERBRÜCKEN

Im Lotos-Sutra gibt es einen besonderen Bodhisattva, der als »Erd-Halter«, Dharanimdara, bekannt ist. Der Name bedeutet »derjenige, der die Erde hält« – derjenige, der schützt und bewahrt. Erd-Halter-Bodhisattvas werden in unserer Zeit dringend gebraucht. Sie tragen mit ihrer Energie dazu bei, das Leben zusammenzuhalten, das Leben zu erhalten. Ihre Aufgabe ist es, die Verständigung, die Verbindung, zwischen Menschen und anderen Arten zu fördern und die Erde und die Umwelt zu schützen. Ihre Rolle ist die eines Ingenieurs oder einer Architektin, deren Aufgabe es ist, einen Raum zu schaffen, der alle einschließt, Brücken zu bauen, um von einer Seite zur anderen zu gelangen, und eine Straße, einen Weg zu bauen, damit wir die erreichen können, die wir lieben. Wir sollten die Anwesenheit des Erdhalter-Bodhisattvas in uns und um uns herum erkennen. Auch wir können einen Raum schaffen, der alle einschließt. Wir können den Menschen helfen, sich wieder zu verständigen und eine Brücke von Herz zu Herz zu bauen.

Ich kam 1966 in den Westen, vor allem um mich gegen den Vietnamkrieg auszusprechen, aber zusammen mit anderen Freundinnen und Freunden aus der Friedensbewegung kontemplierten und meditierten wir auch über die allgemeine Situation auf unserem Planeten. Wir gründeten schließlich eine Organisation namens Dai Dong, um das Bewusstsein für die Notwendigkeit einer transnationalen Gemeinschaft zu schärfen, einer Gemeinschaft, die nationale Grenzen überschreitet. *Dai* bedeutet »groß«, und *dong* bedeutet »Zusammengehörigkeit«, »Miteinandersein«: eine Organisation für ein Großes Miteinander.

1970 berief Dai Dong ein Treffen von Wissenschaftlerinnen und Wissenschaftlern in Frankreich ein, und wir veröffentlichten die Erklärung von Menton, eine »Botschaft an unsere dreieinhalb Milliarden Nachbarn auf dem Planeten Erde«, die von über dreitausend Wissenschaftlern unterzeichnet wurde. Wir sprachen über Umweltzerstörung, die Erschöpfung der natürlichen Ressourcen, Überbevölkerung und Hunger. Im Jahr 1972, als die UN die erste Umweltkonferenz in Stockholm veranstaltete, organisierten wir parallel eine Alternativkonferenz, nicht mit Regierungsvertretern, sondern mit und als Menschen, die im Geiste des großen Miteinanders handeln.

Der damalige Generalsekretär der UNO, U Thant, hat sich unserem Anliegen angeschlossen und gesagt: »Diese globale Besorgnis im Angesicht einer großen gemeinsamen Gefahr – die den Keim der Auslöschung der menschlichen Spezies in sich birgt – kann sich als die schwer fassbare Kraft erweisen, welche die Menschheit zusammenhalten kann.« Wenn alle Konfliktparteien in der Welt direkt mit der Wahrheit konfrontiert und vollständig über die Lage des Planeten informiert wären, dann würden wir unsere Streitigkeiten beenden. Wir würden unsere Konflikte schnell lösen, um handlungsfähig zu sein. Wenn sich aber Nationen immer noch Sorgen über unwichtige Dinge machen, liegt das daran, dass ihnen die Tragweite der Wahrheit noch nicht klar ist. Sobald wir die Wahrheit akzeptieren, dass wir, sollten wir so weitermachen, das Ende der Menschheit nicht verhindern werden, gibt uns das die nötige Kraft und das Erwachen, um uns zusammenzubringen und Wut, Spaltung, Hass und Diskriminierung zu überwinden und klar zu sehen, was wir tun müssen.

WIE MAN ZUHÖRT

Auch wenn wir heute über ausgefeiltere Kommunikationstechnologien verfügen als je zuvor, ist die Verständigung sehr schwierig geworden. Viele von uns können nicht einmal sich selbst zuhören. Zuhören heißt vor allem, ganz präsent zu sein und sich nicht ablenken zu lassen. Es bedeutet, für uns selbst präsent zu sein; uns selbst zuzuhören und durch achtsames Atmen unsere Ruhe und Frische wiederzugewinnen. So präsent begegnen wir dann unserem Gegenüber und hören, was gesagt wird und was ungesagt bleibt.

Es ist eine Kunst zuzuhören. Achtsamkeit ist immer eine Achtsamkeit, die sich auf etwas bezieht; beim Zuhören geht es in vielen Fällen um *mitfühlende Achtsamkeit*. Sie halten die Einsicht wach, dass Sie nur zu einem einzigen Zweck zuhören: Sie wollen der anderen Person eine Chance geben, sich zu äußern und weniger zu leiden. Und Sie üben sich während des Zuhörens in achtsamem Atmen, um diese Absicht lebendig zu halten. Und selbst wenn die andere Person unwahre Dinge sagt oder solche, die auf falschen Wahrnehmungen beruhen, oder sie sich voller Bitterkeit oder Schuldzuweisungen äußert, so hören Sie weiterhin einfach mit Mitgefühl zu, denn Sie praktizieren mitfühlende Achtsamkeit. Eine solche Haltung schützt Sie und verhindert, dass das, was die andere Person sagt, in Ihnen Irritation und Ärger auslöst. Hören Sie der anderen Person auf diese Weise eine Stunde zu, kann ihr das helfen, weniger zu leiden, und es gibt wieder eine Verständigung zwischen Ihnen.

Wenn Sie jedoch feststellen, dass Sie nicht mehr zuhören können und sich abwenden, liegt das nicht unbedingt daran, dass Sie kein Mitgefühl haben, vielmehr waren Sie möglicherweise noch nicht in der Lage, Ihr eigenes Leiden innerlich zu transformieren.

Ich erinnere mich, dass Oprah Winfrey einmal eine Frau über ihren Missbrauch interviewte. Oprah Winfrey brach dabei fast zusammen und war so verzweifelt, dass sie die Kameras ausschalten lassen wollte. Sie hatte dasselbe Leid erlebt. Sie war selbst als Kind missbraucht worden, und sie hatte dieses Leid noch nicht verarbeitet, und so brach sie bei den Worten der Frau fast zusammen. Wir müssen also lernen, wie wir unser eigenes Leid transformieren, damit wir für diejenigen da sein können, die leiden und unsere Hilfe brauchen.

Ich glaube, dass auch Lehrer und Professorinnen sich die Zeit nehmen und für das Leiden ihrer Schülerinnen und Studenten ein offenes Ohr haben sollten. Es ist keine Zeitverschwendung, denn wenn die Studierenden zu sehr leiden, werden sie kaum lernen können. Ihnen zu helfen, weniger zu leiden, ist also für die Lehrtätigkeit und die Wissensvermittlung sehr wichtig. Wenn Lehrende ihr eigenes Leiden wahrgenommen haben, können sie sich das Leiden ihrer Studierenden anhören und ihnen helfen, weniger zu leiden, und sei es auch nur in der einen Stunde, in der ihnen zugehört wird. Und im Gegenzug können sich auch die Studierenden das Leiden ihrer Lehrenden anhören, denn auch Pädagogen haben ihr eigenes Leid, und wenn sie es mit ihren Studierenden teilen, wird die Verständigung viel einfacher werden. Die Atmosphäre wird sich verändern, und die Arbeit des Lehrens und Lernens wird viel mehr Spaß machen.

In jeder Organisation sollte es Menschen geben, die sich mit der Kunst des mitfühlenden Zuhörens und des liebevollen Sprechens auskennen. Ihre Aufgabe wäre es, zu jedem Menschen zu gehen, sich hinzusetzen und zuzuhören. Sie könnten zum Beispiel sagen: »Bitte sagen Sie uns, wie es Ihnen geht, bitte helfen Sie uns zu verstehen, welche Herausforderungen und Schwierigkeiten Sie in Ihrer Arbeit haben, mit sich selbst und in Ihrer Familie.«

Diese Aufgabe sollte nur jemand wahrnehmen, der oder die es gelernt hat, sich selbst und der eigenen Familie zuzuhören. Jede Organisation kann sich in eine Gemeinschaft, in ein Instrument für den sozialen Wandel verwandeln, wenn die Kommunikation zwischen den Mitgliedern stimmt und alle die gleiche Absicht und Richtung haben.

Es gibt auch Zeiten, in denen wir uns auf nationaler Ebene zuhören müssen. Es gibt viel Leid in unserem Land; es gibt Ungerechtigkeit, Diskriminierung und Wut, und viele Menschen haben das Gefühl, dass ihr Leid nicht gehört und verstanden wird. Wir müssen denen zuhören, die sich als Opfer von Diskriminierung und Ungerechtigkeit fühlen, und ein Umfeld schaffen, in dem sie sich sicher wissen und sich zu äußern wagen, auch wenn es einige Tage oder Wochen dauern mag, bis sie den Mut aufbringen, alles zu sagen, was ihnen auf dem Herzen liegt. Und wenn wir uns auf nationaler Ebene zuhören können, werden wir das auch mit Menschen aus anderen Ländern schaffen.

DER BODHISATTVA DES MITGEFÜHLS

Avalokiteshvara ist der Bodhisattva, der weiß, wie man dem Wehklagen, den Schreien der Welt zuhört. Wir alle – Menschen und alle anderen Arten – drücken uns auf unterschiedliche Weise aus; doch ganz gleich, wie wir uns ausdrücken, Bodhisattva Avalokiteshvara wird uns immer verstehen. Der Bodhisattva versteht ein Kind, das noch nicht genügend Worte hat, um sich auszudrücken, ebenso wie einen Menschen, der sich verbal oder körperlich gut auszudrücken vermag.

Wir müssen lernen zuzuhören; wir müssen uns darin üben. Wenn es für Sie schwierig ist, der anderen Person zu lauschen, weil das schmerzhaft ist und Ihr eigenes Leiden berührt, verspüren Sie vielleicht den Drang, sie zu unterbrechen und zu korrigieren. Aber tun Sie nach Möglichkeit nichts dergleichen. Es ist nicht wichtig, ob das, was sie sagt, richtig oder falsch ist. Wichtig ist, ihr die Möglichkeit zu geben, dass es ihr leichter wird ums Herz. Mitfühlendes Zuhören ist hierbei der einzige Weg zu helfen. Die andere Person braucht jemanden, der ihr zuhört, und Sie sind vielleicht der erste Mensch in ihrem Leben, die ihr so zuhört, dass sie ihr Herz ausschütten kann. Das ist eine sehr tiefe Praxis, und sie bedarf der Übung.

Sie sagen sich: *»Dieser Mensch leidet und braucht jemanden, der ihm zuhört, und ich werde diese Person sein. Ich werde die Rolle Avalokiteshvaras, des Bodhisattva des tiefen Zuhörens, spielen. Ich werde dazu in der Lage sein, wenn ich mich daran erinnere, während des Zuhörens achtsam ein- und auszuatmen, und mir vergegenwärtige, dass es meine einzige Absicht beim Zuhören ist, dem anderen die Möglichkeit zu geben, sein Herz auszuschütten. Was auch immer er sagt, selbst wenn es falsch ist oder voller Anschuldigungen, Schuldzuweisungen und falschen Wahrnehmungen, ich werde trotzdem zuhören.«* Das nennt man mitfühlendes Zuhören. Sie spielen dabei die Rolle eines Bodhisattva und werden von der Energie des Mitgefühls beschützt. Darin müssen Sie sich üben.

Es ist möglich, sich Leidvolles so anzuhören, dass wir nicht davon aufgesogen werden. Wir alle tragen sowohl den Samen des Zorns als auch des Mitgefühls in uns. Wenn Sie Achtsamkeit effektiv praktizieren, wird der Samen des Mitgefühls in Ihnen vielleicht stärker sein als der Samen des Ärgers. Ist das der Fall, werden Sie imstande sein, ihn zu aktivieren, um sich beim Zuhören zu schützen, und den Samen des Zorns werden Sie davon abhalten können aufzugehen. Beim mitfühlenden Zuhören geht es nicht darum, dass wir uns isolieren oder von der anderen Person abschotten. Wir hören mitfühlend zu und achten darauf, unsere eigenen, beim Zuhören vielleicht berührten Wunden zu erkennen, anzunehmen und zu transformieren. In Plum Village machen wir nach einer Sitzung des tiefen Zuhörens oft eine Gehmeditation im Freien, um unseren Frieden, unsere Ruhe und Frische wiederzugewinnen.

Gleichzeitig müssen wir aber auch unsere Grenzen kennen. Wir sollten unser Leben so organisieren, dass wir unser Gleichgewicht wahren und über genügend Nährendes und ein ausreichendes Maß an Frieden und Freude verfügen, damit wir anderen weiterhin mitfühlend zuhören können. Manche Menschen haben so viel Schmerz, Hass und Gewalt in sich, und sie haben das Bedürfnis, das auszudrücken. Und es ist sehr schwer für sie, jemanden zu finden, der sich mit ihnen hinsetzt und ihnen zuhört. Wenn Sie also einem solchen Menschen zuzuhören bereit sind, wird er vielleicht dazu neigen, Ihre Zeit und Ihre Freundlichkeit zu missbrauchen, und ohne Punkt und Komma reden. Und Sie wissen nicht, wie lange, wie viele Tage oder Jahre des Zuhörens nötig sind, um ihm zu helfen. Er wiederholt die gleichen Dinge immer und immer wieder.

In einer solchen Situation weiter zuzuhören ist kein intelligentes, tiefes Zuhören. Wir müssen geschickt darin sein, solchen Menschen aktiv zu helfen, ihr inneres Leiden zu erkennen, anzunehmen und tief zu transformieren. Hört man ihnen lediglich zu, fühlen sie sich vielleicht etwas besser, aber das ist nicht genug. Wir sollten uns also Verbündete suchen und ihnen gemeinsam helfen, ihr Leben so zu organisieren, dass sie sich von den Quellen trennen, die ihr Leiden nähren. Wenn wir einfach nur weiter zuhören, können wir uns selbst und den Bodhisattva in uns zerstören, und das ist überhaupt keine gute Sache.

Tiefes Zuhören

Wann immer wir mit jemandem nicht einer Meinung sind, kann es Mut erfordern, ihm zuzuhören, und wann immer wir Ungerechtigkeit jeglicher Art erfahren und uns machtlos fühlen, braucht es eine immense geistige Stärke, um nicht zum Opfer von Wut oder Hass zu werden. Wie können wir in einer zerrissenen, polarisierten Welt Brücken bauen?

Vor meinem ersten Besuch in Plum Village war mir nicht klar, dass Zuhören erlernbar ist. Ich dachte einfach, dass man diese Gabe entweder hat oder nicht hat – und ich hatte sie nicht. Aber allmählich entdeckte ich, dass ich, je mehr ich in der Lage war, einfach still zu sein und mir selbst zuzuhören, desto mehr Raum hatte, um auch anderen zuzuhören. Und je mehr ich dem Himmel und den Bäumen lauschte, desto mehr konnte ich Menschen zuhören. Ich wurde neugierig auf die Menschen und die Landschaft ihrer Hoffnungen, Ängste und Träume. Die Sache ist die, es ist leicht, das Zuhören mit dem Versuch zu verwechseln, den eigenen Standpunkt durchzusetzen. Dabei sind Sprechen und Zuhören eigentlich zwei verschiedene Dinge. Zuhören ist ein Training, eine Übung. Es ist ein Geschenk, das wir der anderen Person machen, und es ist ein Geschenk an uns selbst, denn wir erweitern so unsere Perspektive und begegnen dem Menschen vor uns auf eine tiefgehende Weise.

In Plum Village üben wir, mit unserem ganzen Wesen zuzuhören und dabei vollkommen präsent zu sein für das, was gesagt wird. Der erste Trick ist, beim Zuhören unserer Atmung zu folgen. So werden wir sofort zu einem oder einer verkörperten Zuhörenden. Wir achten auf die außergewöhnliche Sinfonie unserer Atmung, und das hält uns im gegenwärtigen Moment verwurzelt und hilft uns, uns nicht von unseren eigenen Gedanken ablenken zu lassen. Wenn wir beim Zuhören achtsam atmen, entdecken wir bald, dass sich in unserem Atem die Spuren unserer Reaktionen verdeutlichen. Indem wir uns um unsere Atmung kümmern, haben wir eine Chance, all unsere Reaktionen bei ihrem Auftauchen sofort zu erkennen, zuzulassen und anzunehmen.

Es geschieht viel: Da ist die Person vor uns und ihre Worte sowie unser eigener Körper, unsere Atmung und unsere Reaktionen. Dies ist der zweite Trick: wahrzunehmen, wie sich das Leiden der anderen Person in unserer Atmung und unserem Körper ausdrückt. Spüren wir eine Anspannung, lassen wir sie beim Ausatmen los. Wird unser Atem unregelmäßig oder kurz, lassen wir ihn sanft los. Wir unterdrücken keine aufkommenden Gefühle; wir nehmen sie einfach zur Kenntnis, umarmen sie und wissen, dass wir sie uns später, wenn wir das Zuhören beendet haben, näher anschauen können.

Die Kunst des Zuhörens schließt die Kunst des Nicht-Unterbrechens ein, den dritten Trick. Wenn uns jemand auf die Palme bringt oder etwas Falsches sagt, wollen wir ihn vielleicht unterbrechen, korrigieren und erklären, warum er falschliegt. Aber beim tiefen, mitfühlenden Zuhören besteht unsere Aufgabe vor allem darin, der anderen Person zu erlauben, alles zu sagen, was sie zu sagen hat. Das ist unsere Chance zu hören, was sie auf dem Herzen hat. Und wenn es schmerzhaft ist, ihr zuzuhören, schützen wir uns, wie Thay erklärt, mit der Energie des Mitgefühls und erinnern uns daran, dass wir ihr nur aus einem einzigen Grund zuhören: damit sie sich öffnen und aussprechen kann. Wir kultivieren eine echte Neugierde, um ihre tiefsten Ängste und Sorgen zu verstehen.

Das ist der vierte Trick: Wir müssen unser Mitgefühl während der gesamten Zeit des Zuhörens lebendig halten. Meistens gelingt mir das, indem ich mich nicht zu sehr auf die Worte konzentriere. Schwierige, bittere oder wütende Worte kann ich mir am ehesten anhören, wenn ich den Schmerz hinter den Worten höre, das Gefühl, das die Person zu artikulieren versucht, wie holprig das auch sein mag. Thay beschreibt die Handlung des Bodhisattva des tiefen Zuhörens, Avalokiteshvara, als ein »so aufmerksames Zuhören, dass wir imstande sind zu hören, was die andere Person sagt, und auch, was ungesagt bleibt«. Es ist für uns alle schwierig, unsere Gefühle in Worte zu fassen, selbst in unseren besten Zeiten, und besonders in den schlimmen, wenn wir uns verletzt fühlen oder Angst oder Wut in uns ausgelöst wurden.

Manchmal, wenn ich jemandem zuhöre, der aufgeregt oder wütend ist, schaue ich ihn direkt an, versuche zu sehen, was hinter seinen Worten liegt, und, meinem Atem folgend, halte ich in mir die Frage lebendig: »Was tut hier wirklich weh? Was versuchst du mir tatsächlich zu sagen?« Zwischen dem, was eine Person zu sagen glaubt, und dem, was wir tatsächlich hören, kann eine große Kluft bestehen. Die Energie der Achtsamkeit vermag uns zu helfen, diese Kluft zu überbrücken. Dies ist der fünfte Trick: zu hören, was ungesagt bleibt.

Schließlich müssen wir die richtigen Bedingungen schaffen, damit Zuhören möglich wird. Sei es, dass wir die Handys weglegen, den Fernseher oder die Musik ausschalten oder vorschlagen, draußen spazieren zu gehen oder Kaffee zu trinken – in jeder Situation gibt es etwas, das wir tun können, um einen noch besseren Rahmen zu schaffen, in dem wir ganz präsent sein können.

Zugleich sollten wir uns selbst gegenüber ehrlich sein: Sind wir wirklich bereit zuzuhören? Haben wir genug Raum dafür? Wenn wir nicht in der richtigen Verfassung sind, um zuzuhören, ist es besser, das zuzugeben und anzubieten, uns zu vertagen. Wir haben das Recht, auch unsere eigenen Grenzen zu respektieren. Es gibt eine Wechselwirkung zwischen Sprecherin und Zuhörer: Wenn uns jemand wirklich zuhört, wenn wir tatsächlich das Gefühl haben, dass wir gehört werden, wird es plötzlich möglich, das, was uns am Herzen liegt, vollständig auszudrücken. Und wenn uns jemand nicht mit echter Offenheit und echtem Mitgefühl zuhört, werden wir das spüren.

Ich habe festgestellt, dass es in unseren engsten Beziehungen am schwierigsten sein kann, die Kommunikation auf eine tiefere Ebene zu bringen. Und doch kann es sehr kraftvoll sein, mit jemandem spazieren zu gehen, der uns wichtig ist, und zu fragen: »Wie geht es dir wirklich?« oder »Was sind im Moment deine größten Sorgen?« oder »Verstehe ich dich eigentlich gut genug?«. Es heißt, dass man, wenn man nicht weiß, wie sich ein extrovertierter Mensch fühlt, nicht wirklich zugehört hat, und, wenn man nicht weiß, wie sich ein Introvertierter fühlt, nicht gefragt hat. Seltsam ist, dass sich manchmal die am wenigsten gehört fühlen, die am lautesten tönen.

Als junge Journalistin war ich mit einem Kollegen in einem Team, der allein lebte. Jeden Tag stürmte er durch die Bürotür mit einer heftigen Schimpftirade über den Verkehr, die aktuellen Nachrichten oder den Politiker, den er unten in der Lobby getroffen hatte. Die meisten Kolleginnen und Kollegen riefen auf sehr britische Art und Weise automatisch von ihrem Schreibtisch aus, ohne aufzublicken: »Guten Morgen!«, und setzten dann ihre Arbeit fort. Ich habe das auch versucht, aber da ich die Jüngste war, hatte man mir den Schreibtisch, der seinem am nächsten stand, gegeben. Ignorieren war schwierig. Ich erinnere mich an einen Tag, als die Schimpftirade schon mehr als zehn Minuten angedauert hatte und es mir unmöglich war, irgendeine Arbeit zu erledigen. Er war so wütend und schimpfte so heftig, dass ich an meine absolute Grenze kam. Es war alles so giftig. Aber er war mein Vorgesetzter, also konnte ich ihn nicht einfach bitten, ruhig zu sein, ich hatte aber auch zu arbeiten, also konnte ich nicht einfach gehen. Aber dann dachte ich, es sei vielleicht eine gute Idee, ihm einfach zuzuhören.

Also drehte ich mich mit meinem Stuhl zu ihm um und begann, seinen Worten zu lauschen. Mit einhundertprozentiger Aufmerksamkeit hörte ich ihm zu, folgte meiner Atmung und sah ihn ruhig, offen und direkt an. Zuerst merkte ich, wie erstaunt er war, dass ihm jemand tatsächlich zuhörte. Und dann, nach ein paar Sekunden, konnte ich in seinem Gesicht seine ganze Einsamkeit und Frustration sehen. Ich verspürte aufrichtiges Mitgefühl für ihn. Also saß ich da und atmete und hörte zu und atmete. Nach ein paar Minuten ging ihm die Luft aus, und er sagte: »Warum hören

Sie mir zu? Gehen Sie wieder an Ihre Arbeit!« Und dann wechselte er den Ton: »Ich hol mir eine Tasse Tee. Wollen Sie auch eine?« Und er verschwand in der Küche. Von da an brauchte ich nur noch, wenn er hereinkam und wieder schimpfte, meinen Stuhl in seine Richtung zu schwenken, und er beruhigte sich sofort. Auch wenn wir glauben, dass wir gehört werden wollen, sind wir manchmal gar nicht bereit dafür.

———————— T. D.

DIE WUT MEISTERN

Manche Menschen sehen Wut als Energie an und meinen, wir sollten diese Energie nutzen, um so für Gerechtigkeit und soziale Gleichheit zu kämpfen. Wut ist sehr machtvoll, aber die Frage ist, ob man sie *kontrollieren* kann. Wenn man wütend ist, ist man nicht sehr klar im Kopf und riskiert, großen Schaden anzurichten, sowohl bei sich selbst als auch in der Welt. Wenn man aber weiß, wie man Wut in Mitgefühl umwandeln kann, verfügt man immer noch über eine sehr mächtige Energiequelle. Und diese Energie des Mitgefühls lässt manchmal Menschen bereit sein zu sterben, um das Leben anderer zu retten; sie sind furchtlos, genau wie eine Mutter, die ihr eigenes Leben opfert, um ihr Kind zu retten. Mitgefühl ist eine bessere Energie als Wut, so wie Sonnenenergie besser ist als Atomenergie. Die Praxis der Achtsamkeit besteht hier also darin, die Wut nicht zu bekämpfen oder zu unterdrücken, sondern sie zu erkennen, zu umarmen und allmählich in Mitgefühl umzuwandeln. Wir brauchen etwas Übung, um das zu schaffen.

Zu lernen, wie wir mit aufkommenden starken Emotionen umgehen können, ist für den Erfolg der Praxis des liebevollen Sprechens ganz wesentlich. Mitgefühl ist eine Art Gegenmittel für Wut; in gewisser Weise sind beide verwandt. Sobald Sie Mitgefühl in Ihrem Herzen spüren, sind Sie nicht mehr wütend. Sie können die Kommunikation wieder aufnehmen und sich versöhnen. Auch sind Sie dann besser imstande, mit sich selbst zu kommunizieren, sich zu verstehen, und es fällt Ihnen auch leichter, mit anderen in Kontakt zu kommen. Wut hingegen blockiert die Kommunikation.

Paaren rate ich, dass sie, wenn sie sich übereinander ärgern oder wütend aufeinander sind, zum Atmen und achtsamen Gehen zurückkehren, den Ärger umarmen und tief in ihn hineinschauen sollten. Innerhalb von nur wenigen Minuten oder Stunden können Sie Ihre Wut transformieren. Ist einem von Ihnen das nicht möglich, sollte das die andere wissen. Versuchen Sie, auf ruhige Art zu sagen: »Ich möchte dich wissen lassen, dass ich leide. Ich weiß ehrlich gesagt nicht, warum du dieses oder jenes gesagt oder getan hast.« Wenn Sie das nicht in ruhigem Ton sagen können, schreiben Sie es auf.

Das Zweite, was Sie sagen können, ist: »Ich tue mein Bestes, das solltest du wissen.« Das bedeutet: »Ich versuche jetzt, einfach nichts zu sagen oder zu tun, weil ich weiß, dass ich damit nur noch mehr Leid verursachen würde. Ich tue mein Bestes, um meine Wut zu umarmen und tief in sie hineinzuschauen.« Sie lassen Ihre Partnerin wissen, dass Sie herauszufinden versuchen, ob die Wut vielleicht auch von Ihrem eigenen Missverstehen, Ihren falschen Wahrnehmungen oder mangelndem Gewahrsein herrührt.

Als Drittes könnten Sie sagen: »Ich brauche deine Hilfe.« Wenn wir wütend sind, wollen wir normalerweise das Gegenteil ausdrücken: »Ich brauch dich überhaupt nicht. Lass mich bloß in Ruhe.« Aber wenn wir imstande sind zu äußern: »Ich brauche deine Hilfe«, bedeutet das: »Ich brauche deine Unterstützung, um meine Wut zu überwinden.« Die Qualität unseres Seins ist sehr wichtig. Es steht Ihnen frei, das mitzuteilen, was Sie auf dem Herzen haben. Aber Sie sollten es so äußern, dass die andere Person es sich wirklich anhören kann. Wenn wir zu aggressiv oder anklagend sind, hat es keinen Sinn. Die richtigen Worte zu finden ist eine Kunst. Wenn Sie noch zu wütend sind, zu sehr von Impulsen des Beschuldigens und Bestrafens angetrieben, wird sich die Kluft zwischen Ihnen nur vergrößern. Schreiben Sie also einen Brief als eine *echte* Einladung zur Wiederherstellung wirklicher Verständigung. Sie sind bereit zuzuhören; Sie sind bereit zu verstehen.

DIE KUNST, NICHT ZU HASSEN

Sehr oft glauben wir in einem Konflikt, dass wir ja glücklich und friedlich sein könnten, wenn es nur die andere Seite nicht mehr gäbe. Uns kann der Wunsch beseelen, die andere Seite zu vernichten, zu zerstören oder einzusperren. Aber wenn wir tief genug schauen, erkennen wir, dass die andere Seite ebenso gelitten hat wie wir. Wir wollen eine Chance auf ein Leben in Frieden, Sicherheit und Geborgenheit haben, und wir wollen auch, dass die andere Seite die Möglichkeit besitzt, in Frieden, Sicherheit und Geborgenheit zu leben.

Sobald Sie in der Lage sind, der anderen Seite einen Platz in Ihrem Herzen einzuräumen, sobald Sie diese Absicht hegen, werden Sie bereits weniger leiden. Und es wird Ihnen möglich zu fragen: »Wie können wir am besten für eure Sicherheit sorgen? Wie können wir euch helfen, in Frieden und Sicherheit zu leben? Bitte lasst es uns wissen.« Sobald Sie in der Lage sind, diese Art Fragen zu stellen, kann sich die Situation sehr tiefgreifend und schnell ändern. Aber zuerst muss es eine Veränderung in Ihrem Herzen geben: Sie müssen die Absicht entwickeln, andere *einzubeziehen*, ihnen eine Chance zu geben. Schon diese Absicht wird ihr Leiden mindern; und Ihr Verlangen, den anderen zu eliminieren, schwindet.

Solange wir andere als unsere Feinde betrachten, sind wir entschlossen, sie zu besiegen und zu bestrafen. Je mehr sie leiden, desto mehr freuen wir uns. Aber mit dieser Denkweise werden wir mit Sicherheit scheitern. Der Buddha lehrt uns, dass wir zuerst uns selbst besiegen müssen. das heißt, wir müssen uns von Ressentiments, Hass und falschen Wahrnehmungen befreien. Als Erstes müssen wir also unseren Geist befreien. Es geht nicht darum, dass wir die, die uns Leid zufügen, besiegen, sondern wir besiegen unsere eigene Ignoranz und unseren inneren Groll. Wir haben vielleicht den Eindruck, dass wir selbst keine Schuld trügen und all unser Leid von der anderen Person, der anderen Seite verursacht würde. Aber das ist nicht wahr. Für zumindest einen Teil des Leidens sind wir selbst verantwortlich. Wenn wir genau hinschauen, werden wir das auch erkennen. Sehen wir unseren Anteil aber immer noch nicht, sollten wir andere bitten, ihn uns zu zeigen.

Menschen, die wir »Terroristen« nennen, hegen enorme Ressentiments und großen Hass. Sie haben gelitten, und sie nutzen die Energie ihres Hasses, um ihre Handlungen voranzutreiben. Das bedeutet aber nicht, dass die, die sich selbst nicht als »Terroristen« sehen, ohne Hass wären. Welche Seite hat *keinen* Hass? Welche Seite kennt *kein* Missverstehen?

Wir mögen uns selbst als rechtschaffen betrachten, als Menschen, die ohne Schuldzuweisungen und ohne Hass auf dem richtigen Weg wandeln. Und wir mögen die andere Gruppe als eine Bedrohung für die menschliche Kultur oder die globale Sicherheit ansehen. Mehr denn je müssen wir das Schwert des Verstehens benutzen, um uns selbst und andere von solchen Etiketten zu befreien. Die eine Seite etikettiert die andere und umgekehrt, um sich gegenseitig zu bekämpfen oder sogar zu töten, im Namen Gottes, der Demokratie, der Freiheit oder der Kultur.

Im Plum Village in Frankreich haben wir in vergangenen Jahren immer wieder Gruppen von Palästinensern und Israelis eingeladen, bei uns zu üben. Am Anfang ist es jedes Mal schwierig. Anfangs können sie einander kaum ansehen, sie können nicht miteinander reden, weil in beiden Gruppen viel Wut, Angst und Misstrauen herrscht – und viel Leid. Deshalb bleiben sie in der ersten Woche getrennt und üben sich in achtsamem Atmen und achtsamem Gehen, um ihren Schmerz zu beruhigen und ihn anzunehmen. Sie werden angeleitet, wie sie mit den Wundern des Lebens in sich selbst und um sich herum in Berührung kommen können.

Zu Beginn der zweiten Woche schulen wir sie in tiefem, mitfühlendem Zuhören und liebevollem Sprechen. Eine Gruppe wird dann gebeten, über ihr Leiden zu sprechen, während die andere Gruppe tiefes, mitfühlendes Zuhören übt. Durch diese Praxis leiden die Menschen schon nach der ersten Sitzung weniger. Beim Zuhören erkennen sie, dass die andere Seite genauso gelitten hat wie die Menschen auf ihrer Seite. Zum ersten Mal sehen sie, dass auch die anderen Opfer des Konflikts sind, Opfer falscher Wahrnehmungen. Verstehen und Mitgefühl werden in ihnen geboren, und ihre Wut schwindet. Sie sind zum ersten Mal in der Lage zu sehen, dass die anderen auch einfach nur Menschen sind, genau wie sie. Sie haben genauso gelitten wie sie selbst. So werden gegenseitiges Verstehen und Verständigung wieder möglich. Und sie wissen, dass sie später über ihr Leiden, ihre Schwierigkeiten und ihre Verzweiflung sprechen können, und die andere Gruppe wird zuhören. Die Praxis des mitfühlenden Zuhörens vermag sehr viel Wut, Misstrauen und Angst zu beseitigen.

Während des Vietnamkrieges schickten die USA eine halbe Million Soldaten nach Vietnam, und diese töteten viele Vietnamesinnen und Vietnamesen. Sie zerstörten unsere Dörfer und töteten unsere Kinder. Etwa fünfzigtausend US-amerikanische Soldaten starben in Vietnam, und Hunderttausende von ihnen kehrten in die USA zurück, wurden sehr krank und brauchten psychotherapeutische Behandlungen. Ich habe diese Soldaten, die nach Vietnam kamen, nicht gehasst, denn auch sie waren Opfer einer Politik, die weder intelligent noch mitfühlend war. Und immer, wenn wir später in die USA reisten, haben wir Retreats für amerikanische Veteranen angeboten, um ihnen bei der Heilung zu helfen, damit sie ein neues Leben beginnen konnten. Viele sind nach Vietnam zurückgekehrt, um etwas von dem Schaden wiedergutzumachen, den sie in unserem Land angerichtet haben.

Vergebung ist möglich. Das ist meine persönliche Erfahrung. Ich habe viel Ungerechtigkeit und Leid erfahren. Ich habe Kriege überlebt. Menschen haben mir, meinem Volk und meinem Land großes Unrecht zugefügt. Mitgefühl und Vergebung sind möglich, wenn wir auch das Leid derer sehen können, die uns Leid zugefügt haben. Und wenn wir dieses Leiden verstehen, haben wir Mitgefühl und sind in der Lage zu vergeben.

Wir können die Qualität der Liebe, die der Buddha verkörpert hat, erlangen. Es ist möglich, auf Hass mit Liebe zu antworten. Es ist möglich, Gewalt mit Mitgefühl und gewaltlosem Handeln zu begegnen. Mit tiefem Zuhören und liebevollem Sprechen kann man die Denkweise der Menschen ändern; man muss sie nicht umbringen. Wir müssen Terroristen nicht töten. Was sie zu Terroristen macht, sind ihr Hass, ihre Angst und Wut. Aber wenn wir uns hinsetzen und ihnen aufmerksam zuhören, können wir ihnen helfen, ihre Wut und Angst zu verwandeln, und sie werden aufhören, Terroristen zu sein. Falsche Wahrnehmungen kann man nur durch Dialog beseitigen, durch tiefes Zuhören und mitfühlendes Sprechen.

Ist es möglich, für den Wandel zu arbeiten, ohne die »andere Seite« zu hassen?

Als Dr. Martin Luther King Jr. am 25. März 1967 in der Innenstadt von Chicago gegen den Vietnamkrieg demonstrierte, tat er dies, wenige Monate nachdem er und Thay sich zum ersten Mal getroffen hatten. Auf dem Transparent, unter dem er ging, stand in Englisch und Vietnamesisch:

»Unsere Feinde sind nicht die Menschen. Wenn wir Menschen töten, mit wem sollen wir dann leben?« Thay und Dr. King teilten die Einsicht, dass nicht Menschen unsere Feinde sind, sondern unsere Feinde sind Wut, Ressentiments, Hass, Angst und Diskriminierung. Durch die Konzentration auf diese Einsicht waren Thay, Schwester Chan Khong und ihre Sozialarbeiterinnen und Sozialarbeiter in Vietnam in der Lage, neutral zu bleiben und während des Krieges keine Partei zu ergreifen.

»Den Feind nicht zu hassen« ist eine zutiefst spirituelle Praxis. Dr. King sagte einmal, dass uns eine fundierte spirituelle und ethische Haltung in die Lage versetze, Hass durch Liebe zu ersetzen und »den Menschen zu lieben, der die böse Tat begeht, während wir die Tat hassen, die er begeht«. Als Meditierende üben wir uns in dieser Art des Sehens, damit wir Ungerechtigkeit, ohne zu hassen, begegnen können. Wir alle brauchen eine spirituelle Dimension in unserem Leben, und deshalb sagt Thay, wir dürften nicht zulassen, dass Spiritualität ausschließlich von einer bestimmten Seite beansprucht wird. Doch manchmal passiere genau das: »Eine Seite monopolisiert Gott: Sie entführt Gott in Richtung Spaltung, Hass, Diskriminierung und Intoleranz und versucht zu zeigen, dass die andere Seite gegen den Willen Gottes verstößt.« Und doch, was die Welt am meisten braucht, ist ein »Gott des Mitgefühls«, so Thay. »Wir brauchen einen Gott nicht wertender Unterscheidung, wir brauchen einen Gott der Toleranz, wir brauchen einen Gott der Liebe.« Die Liebe erlaubt es uns, noch einen Schritt weiter zu gehen und Hass, Wut und Diskriminierung nicht so sehr als Feinde zu sehen, sondern als uns allen innewohnende *Energien,* die wir umarmen und transformieren können.

Die Einsichten in unsere wechselseitige Verbundenheit, unser Intersein und unsere Unbeständigkeit, die wir zu Beginn dieses Buches erkundet haben, zeigen uns, dass *eine Person nicht nur aus ihren Ansichten besteht.* Sie ist nicht »die Seite«, mit der sie sich identifiziert. Wir mögen von Menschen umgeben sein, mit deren politischen Positionen oder Ansichten wir nicht einverstanden sind; diese Menschen treffen wir vielleicht an unserem

Arbeitsplatz, sie sind in unserer Gemeinschaft oder sogar in unserer eigenen Familie. Eine Ansicht ist immer unvollständig, hat keine absolute Geltung. Sie ist wandelbar, nicht dauerhaft. Und wenn sich eine Ansicht im Herzen und im Verstand eines anderen festgesetzt hat, liegt das daran, dass diese Ansicht durch etwas »genährt« wurde. Wie Thay sagt: »Nichts überlebt ohne Nahrung.« Eine Sichtweise wurde vielleicht durch Algorithmen und Suchergebnisse, durch Newsfeeds und Klicks genährt. Die Herausforderung besteht darin, alle Ansichten – einschließlich unsere eigenen – als begrenzt, unbeständig und offen für Veränderungen zu sehen.

Angesichts einer sich zunehmend polarisierenden Gesellschaft stellen sich die folgenden Fragen: Wie können wir einen ausgereiften Dialog über Kluften hinweg führen? Wie können wir echt miteinander kommunizieren? Wie können wir gemeinsam menschlich sein? Dies hat etwas mit unseren Fähigkeiten zu tun, zuzuhören, Offenheit zu kultivieren und unsere eigenen Ansichten loszulassen. Die Lehre von Thay ist hier eindeutig: Im Lichte des Interseins können wir die rechte Seite nicht ohne die linke haben. Diese Perspektive sollten wir auch in Bezug auf Ansichten und Dialoge einnehmen, das heißt, unsere Position ist immer in Relation zur Position anderer zu sehen. Unsere Positionen entstehen in wechselseitiger Abhängigkeit voneinander, sie intersind. »In einem echten Dialog«, sagt Thay, »sind beide Seiten bereit, sich ändern.« Und das bedeutet, dass wir bereit sein müssen, unsere Ansichten aufzugeben.

Vielleicht möchten wir der anderen Seite gern sagen: »Ändere du dich zuerst! Wenn du dich nicht änderst, werde ich es auch nicht tun!« Aber die Einsicht in unser Intersein besagt, dass unsere Art zu sein, unsere Offenheit die Situation verändert. Die Herausforderung besteht darin, demütig die Grenzen unserer eigenen Perspektive zu sehen, offen dafür zu sein, etwas Neues zu lernen, und sich aufrichtig dafür zu interessieren, wie andere zu ihrer Sichtweise gekommen sind. In der Tradition von Plum Village üben wir uns darin, das Recht anderer auf ihr Anderssein zu respektieren ebenso wie ihre Freiheit zu wählen, was sie glauben wollen und welche

Entscheidungen sie treffen. Und doch sind wir auch verpflichtet, ihnen dabei zu helfen, Fanatismus und Engstirnigkeit durch mitfühlenden Dialog zu überwinden. Wir müssen vielleicht geduldig sein, um zu verstehen. Nehme ich die Position ein, dass »ich recht habe« und »du unrecht hast«, wie sollen wir dann jemals ein tieferes Verständnis füreinander erreichen? Wir müssen einen Weg finden, unsere Reaktivität herunterzufahren und unser Herz zu öffnen, um den Menschen direkt vor uns zu sehen und mitfühlend seine tiefsten Ängste, Schmerzen und Sorgen verstehen zu wollen. Wir sollten uns daran erinnern, den Menschen zu schätzen, auch wenn wir nicht mit seiner Sichtweise übereinstimmen. Es gibt kein »Gewinnen«, kein »Lösen« planetarischer Probleme, ohne alle in den Dialog einzubeziehen.

Eine Katalysatorin für den Wandel

Christiana Figueres, die Architektin des historischen Pariser Klimaabkommens von 2015, hat gezeigt, dass es möglich ist, diese Lehren in die Praxis umzusetzen und selbst schwierigste Situationen zu verändern. Für Christiana, eine Schülerin von Thay, sind dessen Lehren über das Intersein, über tiefes Zuhören und persönliche Reflexion für ihre Arbeit sehr wichtig geworden. Trotz aller Widrigkeiten waren ihre Bemühungen in Paris erfolgreich: 195 Länder kamen zusammen, um das Abkommen zu unterzeichnen. Thays Lehren, so sagt sie, hätten ihr geholfen, »auch in den krisenhaftesten Momenten bei den Verhandlungen die Ruhe zu bewahren«. Sonst hätte sie einfach nicht »das innere Durchhaltevermögen, den tiefen Optimismus, das Engagement und die tiefe Inspiration gehabt«, um das durchzustehen. Als ich Christiana zum ersten Mal persönlich sah, tanzte sie am Vorabend der Konferenz gerade voller Freude mit einem violett gewandeten Bischof auf der Bühne in einer Pariser Kirche. Menschen verschiedener Glaubenstraditionen hatten sich dort zu Gebeten und Fürbitten versammelt, um die moralische Dringlichkeit eines gemeinsamen globalen Handelns für Klimagerechtigkeit zu unterstreichen. Wir waren eingeladen worden, eine Meditation zu leiten. Zu diesem Zeitpunkt wusste niemand, ob die Konferenz erfolgreich verlaufen würde. Aber wir wussten, dass die führenden Politiker der Welt an diesem Nachmittag einflögen und dass vielleicht, aber auch nur vielleicht, ein Wunder geschehen könnte.

Während Christiana tanzte, schritt ich langsam in meinen langen Roben und mit kahl geschorenem Kopf an den Sicherheitsleuten vorbei den überfüllten Seitengang entlang, um auf sie zu warten. Achtzehn Monate zuvor hatte Thay mich gebeten, ihr seine Unterstützung, Ermutigung und Liebe anzubieten. Er hatte kürzlich einen Schlaganfall erlitten und konnte nicht dabei sein, daher war eine Delegation von einem Dutzend Mönche und Nonnen gekommen, um ihn zu vertreten. Als Christiana die Bühne verließ, legte ich meine Handflächen zur Begrüßung zusammen und breitete meine Arme aus, um sie zu umarmen. »Dies ist eine Umarmung von Thay und von uns allen. Wir sind für Sie da.« Ich kann nicht sagen, wie lange die Umarmung dauerte, in dem Gewühl von Tanzenden und Pressevertretern, den Sicherheitsleuten, die versuchten, sie zum Flughafen zu eskortieren, aber ich weiß, dass es Tränen und tiefe, achtsame Atemzüge gab, über Raum und Zeit hinausgehend. Wenn es harte Arbeit zu tun gibt, brauchen wir alle spirituelle Kraft, die wir nur bekommen können.

Christiana nennt sich selbst eine hartnäckige, geerdete Optimistin. Für sie geht es bei einer optimistischen Haltung nicht darum, ein bestimmtes Ergebnis zu erwarten, sondern darum, *die Art von Energie zu wählen, mit der wir der Herausforderung der Klimakrise begegnen.* Es geht nicht um das Ergebnis, aber als Energie wird Optimismus das Ergebnis durchaus verändern. Es gibt eine tiefe Wechselwirkung zwischen Zielen und Mitteln.

Christiana erklärt: »Man geht mit Optimismus an dieses Engagement heran, weil man weiß, dass wir es einfach tun müssen. Es ist eine heilige Chance, die sich jetzt uns *allen* bietet: in einem Moment am Leben und erwachsen zu sein, in dem sich die Geschichte und die Menschheit in einem so unglaublichen Wandel befinden.« Während sie das Pariser Abkommen begleitete, lernte Christiana, dass »das Machtvollste, was man tun kann, wenn man die komplexe Landschaft einer Herausforderung nicht beherrscht (und das tut man selten), darin besteht, das eigene Verhalten in dieser Landschaft zu ändern und sich selbst als Katalysator für eine allgemeine Veränderung zu nutzen.«

Christiana beschreibt tiefes und aufrichtiges Zuhören als eine der am meisten unterschätzten und doch transformativsten Fähigkeiten, die sie zu ihrem Klima-Engagement mitgebracht hat: »Man kann nicht zu Lösungen kommen, ohne das Problem zu verstehen. Wirksame Lösungen können nur erreicht werden, wenn wir die Unterschiede zwischen den Menschen achten und respektieren; wenn wir uns entscheiden, die Bedürfnisse und Schmerzen derer zu verstehen, die uns am Tisch gegenübersitzen.« Sie fährt fort:

Ich muss sagen, dass wir auf dem Weg nach Paris viele »hard skills« benötigten, das stärkste »soft skill« war für mich das tiefe Zuhören. Wir sind in fast jedes Land der Welt gereist, um [mit den Staatsoberhäuptern und Klimaunterhändlerinnen] zu reden, meist kamen wir mit Fragen – denn wir wollten ihnen nicht sagen, was sie unserer Meinung nach zu tun hätten, sondern ihnen tief zuhören, um ihre Hintergründe zu verstehen. Das öffnet eine gemeinsame Basis, die nicht vorhanden ist, wenn man nicht zuhört.

Das war eine der stärksten Erfahrungen, die ich je gemacht habe, denn wir sind so sehr daran gewöhnt zu denken, dass die Erfahrung einer anderen Person nur ihre eigene Erfahrung ist. Aber wenn wir uns wirklich auf ein tiefes Zuhören einlassen, erkennen wir sehr schnell, dass wir im Grunde alle Menschen sind und dass die Gedanken, die Emotionen, die Angst, die Unruhe, die Trauer, die eine andere Person empfindet, sich auch irgendwo in uns findet. Vielleicht haben wir eine andere Hautfarbe, sprechen eine andere Sprache, leben an einem anderen Ort, aber das Gefühl kennen wir, denn es ist ein menschliches Gefühl. Wenn jemand also aus seinem

Kummer heraus erzählt und wir ganz bewusst spüren, wo dieser Kummer auch in uns ist, und wir beginnen, damit in Kontakt zu kommen und ihn in uns selbst zu heilen, dann hat diese Erfahrung mit der anderen Person eine ganz andere Qualität, weil man Verletzlichkeit mit Verletzlichkeit begegnet; man kommt sich nah durch die beidseitige Verletzlichkeit. Und wenn man das einmal mit einem anderen Menschen erfahren hat, erreicht die Qualität dieser Beziehung eine völlig neue Ebene, und nun kann man auch Diskussionen über technische Dinge führen, über Megatonnen, oder was auch immer, aber die tiefe Wurzel ist da.

Radikale Einsicht und der Bogen der Liebe

Eine starke Wirkung bei der Lösung von Schwierigkeiten bei den Verhandlungen hatte für Christiana auch Thays Lehre einer Transzendierung von Vorstellungen wie »Opfer« und »Täter«. Sie selbst hatte sich immer eher, wie viele von uns auch, als Opfer gesehen – in ihrem Fall aufgrund ihrer schwierigen Kindheit und Ehe. Als sie in ihrer spirituellen Praxis darüber nachdachte, wurde ihr bewusst, dass »wenn ich mich selbst als Opfer bezeichne, ich damit sofort jemand anderen als Täter etikettiere«. Und sehr schnell dreht sich der Täter zu dir um und nennt dich den Täter, und ehe man sich versieht, »sitzt man in dieser Opfer-Täter-Schaukel fest, und jeder ist ein Opfer *und* ein Täter.« In dieser Dynamik »ist man zu verschiedenen Zeitpunkten, mit verschiedenen Menschen, in verschiedenen Situationen Opfer und Täter«. Christiana hat das bei den Verhandlungen beobachtet. Die Entwicklungsländer »sind objektiv Opfer des Klimawandels, aber sie müssen nicht auf der Strecke bleiben. Wir können aus der Opfer-Täter-Dynamik herauskommen.« Menschen können die Realität einer historischen Verantwortung anerkennen und gleichzeitig »eine zukunftsorientierte gemeinsame Verantwortung, die mit der Zukunft des Planeten und der Zukunft aller Menschen auf dem Planeten zu tun hat,

anerkennen«. Und während Christiana sich aus ihrer eigenen Dynamik als Opfer und Täterin befreite, begann sie zu sehen, wie diese sich auch bei den Verhandlungen veränderte.
Mitgefühl für alle Seiten spielte dabei eine Rolle. Auf die Frage, ob sie Liebe für die Koch-Brüder aufbringen könne, reiche Industrielle, die von fossilen Treibstoffen profitiert haben und sich einer klimaschützenden Gesetzgebung widersetzen, ist Christiana ganz klar:

> *Hier liegt die Schwierigkeit: Wir können keine Ausnahme machen; wirklich nicht. Und obwohl mich das, was sie tun, sehr wütend macht, tut das meiner spirituellen Liebe für sie keinen Abbruch, denn sie sind auch auf diesem Planeten. Meine Herausforderung besteht darin, meinen Bogen der Liebe über diejenigen zu spannen, die mir nahestehen, die ich liebe, die zu meinem Lager gehören. Aber ich muss diesen Bogen der Liebe auch über diejenigen spannen, mit denen ich nicht einverstanden bin, über die Menschen, die ich nie getroffen habe. Ich hatte faszinierende Gespräche mit den Koch-Brüdern, und selbst in ihnen steckt etwas Gutes. In dem Moment, in dem man sich auf das Spiel der Schuldzuweisung einlässt und eine Person, ein Unternehmen oder einen Sektor dämonisiert, hat man das Spiel schon verloren. In dem Moment, in dem man damit anfängt, rutscht alles auf eine andere Ebene, aus der es sehr schwierig ist, wieder herauszukommen, denn irgendjemand muss gewinnen, und irgendjemand wird verlieren. Und das ist nicht der Raum, in dem ich arbeiten möchte. Ich möchte in einem Raum arbeiten, in dem wir alle gewinnen.*

Christiana ist sich sicher, dass wir alle einen Beitrag zu einer radikal neuen Zukunft leisten können, in der jeder gehört, jede einbezogen wird und jede Seite gewinnt. Das ist die Vision von Dr. Kings »geliebter Gemeinschaft«, in die wir sogar unsere Feinde einbeziehen können. Christiana besteht darauf, dass jeder und jede von uns etwas beizutragen hat:

Es geht nicht um Macht »über« irgendetwas; es geht um Macht »für« – Macht für die Veränderung, Macht für das Gute. Es geht nicht um das Privileg des »Habens«, sondern um das Privileg des Seins, ein Mensch zu sein, und um das Privileg, im Dienst der Menschheit zu stehen. Gibt es ein besseres Privileg für uns alle? Das Privileg, das wir alle teilen, ist das Privileg, jetzt am Leben zu sein und in diesem unglaublichen zeitgeschichtlichen Moment Mensch zu sein. Indem wir in unsere eigene Verletzlichkeit eintauchen, machen wir uns menschlich, und das ist der Punkt, an dem wir uns miteinander verbinden und ganz plötzlich entdecken, wo die Macht wirklich liegt – die Macht zu verändern und die Fähigkeit, uns zu verbessern und zusammenzuarbeiten, es gibt sie wirklich. Wenn wir uns treffen und Hand in Hand arbeiten und Hand in Hand mit dem gehen, was wir als Menschen sind, gehen wir so viel schneller und weiter.

——— T. D.

HEILUNG NACH HAUSE BRINGEN

Es gibt Eltern, die sich vom Leben ungerecht behandelt oder gar geschlagen fühlen, viele von ihnen haben schon in ihrer Kindheit Schaden genommen. Ihre Herzen sind voller Frustration, Wut und Hass. Weil sie nicht wissen, wie sie diese gewalttätigen Energien umwandeln können, fügen sie sich und ihren Kindern weiter Leid zu. Die Kinder ertragen die Gewalt und wagen nicht, sich zu wehren. Die Gewalt staut sich in ihnen auf und bricht sich Bahn, wann immer die Gelegenheit dazu da ist. In unzähligen Familien ist die Kommunikation gestört: Keiner weiß, wie man zuhört, es gibt Missverständnisse, und alle leiden darunter. Wenn wir nicht wissen, wie wir diese Energien in uns selbst, in unseren Familien und in unserer Generation transformieren können, zerstören wir unsere Zukunft.

Die Praxis des tiefen Zuhörens und liebevollen Sprechens kann unserem Vater, unserer Mutter, unserem Bruder, unserer Schwester, unserem Freund, unserer Partnerin helfen. Ich kenne viele junge Menschen, die durch die Achtsamkeitspraxis ihre eigenen Schwierigkeiten und die ihrer Eltern anzunehmen, zu heilen und zu transformieren vermochten. Sie haben mein Vertrauen gestärkt, dass es immer noch einen Ausweg gibt. Wir haben einen Weg und müssen nichts befürchten. Diesen Weg müssen wir nur gemeinsam gehen.

Mit einer ruhigen, aufrichtigen und fürsorglichen Stimme können Sie so etwas sagen wie: »Mutter, Vater, ich weiß, dass ihr in den letzten Jahren mit vielen Schwierigkeiten und Verletzungen zu kämpfen hattet, die ihr nicht zur Sprache bringen konntet. Und ich war nicht in der Lage, euch zu helfen. Stattdessen habe ich alles nur noch schlimmer gemacht. Das sehe ich jetzt ein, und es tut mir leid. Ich verspreche euch, dass ich von jetzt an damit aufhören werde, euch zu beschuldigen und zu provozieren. Ich möchte aber etwas tun, damit ihr weniger leidet. Liebe Eltern, bitte erzählt mir, wie es für euch war. Ich möchte verstehen, was schwierig für euch ist und was euch bedrückt. Auch ich habe da einiges, was ich gerne mit euch teilen möchte. Ich weiß, dass ich in der Vergangenheit oft gedankenlos, reaktiv und ungeschickt gewesen bin. Bitte helft mir, dass ich nicht wieder in dieselben Fehler verfalle. Es gibt so viele Dinge, die ich verwirklichen möchte, aber ich hatte dazu noch keine Gelegenheit. Ich möchte das Richtige tun, und ich möchte, dass ihr stolz auf mich seid, aber ich brauche eure Hilfe. Bitte sagt mir, was ich falsch gemacht habe und wo ich ungeschickt war. Ich verspreche, euch zuzuhören, und ich werde nicht wie früher reagieren. Bitte, helft mir.« So sprechen Sie als Bodhisattva Avalokiteshvara und sind bereit, mitfühlend zuzuhören.

Um damit erfolgreich zu sein, müssen Sie mit Ihrem ganzen Herzen dabei sein. Wenn Ihr Vater sich in der Lage fühlt zu sprechen, mag er vielleicht nicht in einer liebevollen Weise sprechen, weil er noch nicht gelernt hat, wie das geht. Seine Worte können voller Bitterkeit, Wut, Schuldzuweisungen oder Anschuldigungen sein, aber wenn Sie Ihr Mitgefühl in Ihrem Herzen lebendig halten, schützt Sie das. Ganz gleich, was er sagt, Sie werden nicht ungeduldig, unterbrechen ihn nicht oder sagen ihm, dass er im Unrecht sei. Das würde ihn nur frustrieren und dazu führen, dass er sich verschließt und einen neuen Streit anfängt. Erinnern Sie sich daran: »Augenblicklich höre ich nur zu. Später werde ich Zeit haben, ihn darüber aufzuklären, was wirklich passiert ist, damit er seine falschen Vorstellungen korrigieren kann. Jetzt geht es nur ums Zuhören.« Wenn es Ihnen gelingt, das Mitgefühl während der gesamten Zeit des Zuhörens in Ihrem Herzen wachzuhalten, dann haben Sie es geschafft.

Wenn Ihr Vater oder Ihre Mutter zögern, können Sie sie sanft zum Sprechen ermutigen, indem Sie so etwas sagen wie: »Vater, ich hatte keine Ahnung, dass du eine so schwierige Zeit hattest« oder »Mutter, ich wusste ja gar nicht, dass du so viel durchmachen musstest«.

Dank der Praxis des tiefen Zuhörens konnten sich Tausende von Eltern mit ihren Kindern versöhnen. Wenn uns jemand eine Stunde lang zugehört hat, fühlen wir uns schon viel besser, so als hätten wir gerade eine gute Dosis Vitamine zu uns genommen. Wenn sich die Lage erst einmal beruhigt hat und die Zeit reif ist, können Sie Wege finden, um mehr Informationen über die Geschehnisse anzubieten, damit Sie etwaige falschen Vorstellungen korrigieren können. Am besten ist es, wenn Sie dabei langsam und nicht mit allen Informationen auf einmal kommen, damit Ihre Eltern sie aufnehmen können und Zeit haben, darüber nachzudenken. Wenn Sie ungeduldig werden und alles mit einem Mal klären wollen, werden sie damit vielleicht nicht umgehen können. Mitgefühl geht einher mit Geduld.

HEILENDE WORTE

Wenn Sie es geschafft haben, Ihren Eltern zuzuhören, mögen Sie sie vielleicht fragen, ob sie bereit sind, sich einen Moment Zeit dafür zu nehmen, um nun Ihnen zuzuhören. Sie können Dinge in Worte fassen, die Sie ihnen noch nie gesagt haben. Sie haben das Recht und die Verantwortung, über das, was Ihnen zutiefst auf dem Herzen liegt, zu sprechen, und das schließt Ihre Schwierigkeiten, Verletzungen oder Träume ein. Indem Sie achtsam atmen und so alle heftigen Emotionen umarmen, können Sie Ihre Worte geschickt wählen, und die andere Person vermag sie leicht aufzunehmen. Damit helfen sie ihr, ihre Wahrnehmungen zu korrigieren und Schmerzen, Schwierigkeiten, Ungerechtigkeiten oder Träume anzuerkennen. Ihre liebevollen Worte wecken die Empfänglichkeit Ihres Gegenübers. Wir sprechen über unseren Schmerz, unsere Schwierigkeiten und unsere Träume, ohne Anschuldigungen oder Verurteilungen, ohne Bitterkeit oder Spott. Wir können um seine Unterstützung bitten, darum, dass er uns, ohne zu unterbrechen, zuhört, damit wir die Möglichkeit haben, alles mitzuteilen, was uns auf dem Herzen liegt.

Ich vertraue darauf, dass Sie das können. Aus einem Gefühl der Verletztheit heraus geschieht es so leicht, dass wir Worte benutzen, die uns selbst und denen, die uns wichtig sind, schaden. Durch liebevolle, geschickt gewählte Worte hören wir auf, uns gegenseitig zu verletzen, und können beginnen zu heilen. Worte kosten nichts, aber sie können Hoffnung geben, unsere Liebe stärken, die Kommunikation wiederherstellen und uns aus großem Kummer und tiefer Verzweiflung herausholen. Mit nur ein paar freundlichen, liebevollen Worten können Sie vielen Menschen Glück schenken, auch sich selbst. Ich habe das mit Erfolg getan. Und viele meiner jungen Freundinnen und Freunde haben es auch geschafft. Glauben Sie nicht, Sie könnten anderen nur dann helfen, wenn Sie über Geld oder Macht verfügten. Sie können ihnen jetzt schon helfen, mit liebevollen Worten.

Sie müssen auch zu sich selbst in liebevoller Weise sprechen. Viele von uns haben als Kinder gelitten, und diese Wunden sind noch nicht verheilt. Sagen Sie liebevoll zu sich: »Ich weiß, dass du in mir bist, mein verwundetes kleines Kind. Es tut mir leid, ich war immer so beschäftigt, dass ich mir keine Zeit genommen habe, mich dir zuzuwenden und mich um dich zu kümmern. Jetzt aber bin ich hier.« Mit achtsamem Atmen leisten Sie Ihrem inneren Kind Gesellschaft und helfen ihm zu heilen. Das ist Meditation.

Es ist sehr dringend, dass wir uns unserem inneren Kind widmen. Sagen Sie ihm: »Schau, wir sind jetzt erwachsen geworden. Wir sind nicht mehr so verletzlich, wie wir es einmal waren. Wir können uns gut schützen und uns sehr gut verteidigen.« Sagen Sie dem kleinen Jungen, dem kleinen Mädchen drinnen: »Hab keine Angst. Lass uns hinausgehen und den Sonnenschein genießen, die schönen Hügel und Bäume. Du brauchst dich nicht zu verstecken.« Diese Art der Meditation vermag uns zu heilen. Vielleicht gibt es noch große Ängste und eine Tendenz zum Rückzug. Sprechen Sie also mit dem kleinen Jungen oder dem kleinen Mädchen in Ihnen, und laden Sie ihn oder sie ein, mit Ihnen den gegenwärtigen Moment zu genießen. Das ist möglich. Mit einigen Tagen Übung können Sie mit Ihrem inneren Kind ins Gespräch kommen und die Heilung finden, die Sie brauchen.

Die Kunst des Kommunizierens erlernen

Es ist eine Kunst, unsere starken Emotionen und unsere Wut zu umarmen, damit wir nicht noch mehr Schaden durch unsere Worte anrichten. Es ist möglich, uns darin zu üben, die Energie des Zorns oder der Wut in ein starkes und liebevolles Mitgefühl umzuwandeln, das uns in unserem Handeln unterstützt und uns nicht ausbrennen lässt. Das ist nicht immer einfach. Manchmal müssen wir vielleicht unserer Wut durch Joggen, indem wir zum Himmel schreien oder weinend zu Boden fallen, ein Ventil schaffen. Das ist okay. Wir leben in schwierigen Zeiten, aber mit einer spirituellen Praxis und kollektiver Unterstützung werden wir einen liebevollen Umgang damit finden. Wir können uns damit trösten, dass Thay ein ganzes Buch über das Thema Wut geschrieben hat (*Umarme deine Wut**);

* Thich Nhat Hanh, Umarme deine Wut, Droemer Knaur Verlag, 2020

es ist ein Gefühl, mit dem er sehr vertraut ist. Durch das Beispiel seines eigenen Lebens zeigt Thay, dass es möglich ist, diese Energie in einfühlsames, liebevolles Handeln umzuwandeln und umzuleiten.

Wie wir in diesem Kapitel entdeckt haben, geht es bei tiefer, mitfühlender Kommunikation nicht um die Überwindung von Bedürfnissen oder die Verteidigung eines bestimmten Standpunkts. Die radikale Einsicht, die uns die Meditation schenkt, ist, dass wir unbeständig sind und auch unsere Ansichten und Positionen unbeständig sind, und wir spüren, dass die Wahrheit unserer wechselseitigen Verbundenheit, unseres Interseins, sehr tiefgreifend ist. Es ist wichtig, offen und neugierig zu sein, wenn wir in einen Dialog treten, bereit, loszulassen und unsere Sichtweise zu ändern. Wir können keine scharfe Grenze zwischen uns und anderen oder zwischen unserer eigenen Transformation und der Veränderung der Gesamtsituation ziehen. Deshalb ist wahre Kommunikation immer möglich, selbst dann, wenn es zunächst fast aussichtslos erscheint.

Auf der folgenden Seite finden Sie den kurzen Text der Achtsamkeitsübung in Bezug auf liebevolles Sprechen und tiefes Zuhören. Vielleicht lesen Sie ihn langsam und denken immer wieder darüber nach, wie er Sie in Ihren Bemühungen um mutige, mitfühlende Gespräche herausfordern oder inspirieren kann.

——————————— T. D.

DIE ACHTSAMKEITSÜBUNG ÜBER LIEBEVOLLES SPRECHEN UND TIEFES ZUHÖREN

Im Bewusstsein des Leidens, das durch unachtsame Rede und aus der Unfähigkeit, anderen zuzuhören, entsteht, bin ich entschlossen, liebevolles Sprechen und mitfühlendes Zuhören zu üben, um Leiden zu lindern und Versöhnung und Frieden in mir und zwischen anderen Menschen, ethnischen und religiösen Gruppen und Nationen zu fördern. Im Wissen, dass Worte sowohl Glück als auch Leiden hervorrufen können, bin ich entschlossen, wahrhaftig zu sprechen und Worte zu gebrauchen, die Vertrauen, Freude und Hoffnung wecken. Wenn Ärger in mir aufsteigt, bin ich entschlossen, nicht zu sprechen. Ich werde achtsames Atmen und Gehen praktizieren, um meinen Ärger zu erkennen und tief in seine Wurzeln zu schauen, besonders in meine falschen Wahrnehmungen und mein fehlendes Verständnis für mein eigenes Leiden und das der anderen Person. Ich werde in einer Weise sprechen und zuhören, die mir und dem anderen helfen kann, Leiden zu transformieren und einen Weg aus schwierigen Situationen zu finden. Ich bin entschlossen, keine Nachrichten zu verbreiten, wenn ich nicht sicher bin, dass sie der Wahrheit entsprechen, und Äußerungen zu unterlassen, die Trennung oder Uneinigkeit verursachen können. Ich werde »Rechtes Bemühen« praktizieren, um meine Fähigkeit zu Liebe, Verstehen, Freude und Unvoreingenommenheit zu nähren und um allmählich Ärger, Gewalt und Angst, die tief in meinem Bewusstsein liegen, zu verwandeln.

WAHRE LIEBE: WIE WIRD SIE REAL?

DIE LIEBE IST EIN TREIBSTOFF

Mit dem Geist der Liebe haben wir ein brennendes Herz und die Vitalität und die Kraft, alles zu tun, was wir tun wollen. Der Geist der Liebe ist die Energie eines Bodhisattva, der gelobt, ein Instrument des Friedens, des Mitgefühls und des Wohlbefindens in der Welt zu werden. Der Geist der Liebe kann nähren und heilen. Er kann uns helfen, den Planeten zu schützen. Der Geist der Liebe geht einher mit Erwachen, mit Erleuchtung. Das Verstehen ist die eigentliche Grundlage der Liebe; es ist ein anderes Wort für Liebe, denn sobald wir verstehen, beginnen wir bereits zu lieben. Es gibt eine sehr tiefe Verbindung zwischen dem Herzen und dem Geist.

In Plum Village haben wir eine sehr einfache Definition von Liebe. Wir sagen, dass Liebe bedeutet, da zu sein: da zu sein, vor allem für uns selbst und für die Wunder des Lebens und der Erde um uns herum. Und wenn Sie wirklich präsent sind, können Sie dieses Präsentsein denjenigen anbieten, die Sie lieben. Wenn Sie nicht da sind, wie können Sie dann lieben? Sind Sie aber tatsächlich präsent, ist das bereits Zen. Meditation bedeutet, wirklich präsent zu sein, tief zu schauen und die Menschen und Wunder um uns herum zu erkennen. Und wenn wir die Gegenwart des anderen anerkennen, ist er glücklich, und wir sind es auch. Manchmal, wenn ich in einer Vollmondnacht eine Gehmeditation mache, schaue ich zum Mond hinauf, lächle und sage: »Danke, Mond, dass du da bist. Danke, Sterne, dass ihr da seid.« Ich erkenne ihre Anwesenheit an.

Wenn wir mit den Augen der Nicht-Dualität schauen, können wir eine sehr enge Beziehung zwischen unserem Herzen und dem Herzen der Erde herstellen. Wenn wir sehen, dass unsere schöne Erde keine träge Materie ist, sondern ein lebendiges Wesen, entsteht in uns sofort eine Art Verbindung, eine Art Liebe. Wir bewundern, wir lieben die Erde, und wir wollen mit ihr verbunden sein. Das ist die Bedeutung der Liebe: eins zu sein mit ... Wenn man jemanden liebt, möchte man sagen: »Ich brauche dich; ich nehme Zuflucht zu dir.« Es ist eine Art Gebet, doch es ist kein Aberglaube. Sie lieben die Erde, und die Erde liebt Sie. Sie vertrauen Ihre Liebe der Erde an und wissen, dass sie Sie niemals verraten wird. Sie würden alles tun für das Wohlergehen der Erde, und die Erde würde alles für Ihr Wohlbefinden tun. Und diese Verbindung beginnt mit Achtsamkeit. Ihnen wird bewusst, dass Sie ein *Kind* der Erde sind und Sie die Erde in sich tragen. Mutter Erde ist nicht *außerhalb* von Ihnen, sie ist in Ihnen. Mutter Erde ist nicht Ihre Umgebung; Sie sind ein *Teil* von Mutter Erde. Und die Einsicht in diese wechselseitige Verbundenheit und Verwobenheit, dieses Intersein, und in diese nicht wertende Unterscheidung hilft Ihnen, wahrhaftig in Gemeinschaft mit der Erde zu sein.

Einigen von uns fällt es möglicherweise schwer, die Erde zu lieben. Wir nehmen es ihr vielleicht übel, beschuldigen sie oder machen ihr Vorwürfe, dass sie uns in ein so schwieriges, leidvolles Leben gebracht hat. Wir wünschen uns vielleicht, niemals wiedergeboren worden zu sein, oder wünschen uns, irgendwo anders geboren zu werden. Aber wenn wir tief schauen, ist es möglich, alles Leid zu überwinden und die wahre Natur der Erde und unserer selbst zu erkennen.

IM BAUCH DER ERDE

Die Erde ist in uns, und wir sind bereits in der Erde. Wir brauchen nicht zu warten, bis wir sterben, um zur Erde zurückzukehren. Wir müssen lernen, Zuflucht zu Mutter Erde zu nehmen – das ist der beste Weg, uns zu heilen und zu nähren. Möglich ist uns das, wenn wie der Erde erlauben *zu sein*, in uns und um uns herum – und wir uns einfach bewusst sind, *dass wir die Erde sind.* Wir müssen nicht viel tun. Tatsächlich müssen wir überhaupt nichts tun. Es ist wie damals, als wir im Mutterleib waren. Wir brauchten nicht zu atmen, wir mussten nicht essen, denn unsere Mutter atmete für uns und aß für uns. Wir brauchten uns um nichts zu kümmern und zu sorgen.

Das können Sie jetzt auch tun, wenn Sie meditieren. Erlauben Sie Mutter Erde, für Sie zu sitzen. Lassen Sie die Erde für Sie atmen, lassen Sie die Erde für Sie gehen. Strengen Sie sich nicht an. Erlauben Sie ihr, das zu tun. Sie weiß, wie. Versuchen Sie nicht, irgendetwas zu tun. Versuchen Sie nicht, darum zu kämpfen, gut zu sitzen. Versuchen Sie nicht, ein- und auszuatmen. Versuchen Sie nicht einmal, friedvoll zu sein. Erlauben Sie der Erde, all das für Sie zu tun. Lassen Sie die Luft in Ihre Lungen einströmen und wieder ausströmen. Wir müssen uns nicht anstrengen, um ein- oder auszuatmen. Erlauben Sie einfach der Natur, der Erde, für Sie ein- und auszuatmen. Sitzen Sie einfach da, und genießen Sie das Einatmen und das Ausatmen. Es gibt das Atmen, aber es gibt kein »Ich«, das einatmet oder ausatmet. Wir brauchen kein »Ich«, um ein- und auszuatmen. Einatmen und Ausatmen geschehen von selbst. Probieren Sie es aus!

Erlauben Sie sich, sich hinzusetzen. Erlauben Sie sich, Sie selbst zu sein. Tun Sie nichts. Lassen Sie das Sitzen einfach geschehen. Strengen Sie sich dabei nicht an. Dann stellt sich Entspannung ein. Und wissen Sie was? Mit Entspannung beginnt Heilung. Ohne Entspannung gibt es keine Heilung. Entspannung bedeutet, nichts zu tun, nichts zu versuchen. Also, während »es« einatmet, atmet kein »Ich« ein – Sie genießen einfach das Atmen und sagen sich im Stillen beim Einatmen: »Heilung findet statt«, und wenn »es« ausatmet, sagen Sie wieder: »Heilung findet statt.« Erlauben Sie Ihrem Körper zu heilen, sich zu erneuern, genährt zu werden. Dies nennen wir im Zen »die Praxis des Nicht-Praktizierens«.

Wenn wir die Praxis des Nicht-Praktizierens kennen, müssen wir uns nicht anstrengen oder kämpfen. Wir erlauben unserem Körper einfach zu heilen. Wir erlauben unserem Geist zu heilen. Ohne unser Zutun. Entspannen Sie sich einfach. Lassen Sie alle Spannungen in Ihrem Körper los und alle Sorgen und Ängste in Ihrem Geist. Lassen Sie sich von der Erde halten, ob Sie nun sitzen, gehen, liegen oder stehen. Lassen Sie sich von der Erde und der Sonne umarmen, dann kann Heilung stattfinden. Sitzen Sie so, dass Sie sich dabei nicht anstrengen. Sie genießen einfach Ihr Sitzen in vollen Zügen, es gibt nichts für Sie zu tun, nirgendwohin zu gehen. Und wenn Sie eine halbe Stunde lang so sitzen, geschieht eine halbe Stunde lang Heilung. Sitzen Sie eine Stunde lang, geschieht eine Stunde lang Heilung. Bei einem ganzen Sitz-Tag geschieht einen ganzen Tag lang Heilung. Das ist möglich. Lassen Sie es sich gut gehen, lassen Sie sich heilen und nähren. Das braucht keine Anstrengung. Nehmen Sie einfach Zuflucht zu Mutter Erde; sie weiß, wie es geht, und sie wird es für Sie tun.

HUNGRIG NACH LIEBE

Wir alle hungern nach Frieden, nach Verstehen und nach Liebe. Vielleicht sind wir auf der Suche nach jemandem, der uns Liebe schenkt, aber wir haben noch niemanden gefunden. Wie sehr wir der Gesellschaft oder dem Planeten auch helfen wollen, solange unser Grundbedürfnis nach Liebe nicht erfüllt ist, sind wir dazu gar nicht in der Lage.

In einer Beziehung – in jeder Art von Beziehung, ob es sich um Eltern-Kind-Beziehungen oder partnerschaftliche handelt – wünschen wir uns, dass die andere Person uns drei Dinge geben kann: etwas inneren Frieden, etwas Verstehen und etwas Liebe. Und wenn sie uns das nicht geben kann, erfüllt die Beziehung unsere Bedürfnisse nicht, und wir leiden darunter. Also, was sollen wir tun? Eine gute Frage, die wir uns stellen sollten, ist: Wie kann ich selbst die Energien des Friedens, des Verstehens und der Liebe erzeugen, sie schaffen?

Vielleicht leidet die Person, die wir lieben. Sie hat ihre eigenen Schwierigkeiten, aber auch ihre Träume und Hoffnungen, doch wenn wir sie darin nicht verstehen, werden wir nicht in der Lage sein, ihr die zweite Komponente zu geben: Verstehen. Wie kann ich den anderen mit der mit der richtigen Art Liebe nähren? Zuerst einmal müssen wir unsere eigenen Schwierigkeiten und Leiden verstehen, um andere lieben zu können.

Sie wollen sich selbst lieben, aber haben Sie überhaupt die *Zeit*, sich selbst zu lieben und sich um Ihren Körper und Ihre Gefühle zu kümmern? Wenn Sie sich keine Zeit dafür nehmen, wie können Sie dann jemand anderem helfen? Wie können Sie lieben? Alles, was Sie in Ihrem täglichen Leben tun, kann ein Akt der Liebe sein. Wenn Sie eine Stunde am Stück am Computer gearbeitet haben, nehmen Sie sich dann die Zeit, mit der Arbeit aufzuhören, zu Ihrem Körper zurückzukehren und das Atmen zu genießen? Das kann ein kraftvoller Akt der Versöhnung sein, ein Akt der Liebe. Achtsames Gehen üben oder Tiefenentspannung, um Spannungen im Körper zu lösen, kann ein Akt der Liebe sein. Es ist möglich, sich mit sich selbst zu versöhnen, und zwar auf gewaltfreie, sanfte Weise. Sagen Sie still zu sich: »Lieber Körper, ich bin für dich da.« Sie versöhnen sich mit Ihrem Körper, Sie versöhnen sich mit sich selbst. Die Frage ist: »Nehme ich mir auseichend Zeit dafür, mich um mich selbst zu kümmern, um zu heilen, damit ich lieben kann, damit ich dienen kann, damit ich zur Heilung der Gesellschaft beitragen kann?«

Wenn wir damit kämpfen, unsere Handlungen und Gewohnheitsenergien zu akzeptieren, wird es uns schwerfallen, uns selbst zu lieben. Vielleicht entwickeln wir auch Gefühle von Selbsthass oder Wut auf uns selbst. Wenn dem so ist, können wir uns in unserer Meditation die Zeit nehmen, unsere Handlungen tief zu durchleuchten, um die Samen zu erkennen, die zu ihnen geführt haben. Diese stammen vielleicht von Ihren Vorfahren. Die Energie Ihres Vaters, Großvaters oder Urgroßvaters kann durch Ihre Handlung hindurch gewirkt haben, oder vielleicht war es die Ihrer Mutter, Ihrer Großmutter oder Urgroßmutter. Erinnern Sie sich daran, dass Sie aus Nicht-Ich-Elementen bestehen. Da gibt es Samen von Handlungen, die Sie in Ihrem Leben selbst eingesetzt haben, und andere Samen, bei denen das lange vorher geschah. Sie müssen also alle Ihre Handlungen untersuchen – ob sie gut, schlecht oder neutral waren – und sie im Licht des Nicht-Selbst sehen.

Manchmal drängt uns eine Gewohnheitsenergie dazu, etwas zu tun oder zu sagen. Wir wollen es nicht tun, aber wir können nicht anders. Vielleicht merken wir es noch nicht einmal. Es ist, als ob die Gewohnheit, die Saat stärker wäre. Die Praxis der Achtsamkeit gibt Ihnen die Möglichkeit, das Element des Gewahrseins zu nutzen. Das ist sehr interessant. Sind Sie wirklich neugierig genug, werden Sie in der Lage sein, tief zu schauen, konzentriert zu sein und die Wurzeln dieser Handlung zu erkennen. Und wenn Sie erkennen, dass die Handlung weder Ihnen noch der Welt guttut, beschließen Sie, sie nicht zu wiederholen. Auf diese Weise üben wir für alle unsere Vorfahren und die zukünftigen Generationen und nicht nur für uns selbst. Wir üben für die ganze Welt.

LIEBE OHNE GRENZEN

Die wahre Natur der Liebe ist allumfassend, nicht wertende Unterscheidung. Solange wir noch wertende Unterscheidungen treffen, kann man noch nicht von wahrer Liebe sprechen. Im Buddhismus sprechen wir von »Liebe ohne Grenzen« – von Vier Unermesslichen Geisteszuständen.

Der erste ist *maitri*, was mit »liebender Güte, Freundschaft oder Gemeinschaftlichkeit« übersetzt werden kann. Maitri hat die Kraft, Glück zu schenken. Wenn Liebe kein Glück bringt, ist sie keine wahre Liebe. Und so ist maitri nicht nur die *Bereitschaft*, Glück zu schenken, sondern auch die *Fähigkeit*, es tatsächlich zu tun. Wenn Liebe Glück schenken kann, ist es wahre Liebe. Schauen Sie, ob es in Ihrer Beziehung Maitrii gibt. Vielleicht ja noch recht schwach. Dann müssen Sie der Liebe zu wachsen helfen. Liebe ist etwas, das kultiviert werden muss.

Das zweite Element wahrer Liebe ist *karuna*, Mitgefühl. Karuna ist die Fähigkeit, Leid zu lindern und zu beseitigen. Wir müssen darauf achten, ob es in unsere Beziehung *karuna* gibt oder nicht: die Fähigkeit also, den Schmerz und das Leiden zu lindern und zu transformieren. Finden wir in unserer Freundschaft, in unserer Liebe, unserer Beziehung Karuna, handelt es sich um wahre Liebe.

Doch wenn unsere Liebe unseren Schmerz nicht lindert, sondern ihn sogar noch verschlimmert, dann ist es keine wahre Liebe.

Mitgefühl hat die Kraft zu heilen, und es gibt nie genug davon. Manche Psychotherapeuten sprechen von »compassion fatigue«. Aber wenn den Menschen das Mitgefühl ausgeht, liegt das daran, dass sie es nicht wissen, wie sie es erzeugen können. Die Müdigkeit rührt nicht von zu viel Mitgefühl her, sondern davon, dass uns das Mitgefühl ausgeht. Mitgefühl ist eine Art Kraft, eine Art Energie, um die wir uns jeden Tag aufs Neue bemühen müssen. Es ist eine Weise, anderen zu helfen, die gleichzeitig uns selbst hilft, und wir sollten sie erlernen. Es ist wie mit dem Baum in unserem Vorgarten: Alles, was der Baum tut, um ein gesunder, frischer Baum zu sein und zu bleiben, kommt der ganzen Welt zugute. In gleicher Weise ist alles, was Sie tun, um Ihr eigenes Mitgefühl am Leben zu erhalten, auch gut für die anderen.

Eine kollektive Energie des Mitgefühls zu schaffen ist eines der besten Dinge, die wir der Menschheit und anderen Arten anbieten können. Wir sollten das erlernen. Mitgefühl besteht *nur* aus Elementen des Nicht-Mitgefühls, und die Kunst besteht darin, diese Nicht-Mitgefühls-Elemente wie Angst, Wut und Verzweiflung zu nutzen, um Mitgefühl zu erzeugen. Wenn wir wissen, wie wir unserem Leid umgehen können, verwandeln wir es wieder in Mitgefühl und Liebe.

Das dritte Element der wahren Liebe ist *mudita*, Freude. Wahre Liebe beinhaltet stets Freude, für uns selbst und für die andere Person. Wenn unsere Liebe uns jeden Tag zum Weinen bringt, ist es keine wahre Liebe. Die Liebe sollte Freude bringen. Wir können den geliebten Menschen danach fragen. Macht dich unsere Liebe froh? Zu lieben bedeutet, für den geliebten Menschen *da zu sein.* Wir brauchen nichts zu kaufen, um ihm Freude zu bereiten; wir müssen einfach nur ganz da sein, präsent sein.

Das letzte Element der wahren Liebe ist *upeksa*, Inklusivität. Wir schließen nichts mehr aus, sondern schließen jeden und jede ein. Unsere Liebe kommt allen zugute, nicht nur einer Person. Sie und die Person, die Sie lieben, sind eins. Ihr Leiden ist auch Ihr Leiden; ihr Glück ist auch Ihr Glück. Sie können nicht sagen: »Das ist dein Problem.« Es gibt kein individuelles Glück; es gibt kein individuelles Leiden. Das ist die Bedeutung des Nicht-Selbst.

Eines Tages hielt der Buddha eine Schale mit Wasser in seiner linken Hand, und in der rechten Handfläche hatte er ein Häufchen Salz. Er schüttete das Salz in das Wasser und rührte es um. Er fragte die Mönche: »Meine lieben Freunde, glaubt ihr, dass ihr dieses Wasser trinken könntet? Es ist zu salzig! Aber wenn ihr diese Menge Salz in einen großen Fluss schütten würdet, würde es den Fluss überhaupt nicht salzig machen, und Tausende von Menschen könnten das Wasser weiterhin trinken.«

Ein Mensch mit einem großen, weiten Herz und viel Mitgefühl leidet nicht mehr. Die Dinge, die für andere leidvoll sind, bereiten ihm kein Leid mehr, so wie eine Handvoll Salz das Wasser in einer Schüssel sehr salzig macht, aber nicht einen Fluss. Wenn uns eng ums Herz ist, besteht die Übung darin, unser Mitgefühl und unsere Inklusivität zu stärken, indem wir uns zuerst um unser eigenes Leiden kümmern.

Ich möchte dem Buddha helfen und zwei weitere Elemente wahrer Liebe hinzufügen: *Vertrauen* und *Ehrfurcht*. Natürlich sind diese beiden Elemente auch in den Vier Unermesslichen Geisteszuständen zu finden, aber um sie deutlicher zu machen, müssen wir sie namentlich aufführen. Wenn man jemanden liebt, muss es auch Vertrauen geben, es muss Zuversicht herrschen. Liebe ohne Vertrauen ist noch keine Liebe.

Eines der Dinge, auf die Sie vertrauen können, ist, dass Sie die Buddhaschaft haben, dass es ein Erwachen in Ihnen gibt.

Vertrauen Sie darauf, dass Sie den ganzen Kosmos in sich enthalten; Sie sind aus Sternenstaub gemacht. Deshalb sollten Sie sich respektieren und Ehrfurcht entgegenbringen. Und wenn Sie einen anderen Menschen anschauen, erkennen Sie, dass auch er aus Sternenstaub besteht. Wir alle sind wunderbare Manifestationen. Wir erscheinen nicht nur für hundert Jahre: Wir tragen die Ewigkeit in uns.

Wahre Liebe ist etwas sehr Reales: Wir können erkennen, ob sie da ist oder nicht. Wir brauchen Zeit, und wir brauchen etwas Übung, um sie zu kultivieren. Wahre Liebe ist wie ein Samen in jedem Menschen vorhanden, aber wir müssen den Samen gießen, damit er wachsen kann. Wenn wir in der Lage sind, all diese Elemente zu kultivieren – Liebe, Freundlichkeit, Mitgefühl, Freude, Inklusivität, Vertrauen und Ehrfurcht –, wird die Saat der Liebe in unserem Körper und Geist aufgehen. Die Liebe wird uns erfüllen.

Die Liebe ist wie das Licht. Bei einer Glühbirne erstrahlt das Licht, sobald Elektrizität vorhanden ist. Und so leuchtet auch die Liebe. Die Liebe erhellt alles, ohne Unterscheidung. Das ist die wahre Liebe, die der Buddha gelehrt hat: die Art Liebe, die unser Leiden beendet, die Art Liebe, die uns nährt und heilt. Meist lieben wir anfangs nur eine Person, aber wenn es wahre Liebe ist, wird sie wachsen und sich ausdehnen und schließlich alle Wesen umfassen, nicht nur Menschen, sondern alle Tiere, Pflanzen und Arten.

Es gibt eine Kunst der Seelenverwandtschaft; wir erlernen sie aber nicht in der Schule

Der Mönch Ananda fragte den Buddha einst: »Ist es wahr, dass gute spirituelle Freunde zu haben schon die Hälfte des spirituellen Weges ist?« Wir wissen, dass Meditation wichtig ist, wir wissen, dass rechtes Handeln wichtig ist, aber wie wichtig ist es, gute Freundinnen zu haben? Fünfzig Prozent wichtig? Die Antwort des Buddha lautete: »Nein, Ananda. Gute spirituelle Freunde zu haben ist nicht der halbe Weg: Es ist der ganze Weg.« Thay drückt es auf seine Art aus: »Nichts ist wichtiger als Brüderlichkeit und Schwesternschaft.« Vielleicht spricht man in unserer Generation eher von »Liebe, Freundschaft und Solidarität«.

Als ich in meinen frühen Zwanzigern zum ersten Mal nach Plum Village kam, hörte ich Thay über die Macht der Sehnsucht, des tiefen inneren Bestrebens lehren: wie wichtig es ist, ein Gelübde abzulegen und sich zu verpflichten, auf eine bestimmte Art und Weise zu leben. Wir bekennen uns zu unseren Idealen und verpflichten uns, ihnen gerecht zu werden. Die Energie einer solchen Verpflichtung gibt uns die Entschlossenheit, diejenigen Gewohnheiten zu verändern, die uns davon zurückzuhalten suchen. Thay sprach auch über die Bedeutung unseres Engagements in Beziehungen: wie wir uns einander verpflichten und füreinander einsetzen müssen; wir können nicht einfach Schönwetter-Freunde oder -Freundinnen sein. Wir müssen uns versprechen, in den schwierigsten Momenten füreinander da zu sein – das ist echte Solidarität, echte Freundschaft, wahre Liebe.

Damals lebte ich in einer Beziehung, konnte mir aber nicht so recht vorstellen, wie die Lehren über die Unbeständigkeit mit den Lehren über die Liebe zusammenpassten: Wie kann man die Verpflichtung eingehen, jemanden zu lieben, wenn man selbst unbeständig ist und die andere Person auch? Ist dann nicht diese wechselseitige Verpflichtung ebenfalls unbeständig? Während eines einundzwanzigtägigen Retreats stellten mein Partner und ich Thay die Frage: »Wie können wir uns, angesichts der Unbeständigkeit, einander verpflichten?« Thay lächelte. Er sah uns abwechselnd an und fragte: »Bist du die gleiche Person, die du gestern warst? Die Wahrheit ist, dass ihr weder dieselbe seid noch eine andere; ihr seid nicht dieselbe, aber ihr seid auch keine völlig andere Person.«

Wir glauben, dass wir die Person, die wir lieben, kennen, aber vielleicht sollten wir uns da nicht so sicher sein. Jeder von uns ist ein sich ständig verändernder Strom: von einem Moment zum nächsten verändert sich unser Körper, unsere Gefühle verändern sich, und unsere Wahrnehmungen verändern sich. Das ist beängstigend. Wir wollen nicht unbedingt, dass sich unsere Lieben verändern. Vielleicht gibt es ein paar *ganz bestimmte* Dinge, die wir bei der anderen Person gern anders hätten, aber im Allgemeinen haben wir Angst vor Veränderung: Wir haben Angst, die Person zu verlieren, die wir lieben, oder die Person, die uns liebt, zu verlieren.

Thay lehrte uns, die Art Einsicht zu kultivieren, der zufolge sich alles *verändert*, und die Herausforderung besteht darin, dass es sich immer zum Besseren und nicht zum Schlechteren verändert. Er lehrte uns, uns gegenseitig als Garten zu sehen. Es mag verschiedene Arten von Pflanzen, Blumen und Bäumen in unserem Garten geben, und als Gärtner des Gartens unseres Partners, unserer Partnerin können wir dazu beitragen, die Bedingungen für Sonnenschein, Regen und Schatten zu schaffen, je nach Bedarf. Als Gärtnerin ist es auch unsere Aufgabe, uns um das Unkraut und den Kompost des geliebten Menschen zu kümmern. Es ist unsere Aufgabe, ihm zu helfen, seinen Kompost *umzuwandeln* und keine Angst davor zu haben, ihn gut zu nutzen, um den Garten mit Nährstoffen zu versehen und ihn zu verschönern. »Liebe ist organisch«, sagte Thay mit einem Lächeln.

Nachdem wir diese Antwort von ihm erhalten hatten, lernten wir vor allem, keine Angst mehr vor dem Kompost des jeweils anderen zu haben und ihn nicht mehr voreinander zu verbergen suchen. Wir wurden »Kompost-Gefährten«. Wir übten uns in tiefem Zuhören und liebevollem Sprechen und entdeckten, dass wir uns gegenseitig helfen konnten, den Müll unserer Gewohnheiten und Fehler zu transformieren, und dass dies ein freudiges und chaotisches gemeinsames Unterfangen sein kann. Wir erlebten auch, dass die von uns eingegangene Verpflichtung füreinander etwas Organisches und Lebendiges ist und genährt werden muss, damit sie wachsen, sich entwickeln und sowohl die Beziehung als auch unsere gemeinsamen Bestrebungen nähren kann. Auch das Ja zu einer Beziehung braucht Nahrung, Freiheit und Raum zum Wachsen.

Ich weiß noch, wie schockiert ich war, als Thay einen Vortrag im *House of Lords* in London hielt und ihn mit einer Zeile über die Liebe eröffnete. Wir hatten Politiker und Journalistinnen zu einem »Vortrag über Achtsamkeit und Ethik« eingeladen. Thay kam furchtlos zum Kern der Sache und sagte: »Wir alle wissen, dass Liebe eine wunderbare Sache ist. Wird Liebe in unserem Herzen geboren, mindert das unser Leiden, und wir beginnen zu heilen.«

An diesem Tag lernte ich, dass für Thay die Art Mitgefühl, die wir in unser engagiertes Handeln und Dienen einbringen wollen, sich nicht von der Liebe in unseren intimen Beziehungen unterscheidet. Mitgefühl ist keine professionelle Fähigkeit. Wir können sie nicht instrumentalisieren, indem wir uns sagen: »Ah, wenn ich mitfühlend bin, dann ist das der effektivste Weg, um zu bekommen, was ich will.« Wahre Liebe ist viel größer als das: Sie ist eine Energie, die diejenige, die liebt, verändert und denjenigen, der geliebt wird, ebenfalls. Wahre Liebe ist großzügig, tolerant und vergebend. Der Buddha sagte, dass es ohne Frieden in unseren Beziehungen keine Möglichkeit gibt, Frieden auf unserem Meditationskissen zu erleben. Um mit uns selbst in Frieden zu sitzen, brauchen wir eine gewisse Sanftheit, Akzeptanz und Freundlichkeit unserem eigenen Körper und Geist gegenüber, die wir dann auf die Menschen um uns herum und auf unseren Planeten ausdehnen können. Dies ist der »Bogen der Liebe«, den Christiana Figueres erwähnt; wir wollen diesen Bogen weit spannen. Aber manchmal ist der schwerste Ort, den wir erreichen, unser eigenes Herz, unsere eigene Einsamkeit und unsere Kritik an uns selbst. Wie können wir helfen, das Licht und die Liebe hereinzulassen?

——————— T. D.

LIEBES-MEDITATION

Die Liebes-Meditation in der buddhistischen Tradition sollten wir zuerst auf uns selbst beziehen. Die vom Buddha empfohlene Praxis der Selbstliebe ist einfach, effektiv und nicht schwer zu praktizieren. Sie beginnt damit, dass wir unsere Aufmerksamkeit auf das richten, was wir wirklich wollen. Wir sollten uns bewusst sein, was wir wirklich am meisten wollen. Der Buddha schlug uns vor, so zu kontemplieren:

Möge ich friedvoll, glücklich und leicht in Körper und Geist sein.

Wenn wir nicht friedvoll und leicht in unserem Körper und Geist sind, wie könnten wir da glücklich sein? Fühlen sich unser Körper und unser Geist schwer an, spüren wir keinen inneren Frieden, wie könnten wir dann glücklich sein? Ich möchte friedvoll sein. Ich möchte leicht sein in Körper und Geist. Wissen wir, was wir wirklich wollen, können wir es uns selbst schenken.

Die nächste Kontemplation ist:

Möge ich sicher sein und frei von Unglück.

Es gibt so viel Gewalt und so viele Unglück in der Welt. Wir sagen zu uns selbst: Ich möchte mich beschützt fühlen, ich möchte sicher sein. Und wenn ich weiß, dass ich diese Dinge will, kann meine Achtsamkeitspraxis mir helfen, Frieden und Leichtigkeit in meinen Körper und Geist zu bringen. Achtsamkeit kann uns schützen.

Und dann kontemplieren wir:

Möge ich frei von Wut sein.

Wenn ich wütend bin, bin ich nicht glücklich. Ich möchte frei sein von Wut. Und die Praxis kann dabei helfen. Wenn die Wut von mir Besitz ergreift, fühle ich, wie ich verbrenne. Ich möchte frei sein von unheilsamen Geisteszuständen, einschließlich Wut, Verzweiflung, Eifersucht, Angst und Sorgen.

Als Nächstes kontemplieren wir:

Möge ich wissen, wie ich mich selbst mit den Augen von Verstehen und Liebe betrachten kann.

Manchmal können wir uns selbst nicht akzeptieren, wir hassen uns, wir sind wütend auf uns. Wir sind mit uns selbst unzufrieden. Wir können uns nicht mit den Augen des Mitgefühls betrachten. Um andere Menschen mit Mitgefühl zu betrachten, muss man aber zuerst in der Lage sein, sich selbst mit Mitgefühl zu betrachten und so zu akzeptieren, wie man ist. Wir üben uns darin, uns nicht selbst zu beschuldigen, sondern tief in die Wurzeln unseres Leidens und alle Ursachen und Bedingungen, die dazu geführt haben, zu schauen, sodass wir uns selbst mit Mitgefühl annehmen können. Sobald wir in der Lage sind, uns zu akzeptieren, leiden wir weniger. Wir lernen, uns selbst zu lieben und für uns Sorge zu tragen.

Der nächste Schritt ist die Kontemplation:

Möge ich in der Lage sein, die Samen der Freude und des Glücks in mir zu erkennen und zu berühren.

Es gibt Samen des Glücks und der Freude in uns, und werden sie gegossen, so entsteht die Energie der Freude und des Glücks. Die Kontemplation besteht darin, diese Samen zu erkennen. Dies ist ein Weg, uns selbst zu lieben. Unsere Freundinnen und

Freunde können uns helfen, die Samen des Glücks und der Freude in uns zu berühren und zu gießen, aber wir können es auch für uns selbst tun, Wir erkennen diese positiven Samen, und wir wissen, wie wir zu atmen und zu gehen haben, damit sie sich manifestieren.

Als Nächstes kontemplieren wir:

Möge ich lernen, mich jeden Tag mit Freude zu nähren. Möge ich in der Lage sein, frisch, gefestigt und frei zu leben.

Wir alle brauchen Freude. Wir alle brauchen Glück. Wir wollen gefestigt sein. Wir wissen, dass Solidität die Grundlage des Glücks ist. Wenn wir zu instabil oder fragil sind, wird Glück nicht möglich sein. Also beschließen wir, Solidität, Frische und Freiheit zu kultivieren. Es gibt viele Meditationen, die uns helfen, unsere Solidität, Freiheit und Ruhe zu kultivieren.

Als Nächstes kontemplieren wir:

Möge ich nicht in einen Zustand der Gleichgültigkeit verfallen.

Wir wollen niemand sein, den nichts kümmert und der gleichgültig ist. Unser eigenes Wohlergehen und das Wohlergehen anderer sollten uns am Herzen liegen. Auch wenn wir nicht gleichgültig sein wollen, wollen wir uns aber auch nicht in einem der beiden Extreme von Anhaftung und Abneigung verfangen. Wir leiden, wenn wir in einer Vernarrtheit, einem Verlangen oder einer Sucht gefangen sind. Und sind wir über etwas verärgert, leiden wir auch. Sowohl Verlangen als auch Abneigung berauben uns unserer Freiheit und unseres Glücks.

In dieser Meditation geht es also darum, die Dinge zu kontemplieren, die wir wirklich für uns selbst wollen. Und der Buddha lehrt uns, dass wir sie uns selbst sofort schenken können. Dies ist der erste Schritt der Liebes-Meditation.

Möge ich friedvoll, glücklich und leicht in Körper und Geist sein.
Möge ich sicher und frei von Unglück sein.
Möge ich frei sein von Wut, unheilsamen Geisteszuständen, Angst und Sorgen.
Möge ich es verstehen, mich selbst mit den Augen des Verstehens und Mitgefühls zu betrachten.
Möge ich in der Lage sein, die Samen der Freude und des Glücks in mir zu erkennen und zu berühren.
Möge ich lernen, mich jeden Tag mit Freude zu nähren.
Möge ich in der Lage sein, frisch, gefestigt und frei zu leben.
Möge ich nicht in einen Zustand der Gleichgültigkeit verfallen oder in den Extremen von Anhaftung und Abneigung gefangen sein.

Zuerst üben wir uns darin, uns selbst Liebe zu schenken. Und dann, nach ein paar Tagen der Übung, gehen wir zum nächsten Schritt über und üben uns in der Liebe gegenüber einer anderen Person. Sie haben sich die Liebe bereits selbst angeboten, und jetzt können Sie sie auch anderen anbieten. Wir kontemplieren:

Mögen sie friedvoll und leicht in ihrem Körper und Geist sein.
Mögen sie sicher sein und frei von Unglück.
Mögen sie frei sein von Wut und unheilsamen Geisteszuständen wie Angst und Sorgen.
Mögen sie es verstehen, sich selbst mit den Augen des Verstehens und der Liebe zu betrachten.

Sie lassen in sich den Wunsch entstehen, den anderen dabei zu helfen. Dies ist also der zweite Schritt der Praxis: die Liebe, die sich auf einen anderen Menschen bezieht. Und der dritte Schritt ist, unsere Liebe auf alle auszudehnen, auf alle Wesen, nicht nur auf ein oder zwei Menschen. Wahre Liebe ist ohne Grenzen; sie ist grenzenloser Geist. Sie öffnen sich, um alle einzubeziehen:

Mögen alle Wesen in ihrem Körper und Geist friedvoll und leicht sein.
Mögen alle Wesen sicher sein und frei von Unglück.

IHRE EINSAMKEIT WÄRMEN

Sie fühlen sich einsam, weil Sie die Verbindung zwischen sich und anderen Wesen nicht gesehen haben. Sie haben Ihre Verbindung zu Luft, Sonnenschein, Wasser, Menschen, Tieren, Pflanzen und Mineralien nicht erkannt. Sie fühlen sich einsam, weil Sie glauben, es gäbe ein separates Selbst. Die Einsicht in unser Intersein kann uns helfen, das Problem der Einsamkeit zu lösen.

Alles ist für Sie da. Das ist die Wahrheit. Der Sonnenschein ist für Sie da. Ohne Sonnenschein gibt es kein Leben auf der Erde, und es würde auch Sie nicht geben. Sie müssen also die tiefe Verbindung zwischen sich und dem Sonnenschein erkennen. Sie bestehen aus Sonnenschein. Ist der Sonnenschein einsam? Das Wasser, die Luft, Mutter Erde, die Sterne, der Mond – sie sind alle für Sie da. Sie können sich darin üben, so zu atmen, zu gehen und zu sitzen, dass Sie sich mit den Sternen, den Bäumen, der Luft, dem Sonnenschein verbinden.

Das Leben ist ein Wunder, und Ihr Körper, Ihre Gefühle sind auch Wunder. Wissen Sie, wie Sie sich mit all diesen Dingen verbinden können, werden Sie nicht mehr einsam sein. Der Sonnenschein hat die Kraft zu lieben. Und auch wir Menschen haben die Kraft zu lieben. Wenn der Sonnenschein uns liebt, dann sollten wir in der Lage sein, diese Liebe zu erwidern. Wenn die Bäume uns lieben, dann sollten wir lernen, die Bäume zu lieben. Wissen wir, wie man liebt, fühlen wir uns nicht mehr einsam.

Traurigkeit, Einsamkeit zu empfinden ist nichts Schlechtes. Wir alle fühlen uns von Zeit zu Zeit traurig oder einsam, und wir können lernen, uns in solchen Momenten uns selbst zuzuwenden und unsere Einsamkeit anzunehmen. Das ist eine wunderbare Übung. Manchmal kann man sich sehr wohl dabei fühlen, die eigene Einsamkeit zu umarmen, sie warm zu halten. Sie müssen Ihre Einsamkeit nicht beiseite tun. Ihre Einsamkeit ist da, nehmen Sie sie an. Sie atmen ein und aus, um wirklich da zu sein, und Sie umarmen Ihre Einsamkeit. Manchmal wollen wir auch allein sein und unsere Einsamkeit halten. Wir haben das Gefühl, dass wir für uns selbst da sein können und niemanden brauchen, der oder die uns hilft. Wir können für uns selbst Sorge tragen.

Die Lehre über die wahre Liebe ist sehr klar. Zu lieben bedeutet, da zu sein und tief zuzuhören, um das Leiden und die Einsamkeit der anderen Person zu erkennen. Sobald wir spüren, dass da jemand ist, der uns versteht, schwindet unsere Einsamkeit. Sie haben Glück, wenn es jemanden gibt, der oder die Sie, Ihr Leiden, Ihre Schwierigkeiten und Ihre Einsamkeit wirklich versteht. Das ist ein Geschenk, und dieses Geschenk ist die Kraft des Verstehens. Und ein solches Geschenk müssen Sie erwidern. Sie können fragen: »Verstehe ich dich genug? Bitte hilf mir, dich zu verstehen.« Die Liebe ist ein Geschenk, durch das sich die andere Person nicht mehr einsam fühlt.

DREI ARTEN VON INTIMITÄT

Wenn Sie sich einsam und abgeschnitten fühlen, wenn Sie leiden und Heilung brauchen, sollten Sie nicht erwarten, dass Ihre Einsamkeit durch sexuelle Beziehungen geheilt und gemildert würde. Das würde nur zu noch mehr Leid führen, sowohl für Sie als auch für die andere Person. Zuerst müssen Sie lernen, wie Sie sich selbst heilen, sich innerlich wohlfühlen und ein wahres Zuhause kultivieren können. Mit diesem wahren Zuhause haben Sie der anderen Person etwas anzubieten. Und sie muss das Gleiche tun: sich selbst heilen, damit sie sich besser und wohler fühlt und dieses Zuhause mit Ihnen teilen kann. Sonst werden Sie miteinander nur Ihrer beider Einsamkeit und Unwohlsein teilen, was nichts zu Ihrer Heilung beitragen kann.

Es gibt drei Arten von Intimität. Die erste ist körperlich und sexuell, die zweite ist emotional und die dritte ist spirituell. Sexuelle Intimität kann nicht von emotionaler Intimität getrennt werden; sie gehören zusammen. Wenn auch spirituelle Intimität vorhanden ist, wird die körperliche, sexuelle Intimität sinnvoll, gesund und heilend sein. Andernfalls wird sie nur zerstörerisch sein. Wir alle suchen emotionale Intimität: Wir wollen harmonisch miteinander leben, mit wirklicher Kommunikation, gegenseitigem Verständnis und Gemeinschaftlichkeit.

Den eigenen Körper anzunehmen ist eine sehr wichtige Übung. Sie sind bereits schön, so wie Sie sind; Sie müssen nicht jemand anderes sein. Wenn Sie Ihren Körper akzeptieren und Frieden mit ihm schließen, wird Ihr Körper ein Zuhause für Sie. Sie verspüren Frieden, Wärme und Freude. Sich ein wahres Zuhause aufzubauen fühlt sich wunderbar an.

Sinnliche Freuden und sexuelles Verlangen sind keine Liebe, und doch ist unsere Gesellschaft so organisiert, dass sinnliches

Vergnügen zur wichtigsten Sache geworden ist. Unternehmen nutzen unser Verlangen, um Produkte zu verkaufen und Gewinne zu machen. Sexuelle Begierde kann Körper und Geist zerstören. Was wir alle am meisten brauchen, ist Verstehen: gegenseitiges Verständnis, Vertrauen, Liebe, emotionale und spirituelle Intimität. Sexuelle Intimität kann eine schöne Sache sein – wenn sie von Achtsamkeit, Konzentration, Einsicht, gegenseitigem Verstehen und Liebe begleitet wird. Mit Verbundenheit und gegenseitigem Verstehen auf der emotionalen und spirituellen Ebene kann körperliche, sexuelle Intimität zu etwas Heiligem werden.

Die Liebe ist etwas sehr Intimes. Es gibt sehr tiefe Bereiche in unserem Geist. Es gibt heilige Orte in unserem Wesen. Es gibt Dinge, die wir nicht mit anderen teilen, die wir für uns behalten wollen – sehr tiefe Gefühle, sehr tiefe, uns heilige Erinnerungen. Diese Dinge wollen wir gut hüten. Nur wenn wir jemanden gefunden haben, der die Fähigkeit zu tiefem Verstehen hat, fühlen wir uns in der Lage, unser Herz zu öffnen. Wir laden die andere Person ein, diese heiligen Zonen zu betreten und zu besuchen. Es ist eine Art Kommunion, eine sehr tiefe Kommunikation. Und das kann nur auf der Grundlage wahrer Liebe geschehen. Wir lassen sie in unsere Welt eintreten, und wir sind bereit, alles, was uns heilig ist, mit ihr zu teilen. Das gewähren wir nur einem Menschen, von dem wir uns verstanden wissen.

Wir sollten nicht glauben, der Körper sei eine Sache und der Geist etwas völlig anderes. Geist und Körper sind zutiefst miteinander verbunden und durchdringen einander, sie intersind. Man kann sie nicht voneinander trennen. Sogar die moderne Medizin beginnt nach dieser Einsicht zu handeln. Wenn es eine tiefe Verbundenheit, eine tiefe Kommunikation, ein tiefes Verstehen zwischen zwei Menschen gibt, wird die körperliche Begegnung diese Verbundenheit nur noch intensivieren. Sie sind sich bewusst, dass die andere Person sehr wertvoll ist, nicht nur als Körper, sondern in ihrem ganzen Wesen. Und dem allem begegnen Sie mit großem Respekt. Der Körper ist dann kein Objekt der Lust. Wahre Liebe sollte immer Gefühle der Ehrfurcht und des Respekts beinhalten.

SIND SIE »DIE ODER DER EINE«?

Wenn Ihr Partner nicht in der Lage ist, Ihnen zuzuhören und Sie zu verstehen, dann wissen Sie, dass diese Person Ihnen zukünftig Leid bereiten wird. Das ist sehr offenkundig, sehr einfach. Wenn er Ihnen nicht zuzuhören vermag, er sie immer wieder unterbricht und nur versucht, seinen Standpunkt durchzusetzen, und nicht daran interessiert ist, Ihr Leiden und Ihre Schwierigkeiten zu begreifen, dann wissen Sie, dass dieser Mensch sie weder verstehen noch Ihnen in der Zukunft Glück bringen wird. Er mag vielleicht attraktiv sein, einen gewissen Status haben, aber wenn er nicht in der Lage ist, Ihnen zuzuhören und Sie zu verstehen, dann ist er der falsche. Er wird Ihnen nur das Leben schwer machen.

Das ist sehr leicht zu erkennen. Sie brauchen nur eine Viertelstunde, um herauszufinden, ob jemand die Fähigkeit hat, Ihnen zuzuhören und Sie zu verstehen. Und Sie sollten sich selbst auch fragen: »Habe ich die Fähigkeit, ihm zuzuhören? Bin ich daran interessiert, sein Leiden zu verstehen?« Wenn Sie sehen, dass Sie den Wunsch haben, sein Leiden zu verstehen und ihm zu helfen, weniger zu leiden, dann wissen Sie, dass Sie die Beziehung fortsetzen können, weil Sie über diese gute Absicht verfügen.

Das ist sehr konkret. In einer Beziehung können wir bereits jetzt wissen, ob wir in Zukunft glücklich sein oder sehr leiden werden, indem wir einfach *unsere eigene* Fähigkeit und Absicht betrachten, zuzuhören und zu verstehen, ebenso wie die Fähigkeit und Absicht der anderen Person, zuzuhören und zu verstehen. Das ist sehr wichtig. Es ist grundlegend.

Missverständnisse sind ein tägliches Problem für uns alle. Nicht nur die andere Person missversteht uns, sondern wir verstehen uns auch selbst nicht. Wir wissen nicht, wer wir sind, wie können wir also erwarten, dass die andere Person es weiß? Wenn wir uns keine Zeit nehmen, um uns selbst wahrzunehmen, werden wir nicht verstehen, wer wir sind, wir erkennen unsere Stärken und Schwächen nicht und entwickeln so eine falsche Vorstellung von uns selbst. Und doch wollen wir, dass die andere Person uns richtig sieht! Das ist schwierig. Wir könnten ihr sagen: »Ich weiß, ich habe mich noch nicht ganz verstanden. Wenn du also etwas gesehen hast, lass es mich bitte wissen. Bitte hilf mir, mich selbst besser zu verstehen, damit ich dann auch dich verstehe.« Das ist eine Haltung der Offenheit. Mit gegenseitigem Verständnis und guter Kommunikation ist Glück möglich, und die Beziehung kann von Dauer sein.

Es ist sehr wichtig, die tiefsten Wünsche und Sehnsüchte Ihrer Partnerin zu entdecken. Wenn Sie ihre tiefsten Wünsche und Bestrebungen nicht verstehen, wenn Sie nicht das Gefühl haben, sie bei deren Verwirklichung unterstützen zu können, werden Sie ihr kein wahrer Freund sein können. Und im Gegenzug sollten Sie ihr von Ihrer tiefen Sehnsucht erzählen, etwas Schönes, Sinnvolles mit Ihrem Leben anzufangen, um zu sehen, ob sie bereit ist, Sie dabei zu unterstützen.

Wie Sie leben und wie Sie reden, das sollte in perfekter Harmonie miteinander stehen. Sie sollten mit Ihrem geliebten Menschen über die Art und Weise, wie Sie Ihren Lebensunterhalt verdienen, sprechen können, über Ihre Sorgen in Bezug auf die gesellschaftliche Entwicklung oder die Situation unseres Planeten. Als wahre Liebende ist das Ihre Pflicht. Es reicht nicht aus, das monatliche Gehalt nach Hause zu bringen; Sie müssen Glück und Frieden nach Hause bringen und einander helfen, dieses Glück und diesen Frieden zu kultivieren. Deshalb sollte es einen fortwährenden Dialog zwischen Ihnen geben, damit Ihre Liebe wachsen kann.

Die Kunst der wahren Liebe erlernen

Es ist ungewöhnlich für einen Zen-Meister, über Intimität zu sprechen, aber Thay lehrt darüber, weil viele Menschen danach fragen. Ein Teil unserer monastischen Ausbildung besteht darin, dass wir lernen, kreativ und gesund zu bleiben, während wir die drei verschiedenen Arten der Energie ausbalancieren: Sexualität, Atem und Geist. Es gibt eine Menge zu entdecken und zu verstehen über Körper und Geist.

Einer von Thays bemerkenswertesten Beiträgen zur Meditationstradition ist, dass er die Wichtigkeit betont, die eigene Lebenskraft und Vitalität zu nähren – und eine »Frühlingswärme« in unsere Praxis zu bringen. Meditation und Achtsamkeit sind nicht dazu gedacht, uns zu totem Holz zu machen; die Praxis soll uns helfen, uns lebendiger zu fühlen, und uns unterstützen, unsere Energie der Vitalität und Liebe als Kraft für das Gute in der Welt einzusetzen.

In Plum Village veranstalten wir jeden Sommer ein einwöchiges Retreat für achtsames Leben, an dem Hunderte junger Menschen aus der ganzen Welt teilnehmen. Wir meditieren gemeinsam und üben uns in achtsamem Atmen und in Entspannung. Wir gehen wandern, machen Musik, genießen Lagerfeuer und arbeiten gemeinsam auf unserem Biobauernhof. Wir schaffen einen sicheren Raum, um in kleineren Gruppen über Erfahrungen mit sexueller Intimität zu sprechen und über den Druck und die Verletzlichkeit, die wir in sexuellen Beziehungen erlebt haben. Die Diskussionen werden oft sehr hitzig. Es gibt diejenigen, die darauf beharren, dass Sexualität von Liebe getrennt werden kann und muss, und andere, die den emotionalen Schmerz von Momenten bezeugen, in denen ihr Körper von anderen zu deren Vergnügen ausgenutzt wurde. Es gibt diejenigen, die sich ein gesundes Leben ohne Pornos nicht vorstellen können, und andere, deren Beziehungen durch Pornos zerstört wurden. Ist es nur eine Frage von Verständigung und Einverstandensein, oder geht es um mehr? Jeder hat seine eigenen Ansichten, Perspektiven und Erfahrungen, und es ist wichtig, das zu respektieren. Es ist auch wichtig, den Mut zu haben zuzugeben, wenn wir andere verletzt haben oder uns Schmerz zugefügt wurde. Tiefes Zuhören und genaues Hinschauen können uns helfen, die Qualitäten von Präsenz und Kommunikation zu entwickeln, die wir für eine gesunde Beziehung zu unserem Herzen, unserem eigenen Körper und mit geliebten Menschen brauchen.

Auf der folgenden Seite finden Sie den Text der Achtsamkeitsübung über wahre Liebe. Auch wenn Sie die Worte möglicherweise als eine Herausforderung empfinden mögen, so sind sie eine Einladung, über schmerzhafte Aspekte in unserer Liebe und unseren Beziehungen nachzudenken und die Voraussetzungen für Heilung und Erfüllung zu schaffen. Wie die anderen vier der Fünf Achtsamkeitsübungen so ist auch diese nicht als fest verbindliche Regel zu verstehen, sondern als eine Kontemplation, die uns hilft, tief zu schauen, zu wachsen und zu reifen.

——— T. D.

DIE ACHTSAMKEITSÜBUNG ÜBER WAHRE LIEBE

Im Bewusstsein des Leidens, das durch sexuelles Fehlverhalten entsteht, bin ich entschlossen, Verantwortungsgefühl zu entwickeln und Wege zu erlernen, die Sicherheit und Integrität von Individuen, Paaren, Familien und der Gesellschaft zu schützen. Im Wissen, dass sexuelles Verlangen nicht Liebe ist und dass sexuelles Handeln, das durch Begierde motiviert ist, immer sowohl mir als auch anderen schadet, bin ich entschlossen, keine sexuelle Beziehung einzugehen, ohne wahre Liebe und die Bereitschaft zu einer tiefen, langfristigen und verantwortlichen Bindung, von der meine Familie und meine Freunde wissen. Ich werde alles tun, was in meiner Macht steht, um Kinder vor sexuellem Missbrauch zu schützen und um zu verhindern, dass Paare oder Familien durch sexuelles Fehlverhalten auseinanderbrechen. In dem Bewusstsein, dass Körper und Geist eins sind, bin ich entschlossen, geeignete Wege zu erlernen, um gut mit meiner sexuellen Energie umzugehen und die vier grundlegenden Elemente wahrer Liebe – liebevolle Güte, Mitgefühl, Freude und Unvoreingenommenheit – zu entwickeln, sodass mein eigenes Glück und das Glück von anderen wachsen kann. Indem wir wahre Liebe üben, werden wir auf sehr schöne Weise in der Zukunft fortbestehen.

DER POLARSTERN

Zusammengenommen sind die Fünf Achtsamkeitsübungen ein buddhistischer Beitrag zu einem neuen Weltethos. Sie zeigen einen Weg für ein kollektives Erwachen auf, damit wir so zusammenleben und handeln können, dass wir den Planeten retten und kommenden Generationen eine Zukunft ermöglichen. Es ist dringend nötig, unsere Lebensweise so zu ändern, dass sie mehr von Achtsamkeit, Frieden und Liebe geprägt ist, und wir alle können damit jetzt, heute beginnen.

Wenn Sie inspiriert sind, ein Bodhisattva, eine Bodhisattva unserer Zeit zu sein, wenn Sie das Schöne schützen und bewahren wollen, werden Sie mit diesen Fünf Achtsamkeitsübungen im Herzen über die nötige Energie und Einsicht verfügen, um als Bodhisattva den Pfad des Handelns zu beschreiten. Welcher Kultur Sie auch angehören – und was auch immer Ihre spirituellen Wurzeln sein mögen –, diese Achtsamkeitsübungen können die Grundlage für Ihr Leben werden und Ihr Ideal des Dienens zum Ausdruck bringen. Sie sind nicht sektiererisch, sondern universal.

Die Fünf Achtsamkeitsübungen sind eine Praxis der wahren Liebe. Wir wollen, dass unser Herz immer größer und weiter wird, sodass es nicht nur einen Menschen, sondern die ganze Welt umfasst. Das ist die Liebe eines erwachten Menschen: Liebe ohne Grenzen. Und sie ist möglich. Wenn Sie dem Weg wahrer Liebe folgen, werden Sie schon bald viele andere einbeziehen und einen tiefen Wunsch, eine tiefe Sehnsucht verwirklichen können.

Meine Heimat, mein Land ist – das habe ich gelernt – der ganze Planet Erde. Ich beschränke meine Liebe nicht auf ein winziges Stück Land in Asien: Vietnam. Aufgrund dieser Vision habe ich Transformation und Heilung erfahren. Ihre Liebe ist vielleicht noch sehr begrenzt. Sie müssen Ihr Herz weiter werden lassen und Ihrer Liebe erlauben, den ganzen Planeten zu umarmen. Das ist die Liebe der Buddhas und Bodhisattvas und großer menschlicher Wesen wie Mahatma Gandhi, Martin Luther King Jr. und Mutter Teresa.

Sie müssen nicht perfekt sein. Wichtig ist, dass Sie einen Weg haben, dem Sie folgen, einen Weg der Liebe. Wenn wir uns nachts ohne Kompass in einem Wald verirren, können wir zum Polarstern schauen, um in nördliche Richtung zu gehen und aus dem Wald herauszukommen. Ihr Ziel ist es, aus dem Wald herauszukommen, nicht zum Polarstern zu gelangen. Was wir am meisten brauchen, ist also ein Weg, eine Richtung, in die wir gehen können. Dann haben wir nichts mehr zu befürchten.

Um der nächsten Generation einen Weg zu eröffnen, sollten wir einem neuen Pfad der Solidarität, des Mitgefühls und der Geschwisterlichkeit folgen. Dafür müssen wir zusammenkommen. Wir müssen die Situation selbst in die Hand nehmen. Warten Sie nicht auf die Regierung: Sie würden sehr lange warten müssen.

TEIL 3

GEMEINSCHAFTEN DES WIDERSTANDS:

EINE NEUE WEISE DES MITEINANDERSEINS

EIN ORT DER ZUFLUCHT

Nach seiner Erleuchtung hielt der Buddha als Erstes Ausschau nach seinen Freunden und gründete die erste Gruppe von Praktizierenden, die erste Sangha. Wir sollten dasselbe tun. Wir sollten eine Insel des Friedens und der Gemeinschaftlichkeit schaffen, wo immer wir leben. Eine Sangha ist eine Zuflucht. Sie ist eine Insel des Friedens. Sie ist eine Gemeinschaft des Widerstands gegen Gewalt, Hass und Verzweiflung. Wir alle brauchen einen solchen Ort.

Der Begriff »Sangha« bedeutet einfach Gemeinschaft. Eine politische Partei ist eine Art Sangha, eine Familie ist eine Sangha, ein Unternehmen, eine Klinik oder eine Schule kann eine Sangha sein. Wenn wir das Wort »Sangha« verwenden, meinen wir eine Gemeinschaft, in der Harmonie, Achtsamkeit, Konzentration und Einsicht herrschen; in der es Zusammengehörigkeit und Freude gibt, aber keine Machtkämpfe und keine Spaltung. Jede Gemeinschaft dieser Art kann eine Sangha sein. Wenn Sie einen Traum verfolgen – egal wie entschlossen –, brauchen Sie eine Sangha, eine Gemeinschaft, um ihn zu verwirklichen.

Das nationale Motto Frankreichs lautet *Liberté, Egalité, Fraternité*: Freiheit, Gleichheit, Brüderlichkeit. In meinem eigenen Leben habe ich erfahren, dass ohne Geschwisterlichkeit, ohne Solidarität nichts erreicht werden kann. Eine Gemeinschaft kann uns die nötige Kraft geben, Chancengleichheit für alle und innere Freiheit zu schaffen – die Freiheit von Verzweiflung und dem Gefängnis der Vergangenheit und Zukunft.

Vor vielen Jahren sprach ich mit meinem Freund Pater Daniel Berrigan (ein Jesuitenpater, Dichter und Friedensaktivist) über Gemeinschaften des Widerstands. Fortwährend sind wir in der Gesellschaft negativen Dingen ausgesetzt, dem, was wir tagtäglich sehen und hören und das stärkt die negativen Samen in uns weiter. Darum ist es so wichtig, dass wir uns zu unserem Schutz in Gemeinschaften zusammenfinden. Ein gesundes, mitfühlendes Umfeld füreinander zu schaffen ist sehr wichtig.

Sie haben Bodhicitta entwickelt: den Geist der Liebe, den Willen zur Transformation, den Wunsch zu dienen. Sie sind erwacht und haben erkannt, dass Sie anders leben wollen. Bodhicitta ist wie Raketentreibstoff – so kraftvoll, dass damit eine Rakete zum Mond fliegen könnte. Doch damit die Bodhicitta-Energie stark und nachhaltig wirkt, brauchen wir eine Sangha, einen Ort der Zuflucht. Wir brauchen eine Gemeinschaft, die uns in unserer Praxis unterstützt. Eine Gemeinschaft kann uns das nötige Umfeld bieten und unser Streben nähren und stärken, sodass wir aus unserer persönlichen und kollektiven Situation herauskommen können.

Um auf unserem Weg erfolgreich zu sein, müssen wir zu einer Gemeinschaft Zuflucht nehmen. Es ist keine Frage der Hingabe, sondern eines aktiven Tuns, das uns in Richtung Heilung gehen lässt. An diese Gemeinschaft sollten wir uns binden, uns ihr ganz anvertrauen und uns von unseren Freundinnen und Freunden tragen lassen. Eine Gemeinschaft, eine Sangha, ist ein Boot, und jede Person in diesem Boot praktiziert, und wir bewegen uns in die gleiche Richtung. Wir sind Teil des Bootes, und wir lassen uns von dem Boot tragen. Ohne dieses Boot würden wir untergehen. Das ist meine Erfahrung. Mit einer Sangha werden Sie sich nie allein, nie verloren fühlen.

Sobald wir erwachen und den tiefen Wunsch verspüren, anders zu leben, beginnt schon unsere Heilung und Transformation, aber um dies *fortzusetzen*, brauchen wir eine der Heilung förderliche Umgebung. Wir sind Kämpfer, Kriegerinnen auf unserem Weg, aber wir brauchen eine Gemeinschaft, um damit fortzufahren.

Sobald wir unseren Weg und eine Gemeinschaft gefunden haben, stellt sich bereits Frieden ein, und dieser Frieden wird sich stetig entwickeln und wachsen. Es ist, als ob wir bereits in den Zug eingestiegen wären; wir brauchen nicht mehr zu rennen – wir müssen nur dasitzen und darauf warten, dass der Zug uns an unser Ziel bringt. Wir vertrauen uns unserer Gemeinschaft an, lassen uns von unseren Freundinnen und Freunden tragen und spüren Frieden.

ETWAS REIS, EIN PAAR KLEIDUNGSSTÜCKE UND GUTE SPIRITUELLE FREUNDINNEN UND FREUNDE

Als wir während des Vietnamkriegs die Schule der Jugend für Soziale Dienste gegründet hatten, meldeten sich Hunderte junger Menschen, um gemeinsam zu leben, zu üben und zu dienen. Jeder und jede Einzelne von uns hatte einen Traum von Vietnam, und wir lebten diesen Traum Tag um Tag. Auch wenn die Lebensbedingungen sehr einfach waren, wir keine Gehälter, Privatwohnungen oder Autos hatten, bauten wir wahre Freundschaften und Solidarität auf. Inmitten von Bomben und Gewalt gründeten wir Pilotdörfer und eine Bewegung für den ländlichen Wiederaufbau zur Verbesserung des Lebensstandards, wobei wir Maßnahmen im Bereich Wirtschaft, Infrastruktur, Bildung und Gesundheit unterstützten. Mit dieser Art von Geschwisterlichkeit und dem gemeinsamen Traum, den es jeden Tag zu verwirklichen galt, gab es keinen Grund, Reichtum, Ruhm, Macht oder Sex nachzujagen. Die Arbeit in einer Kriegssituation war schwierig und gefährlich. Auch wenn wir vor großen Herausforderungen standen, haben wir nie aufgegeben. Wir schulten unsere Sozialarbeiterinnen und Sozialarbeiter in Achtsamkeit, und ich schrieb *Das Wunder der Achtsamkeit*; ein Handbuch, um ihnen zu helfen, gesund, konzentriert und mitfühlend zu bleiben, und ihr Streben zu nähren, damit sie genügend Freude und inneren Frieden erfuhren und so ihre Arbeit fortsetzen konnten.

In Gemeinschaften des achtsamen Lebens können wir zeigen, dass es möglich ist, glücklich und mit wenigen Besitztümern zu leben. Ein paar Hundert Menschen können zusammenleben und ihre Zeit und Energie der Entwicklung von Solidarität, Mitgefühl und Liebe widmen. Sie können dafür sorgen, dass andere sie besuchen und eine Art von Glück und Freude erleben, die sich einem sinnhaften Leben verdankt und nicht einem konsumorientierten.

Wir sollten versuchen, solche Gemeinschaften auf dem Land zu schaffen. Das müssen nicht unbedingt buddhistische sein. Man lebt so zusammen, dass die Erde und die Umwelt geschützt werden. Sie teilen Wohnraum und Ausrüstung, gründen vielleicht eine eigene Schule und kultivieren das Land. Durch die Gründung von kleinen Gemeinschaften können wir wirklich eine Energie der Geschwisterlichkeit schaffen – die Art von Energie, die man nicht im Supermarkt kaufen kann.

Meister Linji lehrte, dass man nicht viel braucht, um Freiheit zu finden. Er sagte, man brauche nur »eine Schüssel braunen Reis, etwas Kleidung im Rucksack, und damit macht man sich auf den Weg und mit aller Energie auf die Suche nach guten spirituellen Freunden«. Suchen Sie nicht nach mehr. Das ist alles, was Sie brauchen. Gute spirituelle Freundinnen und Freunde sind Menschen, die uns helfen, die Augen zu öffnen und unser wahres Selbst zu sein.

Sechs Prinzipien des Miteinanderseins

Thay lehrte uns, dass die Stärke einer Gemeinschaft von ihrer Harmonie abhängt. Fehlende Harmonie entzieht uns eine Menge Energie, da es uns in verschiedene Richtungen zieht. Dann haben wir keine Energie übrig, um unser gemeinsames Ziel zu verwirklichen. In Plum Village hat Thay immer wieder die Bedeutung der Kultivierung der Sechs Harmonien betont. Er bezeichnete sie manchmal auch als die »Sechs Prinzipien des Miteinanderseins«. Sie stehen für sechs Bereiche des Gemeinschaftslebens und der Zusammenarbeit, in denen wir aktiv Harmonie entwickeln können.

1. Physische Präsenz

Es ist wichtig, füreinander da zu sein. Es ist wichtig, dass wir unsere Zeit, Energie und körperliche Präsenz einbringen, um füreinander da zu sein und unser gemeinsames Bestreben zu verwirklichen. Wir wollen jemand sein, auf den oder die sich unsere Freundinnen und Kollegen verlassen und zu der oder dem sie Zuflucht nehmen können. In der buddhistischen Tradition wird dieses Prinzip manchmal als die Harmonie des Lebens oder des Zusammenkommens »unter einem Dach« beschrieben. Kollektive Stärke entsteht, wenn wir uns verpflichten zusammenzukommen, entweder vor dem Bildschirm oder im wirklichen Leben, und uns um die Entwicklung kollektiver Energie und Einsicht bemühen. Fragen wir uns selbst in Bezug auf unsere eigene Gemeinschaft oder unser Netzwerk: Zeige ich mich genug? Bin ich mit Leib und Seele bei der Sache? Können die anderen auf mich zählen? Wie kann ich Bedingungen schaffen, um die gemeinsame Zeit inspirierender und nährender zu gestalten?

2. Gemeinsame Nutzung materieller Ressourcen

Je mehr wir miteinander teilen, desto mehr können wir in Harmonie leben. Das mag auf einer ganz basalen Ebene dadurch geschehen, dass sich jeder an den Kosten für Snacks, Nebenkosten oder sonstigen Ausgaben beteiligt. Oder es kann um gemeinsam genutzte Räume und gemeinsame Investitionen gehen. In Plum Village nutzen wir all unsere Ressourcen gemeinsam, und jeder ist an den Entscheidungsprozessen über die Verwendung dieser Ressourcen beteiligt. Das verbindet sehr. Es ist ein konkreter Weg, unser Intersein zu praktizieren, und hilft uns, die Vorstellung loszulassen, dass uns als Individuum etwas gehört. Und es unterstützt uns, Entscheidungen zum Wohle des Kollektivs zu treffen. Fragen wir uns: Teile ich genug? Gibt es etwas, bei dem ich besitzergreifend bin und das dem im Weg steht? Können wir noch weitere Dinge miteinander teilen, um unser Vertrauen und unser Engagement füreinander zum Ausdruck zu bringen?

3. Gemeinsame ethische Grundsätze

Es ist wichtig, sich auf die Werte und die Richtung zu einigen, die das Herz unseres Miteinanders und gemeinsamen Handelns bilden, sei es durch eine Art Leitbild, eine konkrete Verpflichtung zur Gewaltlosigkeit und Inklusivität oder einen spezifischen Verhaltenskodex, in dem einige rote Linien angezeigt sowie Wege zur Beilegung von Streitigkeiten festgelegt sind. Sie dienen als Kompass, der uns leitet, als Gefäß, das uns hält. Die Fünf Achtsamkeitsübungen sind eine leistungsfähige Blaupause, die von Tausenden von Gemeinschaften auf der ganzen Welt als Polarstern verwendet wird. Je nachdem, was Ihre Gemeinschaft eint und zusammenhält, sollten Sie Ihre eigene Version für Ihren Kontext, Ihre Kultur oder Ihren Glauben entwickeln.

4. Austausch von Einsichten und Sichtweisen

Thay lehrt uns immer wieder, dass Toleranz, Inklusivität und Offenheit für die unterschiedlichsten Sichtweisen ein wesentlicher Grundsatz sind, um Dogmatismus, Diskriminierung, Hass und Gewalt zu vermeiden. Einsichten und Sichtweisen miteinander zu teilen bedeutet nicht, dass wir notwendigerweise einer Meinung sind; es bedeutet, dass wir uns ein sicheres Umfeld schaffen, in dem alle ihre Meinungen und Stimmen zum Ausdruck bringen können und diese auch gehört werden. Wir tun unser Bestes, anderen nicht unsere Ansichten aufzudrängen. Wir versuchen, Raum zu schaffen für eine Vielfalt an Meinungen, und offen dafür zu sein, Dinge auch mal auf neue Weise zu sehen. Wir müssen bereit sein, das loszulassen, was wir bereits wissen, um uns für die Einsichten und Erfahrungen anderer zu öffnen. Auf diese Weise können eine authentische kollektive Einsicht und eine »Harmonie der Sichtweisen« entstehen.

5. Teilen von Herzen

Im Vietnamesischen und Chinesischen gibt es ein Wort für Herz und Geist, und deshalb wird dieses Prinzip manchmal auch »Harmonie der Gedanken« genannt. Es bedeutet, dass wir uns darin üben, unsere eigenen Erfahrungen und unsere Wahrheit tief und ehrlich auszudrücken, und unser Bestes tun, um anderen den Raum zu geben, ebenfalls aus ihrem Herzen zu sprechen. Das ist ein tiefgreifender Weg, um Vertrauen und Solidarität aufzubauen. Was ist wirklich los bei mir oder bei dir? Was ist unser größtes Anliegen für unsere Gemeinschaft? Was sind unsere größten Träume? Wenn wir unsere Einsichten und Sichtweisen aufrichtig und auf der Grundlage unserer eigenen Erfahrungen (und sogar unserer Ängste) äußern, ist es für Freundinnen und Kollegen viel einfacher, uns zuzuhören, Dinge anzunehmen, um ein gemeinsames, harmonisches Verständnis zu entwickeln.

6. Mitfühlende Kommunikation

Es ist wichtig, dass wir uns gegenseitig dazu verpflichten, auf unser Sprechen zu achten und Zurückhaltung zu üben, damit wir keinen Schaden anrichten. Mittel und Zweck gehören zusammen; wir sagen nicht einfach »die Wahrheit« (die nur *unsere Wahrnehmung* der Wahrheit ist), ohne Verantwortung für die Folgen zu übernehmen. »Wahrheiten«, ungeschminkt, ungefragt, ungeschickt geäußert, können in ihren Wirkungen gewalttätig sein und das Vertrauen beschädigen. In Plum Village üben wir uns darin, ruhig und mitfühlend unsere Meinung zu äußern, und dann üben wir, sie loszulassen. Wir tun unser Bestes, nicht darum zu kämpfen. Wenn in einem Treffen eine starke Emotion in uns aufkommt, gehen wir für einen Spaziergang zehn Minuten nach draußen und kommen dann zurück, um uns mit mehr Ruhe auszudrücken. Ist die Kommunikation zwischen zweien oder mehreren von uns, aus welchen Gründen auch immer blockiert, treffen wir uns, wenn möglich, zu einer separaten Sitzung des tiefen Zuhörens, um die Ursache der Reibung herauszufinden sowie die Erfahrung des anderen mit der Situation und unsere tiefsten Anliegen zu verstehen.

In unseren Plum-Village-Gemeinschaften leben Menschen aus vielen verschiedenen Nationalitäten, Werdegängen und Kulturen. Und doch hat jeder einen »Platz am Tisch« oder ein Kissen im Kreis. Wir alle haben diesen Praxis-Weg gewählt, und das ist der Grund für unser Miteinander. Thay lehrte uns, jede Person als »ein Land, das es zu entdecken gilt«, zu sehen. Jeder hat seinen Wert; jede hat ein Talent, das entdeckt und kultiviert werden muss. Das ist in jeder Gemeinschaft so, in jedem Team. Die Herausforderung besteht darin, solche Bedingungen zu schaffen, dass jede Blume im Garten auf ihre eigene Art und Weise gedeihen kann.

In den letzten vier Jahrzehnten hat Thay ein Graswurzelnetzwerk von Gemeinschaften für ein achtsames Leben aufgebaut, mit Tausenden von lokalen Meditations-Sanghas in der Plum-Village-Tradition, unterstützt von einem Dutzend Klöstern in den USA, Europa und Asien. Die »Earth Holder Sangha« ist der Zweig des Plum-Village-Baumes, der Thays Lehren über engagierten Buddhismus, rassialisierte und soziale Gerechtigkeit und Intersein mit Mutter Erde weiterführt. Earth Holder Sanghas treffen sich monatlich, online oder in direktem Kontakt, um Meditation zu praktizieren, Einsichten und Erfahrungen über die Anwendung erdverbundener Praktiken im täglichen Leben auszutauschen und erdheilende, mitfühlende direkte Aktionen voranzutreiben.

Die »Wake-Up-Bewegung« ist ein internationales Netzwerk von jungen Menschen, die sich für die Schaffung lokaler »Gemeinschaften des Widerstands« einsetzen und sich dabei von den Fünf Achtsamkeitsübungen leiten lassen. Sie treffen sich wöchentlich oder monatlich, um Meditation und Achtsamkeit zu üben, einen Zufluchtsort des Miteinanders und der Inspiration zu schaffen und Heilung und Mitgefühl in unsere fragmentierte Gesellschaft zu bringen. Die »ARISE Sangha«, eine weitere mit der Plum-Village-Tradition verbundene Gruppe, erforscht die Dynamik von *race*, Intersektionalität und sozialer Gerechtigkeit als Dharma-Tore zu einem kollektiven Erwachen.

Der Aufbau starker Gemeinschaften für Heilung, Erwachen und Umweltgerechtigkeit erfordert die Einbeziehung unterschiedlicher Erfahrungen und Perspektiven. Thays Lehren über Miteinandersein, Harmonie und Inklusivität inspirieren einen kooperativen Leitungsansatz, der die Präsenz und die Stimmen marginalisierter Gemeinschaften einbezieht. Gemeinschaftliches Zusammensein hilft uns, die Fähigkeiten des tiefen Zuhörens und mitfühlenden Sprechens zu entwickeln und zu lernen, wie man harmonisch miteinander sein kann, auch wenn es unterschiedliche Ansichten gibt. Auf diese Weise ist es möglich, tief verwurzelte und integrative Gemeinschaften aufzubauen, die spirituelle Solidarität anbieten können, kollektive Einsicht ermöglichen und ein Ort der Zuflucht und Erneuerung für alle sein können.

Wir alle können einen gemeinschaftlichen Geist kultivieren, wo immer wir auch sind. Wie ein Baum fangen auch Wunder klein und einfach an. Wenn es Ihnen nicht möglich ist, sich in einer Meditations-Sangha, einer lokalen Gruppe, einem Aktivistennetzwerk oder einer Nichtregierungsorganisation (NGO) zu engagieren, können Sie mit dem Aufbau einer Gemeinschaft dort beginnen, wo Sie leben und arbeiten, mit den Menschen, mit denen Sie bereits Zeit verbringen. Sie könnten mit ein paar Arbeitskollegen zusammenkommen, mit Nachbarn oder gleichgesinnten Freundinnen, gemeinsam Tee trinken und Kekse essen und sich einfach die Zeit dafür nehmen, um aus dem Herzen zu sprechen und sich die Sorgen der anderen anzuhören. Daraus können viele gute Dinge entstehen.

Als wir einmal auf einer Lehrreise in New York waren, wurden einige von uns Nonnen und Mönche eingeladen, für junge Journalistinnen und Journalisten im New Yorker Büro der Huffington Post eine zweistündige Achtsamkeitssitzung zu leiten. Ich erinnere mich, dass ich dachte: »Wie, um alles in der Welt, können wir in nur zwei Stunden eine Veränderung bewirken?« Wir beschlossen, nicht mehr als zwanzig Minuten geführte Meditation und Entspannung anzubieten, gefolgt von einem kurzen, zehnminütigen Vortrag. Und die restliche Zeit – anderthalb Stunden – haben wir nur zugehört. Wir schufen einen Raum für die jungen Journalistinnen und Journalisten, wo sie ihr Herz ausschütten konnten, und wir folgten beim Zuhören unserem Atem. Wir fragten sie: »Warum seid ihr hier? Warum wolltet ihr eigentlich Journalist werden? Was sind eure größten Ziele? Was eure größte Angst? Was bringt euer Herz zum Singen?« Ich erinnere mich, dass einige beim Sprechen weinten. Am Ende der Sitzung sagte einer, es habe sich für ihn so angefühlt, als sei er das erste Mal wirklich angekommen, im Team, im Büro, in seinem Leben. Eine Frau meinte, es sei das erste Mal gewesen, dass sie wirklich mitbekomme, wer ihre Kolleginnen und Kollegen waren. Manchmal müssen wir einfach die Masken fallen lassen und uns selbst als Menschen sehen, die ihr chaotisches Bestes geben, auf einem menschlichen Weg gemeinsam zu gehen.

——————— T. D.

Die Hauptaufgabe einer Gemeinschaft für ein achtsames Leben besteht nicht darin, Veranstaltungen zu organisieren – sei es für Achtsamkeitspraxis, soziale Gerechtigkeit oder engagiertes Handeln. Der Hauptzweck einer Sangha ist es, Geschwisterlichkeit und Harmonie zu kultivieren. Mit einer solchen Sangha, zu der man Zuflucht nehmen kann, ist alles möglich. Sie nährt uns, und wir bewahren unsere Hoffnung. Deshalb sind achtsame Kommunikation, tiefes Zuhören und liebevolles Sprechen so wichtig: Wir müssen Wege finden, um offen und gesprächsbereit zu bleiben, unsere Sichtweisen auszutauschen und leichter zu kollektiven Einsichten und zu Konsens zu gelangen. Das ist eine echte Gemeinschaftsbildung, und es braucht Zeit und Energie. Wir benötigen dafür eine Menge Geduld. Wir brauchen Zeit, um zusammenzusitzen, zusammen zu essen, zusammen zu reden, zusammen zu arbeiten und eine kollektive Energie der Achtsamkeit, des Friedens, Glücks und Mitgefühls zu kultivieren.

Auf diese Weise unterstützen und nähren wir uns gegenseitig, damit wir unsere Arbeit fortführen können und nicht ausbrennen. Ihre Gemeinschaft ist Ihr Zufluchtsort. Und auch wenn sie immer noch ihre schwachen Seiten hat, geht sie stets in die Richtung von mehr Bewusstheit. Verstehen und Liebe.

Als ich die vietnamesische buddhistische Friedensdelegation bei den Pariser Friedensgesprächen vertrat, meldeten sich viele junge Menschen, um uns zu helfen. Wir arbeiteten und aßen zusammen. Abends blieben sie bei uns und praktizierten mit uns Sitzmeditation, Gehmeditation oder Tiefenentspannung und Singen. Bald begannen wir, im nahe gelegenen Quäkerversammlungshaus Sitzmeditationen zu organisieren. Durch den Kontakt mit diesen jungen Aktivisten, die Friedens- und Sozialarbeit leisteten, erlebte ich ihre Schwierigkeiten. Ich erkannte, wie schnell man ausbrennen und aufgeben konnte. Ohne die Praxis der Sitzmeditation, der Gehmeditation, des achtsamen Essens und der gemeinsamen Arbeit würde ich, das wurde mir klar, nicht überleben können. Und so wurde das Aufbauen und Bilden von Gemeinschaften zu einer Art Medizin, um zu überleben. Engagierter Buddhismus lässt sich nicht nur auf soziale Aktivitäten reduzieren. Engagierter Buddhismus findet zu jeder Zeit statt, ob Sie gehen, sitzen oder Ihren Tee in Achtsamkeit trinken. Auch das ist engagierter Buddhismus, denn Sie tun es nicht nur für sich selbst. Sie tun es aus Selbsterhaltung, um der Welt zu helfen.

Manchmal begegnen wir sehr aktiven Menschen, deren Handeln aber nicht aus Mitgefühl heraus erfolgt. Sie sind müde. Schwach ausgeprägtes Mitgefühl verunmöglicht es, glücklich zu sein; man wird leicht eifersüchtig, frustriert und wütend. Wir müssen unsere Grenzen kennen. Man kann nicht mehr tun, als man kann, sonst brennt man aus. Wir sollten unser Leben so organisieren, dass wir im Gleichgewicht bleiben. Mit anderen gemeinschaftlich arbeiten sichert uns die kollektive Energie der Unterstützung. Unsere Freundinnen und Freunde unterstützen uns darin, uns nicht in der Arbeit zu verlieren. Von Zeit zu Zeit können wir uns zurückziehen, während andere vorwärtsgehen. Sie brauchen den Mut, manchmal auch Nein zu sagen, sonst verlieren Sie sich sehr schnell. Und das wäre ein Verlust für andere und die Welt. Als Lehrer gehörte es für mich zu den schwersten Dingen, Nein zu sagen, wenn ich gebeten wurde, Retreats irgendwo in der Welt zu leiten. Ich weiß, dass die Retreats vielen Menschen zugutegekommen wären. Aber wir müssen unsere Grenzen erkennen. Wenn wir gut für uns sorgen, bewahren wir uns die Möglichkeit, anderen zu dienen.

Engagierte Achtsamkeit in Aktion

Cheri Maples, eine Polizeibeamtin aus Madison in Wisconsin, hat für sich einen Weg gefunden, sich selbst und ihre tiefen Anliegen durch die Energie der Achtsamkeit und den Geist der Gemeinschaft zu stärken. Nachdem sie in den frühen 1990er-Jahren erstmals an einem von Thay geleiteten Retreat teilgenommen hatte, schloss sie sich einer lokalen Meditations-Sangha an und blieb dabei. Cheri fand Möglichkeiten, um sowohl sich selbst durch die Verbindung zur Gemeinschaft zu stärken als auch die Gemeinschaft als ein Feld für Veränderung zu unterstützen. Für Cheri sah nicht nur die lokale Meditations-Sangha als ihre Gemeinschaft, sondern Gemeinschaft bestand *überall* da, wo sie war, sei es an ihrem Arbeitsplatz oder in ihrer Familie. Cheri konzentrierte sich auf drei Bereiche: ihre eigene innere Arbeit (Meditation und Achtsamkeitspraxis, die sie als »die Grundlage für alles« bezeichnete), ihre Beziehungen und ihre engagierte Praxis. Sie entdeckte das Bedürfnis, ihre eigenen »Zen-Aktivitäten« zu finden und darin Zeit und Energie zu investieren. Das sind »Aktivitäten, die einen völlig absorbieren und dieselben Fähigkeiten fördern wie Achtsamkeit: Konzentration, Fokussierung sowie das Außergewöhnliche im Gewöhnlichen finden«. Für Cheri war das Baseball.

Als Polizeibeamtin, die zu Einsätzen ausrückte, begann Cheri, sich mehr Zeit zu nehmen und einen anderen Ansatz zur Konfliktlösung zu entwickeln. In einem Fall weigerte sich ein geschiedener Vater, seine kleine Tochter an seine Ex-Frau zu übergeben. Als er die Tür öffnete, stand Cheri, 1,70 m groß, einem sehr wütenden, über 1,80 m großen Mann gegenüber, der sie bedrohte. »Aber«, sagte sie, »ich sah einfach, wie sehr er litt. Es war so offensichtlich.« Anstatt ihn zu verhaften, fragte sie, ob sie reinkommen und mit ihm reden könne. »Ich habe gegen jede Vorschrift verstoßen und mich ohne Verstärkung mit meinem Pistolenhalfter und der kugelsicheren Weste neben den Mann auf die Couch gesetzt, was man nie tun sollte. Und er fing einfach an, in meinen Armen zu weinen.«

Das Mädchen konnte zur Mutter zurückgebracht werden, und eine Verhaftung war nicht nötig. Drei Tage später traf Cheri den Mann wieder auf der Straße. Er fiel ihr in die Arme und sagte: »Sie haben mir in dieser Nacht das Leben gerettet!«

Einige Jahre lang leitete Cheri das Trainingsprogramm der Polizeibehörde und ebenso Meditationsprogramme für Angehörige der Strafjustiz, Richter, Anwältinnen, Gefängnisbeamte und Sozialarbeiterinnen. In ihren Teams förderte Cheri konsensbasierte Entscheidungsfindungen und investierte Zeit in die Überlegung, wie man die Fünf Achtsamkeitsübungen auf nicht sektiererische Weise in die Ausbildung von Polizeianwärtern integrieren könnte. Sie erklärte: »Wir müssen ihnen und auch allen anderen Kolleginnen und Kollegen zeigen, dass wir alle Teil der Polizeibehörde sind. Es geht nicht darum, was die Leute über oder unter uns tun, sondern darum, was jeder Einzelne von uns tut, um die Gemeinschaft mitzugestalten. Ethik ist mittlerweile in alles, was wir unterrichten, integriert. Sie ist kein separater Lehrgegenstand mehr.« Die Partnerinnen, Partner und Familienmitglieder der Anwärter wurden gebeten, an einigen der Sitzungen teilzunehmen, damit die Beamten lernen, wann polizeiliche Fähigkeiten wie »Führungsstärke zeigen« und »Kontrolle übernehmen« angebracht sind und wann nicht. »Wenn sie das nicht unterscheiden können«, so Cheri, »werden sie keine guten Polizisten, und sie werden schreckliche Partner, Ehefrauen und Eltern sein.« Cheri wollte, dass sie »darüber nachdenken, *wie sie als Menschen sein wollen* und *wie sie mit anderen* auf diesem Planeten umgehen wollen. Sie sollten verstehen, dass sie in ihrer Arbeit dann am effektivsten sind, wenn sie ihren Aufgaben mit offenem Herzen nachgehen.«

Wie können wir aber diese Art wirkungsvoller Arbeit fortsetzen, ohne uns von Hindernissen überwältigt oder von Möglichkeiten überfordert zu fühlen? Cheri balancierte ihre beruflichen Talente mit einer tiefen inneren spirituellen Stärke und engagierten Bemühungen für einen systemischen Wandel aus. Eine ihrer vielen Erkenntnisse über Selbstmitgefühl ist:

»Burn-out ist ein Zeichen dafür, dass wir unser eigenes Wesen in irgendeiner Weise verletzen. Normalerweise wird Burn-out als Ergebnis von zu viel Geben angesehen, aber ich denke, es ist das Ergebnis des Versuchs zu geben, was wir nicht haben. In diesem Sinne ist es die ultimative Form von Zuwenig-Geben. Aber wenn das Geschenk, das wir geben, ein integraler und geschätzter Teil unserer eigenen Reise ist, wenn es aus der organischen Realität unserer inneren Arbeit kommt, dann wird es sich selbst erneuern und von Natur aus grenzenlos sein. Und das bedeutet, wir müssen unsere Praxis sehr stark und sehr lebendig halten.«

Cheri schlug Reformen der Strafjustiz vor, einschließlich der Untersuchung von Ursachen des »racial profiling«, der Überprüfung von Polizeistandards für lebensgefährdenden Waffengebrauch, konkreter Vorschläge, um das Vertrauen zwischen Polizisten und Gemeinden zu stärken und der Entwicklung neuer Programme zur Behandlung emotionaler Belastungen und Traumata von Polizisten. Als Teil von Cheris Engagiertem Buddhismus hat sie sich auch intensiv mit den so oft unbewusst bleibenden Vereinbarungen und kulturellen Annahmen, die in Organisationen, einschließlich der Polizei, herrschen, beschäftigt und festgestellt, dass die Einsicht in unsere wechselseitige Verbundenheit, unser Intersein, sowohl ermächtigend als auch transformativ sein kann:

> *Wir glauben oft, dass jemand oder etwas anderes das Problem ist und jemand anders es besser machen muss, damit sich die Dinge ändern. Wir vergessen dabei, dass wir ein Mitglied dieser Organisation sind! Die Leute kommen aus einer Sitzung heraus und sagen: »O, das war ein schreckliches Treffen.« Und ich sage: »Warst du dabei? Es war ein schreckliches Treffen, weil wir alle es zu einem schrecklichen Treffen gemacht haben. Was hätten denn Sie persönlich tun können, damit es besser verlaufen wäre?« In einer authentischen Gemeinschaft sehen wir uns selbst immer in der Verantwortung für das Wohlergehen der größeren Gemeinschaft. Wir sind nicht länger*

nur beurteilende Kritikerinnen und Konsumenten und beginnen zu erkennen, dass diese Welt, diese Organisation, dieses Treffen, diese Versammlung unsere ist und wir sie gemeinsam gestalten.

Cheri verstarb 2017 an den Folgen medizinischer Komplikationen nach einem Fahrradunfall. Cheri hat in ihrem Leben großen Mut bewiesen, mit sich selbst Frieden geschlossen und Frieden in die Welt gebracht, und ihr Licht leuchtet weiter.

——— T. D.

ERFOLG UND FREIHEIT

Kann man ambitioniert und gleichzeitig achtsam sein? Erfolgreich sein und gleichzeitig ein einfaches Leben führen? Die Frage der Macht ist wichtig, denn viele von uns missbrauchen ihre Macht, auch wenn wir gar nicht so viel Macht haben. Eltern können ihre Autorität gegenüber ihren Kindern missbrauchen und sich dennoch machtlos fühlen, unfähig, etwas zu tun, um ihre Kinder zu verändern oder ihnen zu helfen. Macht ist immer begrenzt, auch politische oder wirtschaftliche Macht. Selbst der Präsident der Vereinigten Staaten von Amerika mag sich machtlos fühlen; auch Multimillionäre können sich machtlos fühlen.

Was hat der Buddha über Macht und Autorität gesagt? Im Buddhismus sprechen wir von drei Arten der Macht, die jeder anstreben kann. Diese drei Kräfte erlangen zu wollen ist nicht gefährlich, denn sie vermögen uns und andere glücklich zu machen. Es handelt sich da um eine andere Art Macht als Reichtum, Ruhm, Einfluss und Sex.

Die erste Macht ist die Macht des *Abschneidens*. Sie ist die Macht, mit der Sie Ihre Begierden, Ihre Wut, Angst, Verzweiflung oder Eifersucht abschneiden, die wie Flammen sind, die Sie in Brand setzen und verbrennen. Sobald Sie sich von ihnen gelöst haben, werden Sie sehr glücklich sein. Sehnen wir uns nach Objekten der Begierde, sind wir wie ein Fisch, der den Köder schluckt. Köder haben aber einen Haken. Viele von uns können den Haken in dem, wonach sie sich sehnen, nicht erkennen, und bleiben daran hängen. Aber mit dem Schwert des Verstehens werden Sie die Gefahr, den Haken, in allem, was Sie begehren, erkennen, und Sie werden das Verlangen abzuschneiden vermögen. Das Gleiche gilt für unseren Ärger, unsere Eifersucht – wir benutzen das Schwert des Verstehens, um uns zu befreien.

Die zweite Macht ist die Macht des Verstehens. Mit genügend Achtsamkeit entwickeln Sie auch Konzentration und können tief schauen und zum Herzen der Wirklichkeit vordringen. So werden Sie sich von falschen Ansichten, Missverständnissen und falschen Wahrnehmungen befreien. Und Sie werden frei.

Manjushri, der Bodhisattva des großen Verstehens, wird immer mit dem Schwert der Weisheit dargestellt. Mit diesem Schwert kann er alle Arten von Missverständnissen durchtrennen. Als Meditierende, als Achtsamkeit Praktizierender können Sie Ihre Schwierigkeiten durch *Weisheit* lösen. Sie werden reich an Einsicht, reich an Freiheit. Niemand kann sie Ihnen stehlen; niemand kann Ihnen Ihre Weisheit mit Waffengewalt rauben.

Die erste spirituelle Macht – die Macht des Abschneidens – befreit Sie also von Begierde und Wut. Die zweite spirituelle Macht – die Macht des Verstehens – hilft Ihnen, Verblendung und Missverstehen zu beseitigen. Die dritte spirituelle Macht ist die Liebe. Es ist *die Macht, andere zu lieben, ihnen zu verzeihen, sie zu akzeptieren* und ihnen Verstehen und Liebe zu schenken. Manchmal können wir einen anderen Menschen nicht akzeptieren, oder es fällt uns schwer, die gegenwärtige Situation so zu akzeptieren, wie sie ist. Wir sagen dann: »Wenn er sich nicht ändern will, warum sollte ich das tun? Wenn er sich weiterhin so verhält, habe ich selbst auch das Recht, weiterhin so zu sein, wie ich jetzt bin.« Aber sobald wir die andere Person so akzeptieren, wie sie ist, sobald wir die Situation akzeptieren, sind wir frei weiterzugehen. Wir hören auf zu reagieren und beginnen, wirklich zu handeln. Wenn wir immer nur reagieren, bringt uns das nicht weiter. Aber mit der Macht und Kraft der Liebe und Akzeptanz sind Sie frei, mit liebender Güte und Weisheit zu reagieren und die Situation zu ändern. Die Fähigkeiten, zu akzeptieren und zu verzeihen, ist eine enorme Quelle der Kraft.

Wenn Sie Ihre Zeit in die Entwicklung dieser drei Arten von Macht investieren, besteht überhaupt keine Gefahr. Und je größer Ihre Macht wird, desto glücklicher werden Sie und die Menschen in Ihrem Umfeld sein. Mit dieser Art von Macht werden Sie niemals zum Opfer Ihres Erfolgs. Auch in Reichtum oder Ruhm liegt dann für Sie keine Gefahr: Sie werden ihn nutzen, um anderen, der Gesellschaft und dem Planeten zu helfen. Gute Meditierende müssen nicht notwendigerweise einem Armutsideal folgen. Es ist in Ordnung, Geld zu haben, aber Sie sollten eine Vorstellung davon haben, wie Sie das Geld verwenden wollen, um Mitgefühl und Verstehen zu verwirklichen.

In spirituellen Traditionen sprechen wir von »freiwilliger Armut«. Sie wollen ein einfaches Leben führen, damit Sie nicht all Ihre Zeit damit verbringen müssen, Geld zu verdienen. Sie wollen mehr Zeit haben, um sich an anderen Dingen zu erfreuen – ob es sich nun um die Wunder des Planeten handelt oder das Zusammensein mit Ihren liebsten Menschen. Ein einfaches Leben gibt Ihnen mehr Zeit, das Leben zu genießen. Sie mögen »arm« sein, aber Sie haben sich entschieden, arm zu sein. Tatsächlich sind Sie sogar sehr reich, denn alles gehört Ihnen – der Sonnenschein, der blaue Himmel, das Zwitschern der Vögel, die Berge.

Jeder Augenblick Ihres täglichen Lebens gehört Ihnen. Es gibt Menschen, die reich an materiellen Dingen sind, aber sie wissen nichts vom blauen Himmel oder den Bergen und haben keine Zeit, um sich um ihre Lieben zu kümmern. Die buddhistischen Lehren sind in diesem Punkt sehr klar. Der Buddhismus ist nicht gegen Geld oder eine gute Position. Wenn Sie über wahre spirituelle Macht verfügen – über die Macht, Ihr Verlangen abzuschneiden, über Einsicht und über Liebe –, dann gibt Ihnen das große Freiheit und Glück. Was auch immer Sie an Geld, Macht oder Einfluss haben, es kann Ihnen helfen, Ihr Bodhisattva-Ideal zu verwirklichen.

Glauben Sie nicht, dass Sie ohne viel Geld oder eine gute Position hilflos wären und keine großen Dinge tun könnten. Ich bin vielen wohlhabenden und mächtigen Menschen begegnet, die sehr unglücklich waren, und viele von ihnen waren unfähig, anderen zu helfen. Sie waren so sehr damit beschäftigt, Reichtum anzuhäufen, dass sie keine Zeit für sich selbst oder für ihre Familie hatten. Ich selbst bin sehr glücklich ohne Reichtum und Macht, und tatsächlich konnte ich auch so vielen Menschen helfen. Es gibt Dinge, die ich tun kann, andere aber nicht. Zum Beispiel zehn Tage ohne Essen auskommen. Ich werde auch nicht wütend, wenn mir jemand etwas Beleidigendes sagt; ich kann es mir lächelnd anhören. Viele Menschen können das nicht.

Bitte glauben Sie nicht, dass Sie ohne Geld nichts tun könnten. Das ist einfach nicht wahr. Wenn Sie frei sind, können Sie viele Dinge tun, um anderen zu helfen, um Ihrer Gemeinschaft zu helfen. Werden Sie zu einem Bodhisattva, haben Sie einige Macht – die Art von Macht, die Ihnen hilft, frei zu sein und für viele Menschen eine Unterstützung zu sein.

Es gibt Menschen, die um jeden Preis politische Macht erlangen wollen, weil sie glauben, sonst wären sie ein Niemand. Doch wenn Sie Macht anstreben, dabei aber Ihre eigenen Werte zerstören, verlieren Sie sich selbst, aber auch das Vertrauen der anderen. Deshalb sollten wir nicht versuchen, um jeden Preis Macht anzustreben. Auch ohne Macht kann man an der Basis arbeiten und ihr Fundament stärken, Vertrauen, Liebe und Solidarität kultivieren und so die Situation beeinflussen. Und wenn Ihre Seite stärker wird und an der Reihe ist, die Macht zu übernehmen, sollten Sie nicht zu sehr davon Gebrauch machen, denn das kann Sie korrumpieren. Echte Macht sollte immer eine spirituelle Dimension haben.

ACHTSAMKEIT IST KEIN WERKZEUG, SIE IST EIN WEG

Ein Journalist fragte mich einmal: »Ist es richtig, die Achtsamkeit in Unternehmen zu bringen, um ihnen zu mehr Erfolg und Profit zu verhelfen? Ist es richtig, Achtsamkeit einzusetzen, um den Reichen zu helfen, noch reicher zu werden? Ist das tatsächlich noch Achtsamkeit?« Es gibt andere, die fragen, ob es richtig sei, dem Militär Achtsamkeit beizubringen. Sie argumentieren, es sei eine Sache, Kriegsveteranen mittels Achtsamkeit zu helfen, aber eine ganz andere, Soldaten im aktiven Dienst zu helfen. Wie kann es ethisch vertretbar sein, Menschen in Achtsamkeit zu schulen, damit sie effizienter töten können? Wird Achtsamkeit da nicht für falsche Ziele benutzt?

Die Frage ist, ob Achtsamkeit allen Menschen zugutekommen kommen sollte oder nur bestimmten Kategorien von Menschen. Sollten wir Unternehmer oder das Militär von der Praxis der Achtsamkeit *ausschließen*? Was ist mit Menschen aus anderen Berufen, wie zum Beispiel Fischer? Fischer zerstören ebenso Leben wie Waffenproduzenten oder Menschen, die in der industriellen Fleischproduktion arbeiten. Sollten wir sie alle ausschließen?

Unser Plum-Village-Praxiszentrum in Frankreich war eines der ersten, das in den 1990er-Jahren Achtsamkeitsretreats für Geschäftsleute anbot, denn wir wussten, dass sie genauso leiden wie wir alle. Vor 2500 Jahren unterwies der Buddha natürlich jeden, also auch Kaufleute.

Rechte Achtsamkeit ist in erster Linie kein Werkzeug oder Instrument, sondern es ist ein Weg. Rechte Achtsamkeit ist kein Mittel, das benutzt werden kann, um ein Ziel zu erreichen. Ein Werkzeug, ein Messer zum Beispiel, kann man auf ganz verschiedene Weise verwenden. Mit einem Messer kann man sowohl Äste als auch Gemüse schneiden, aber es könnte auch zum Töten oder Stehlen benutzt werden. Achtsamkeit ist nicht wie ein Messer. Sie ist kein Werkzeug, das entweder Gutes oder Schlechtes bewirken kann. Und doch halten heutzutage viele von uns Achtsamkeit für ein Werkzeug. Wir sagen, mit Achtsamkeit können wir heilen, mit Achtsamkeit können wir uns versöhnen, mit Achtsamkeit können wir mehr Geld verdienen, mit Achtsamkeit können wir den Feind effektiver töten.

Wahre Achtsamkeit ist nicht nur ein Weg, der zum Glück *führt*, sondern ein Weg des Glücks. Wenn Sie achtsam einatmen, ist Ihr Einatmen kein Mittel zu einem zukünftigen Zweck, denn Freude, Frieden und Heilung stellen sich unmittelbar beim Atmen ein. Wenn Sie beim Atmen denken: »Ich leide jetzt, damit ich später etwas Besseres erleben kann«, dann ist das keine rechte Achtsamkeit. Bei rechter Achtsamkeit ist jeder Schritt auf dem Weg der Weg selbst. Wir müssen uns immer wieder daran erinnern, so zu üben, dass wir unmittelbar Frieden, Ruhe und Freude erfahren.

IST ES ETHISCH VERTRETBAR, DAS MILITÄR IN ACHTSAMKEIT ZU UNTERWEISEN?

Während des Indochinakriegs haben bei einer militärischen Auseinandersetzung die Kommandeure der kommunistischen wie auch der antikommunistischen Armee ihren Soldaten den Befehl zum Angriff gegeben. Aber die Soldaten wollten sich nicht gegenseitig töten. Sie lagerten jeweils auf einer Flussseite, aber sie schossen nicht. Sie blieben dort mehrere Stunden lang und schossen dann, um ihrer Pflicht genüge zu tun, mit ihren Gewehren in die Luft, dann aßen sie ihr Mittagessen und gingen nach Hause. Dies geschah im Verlaufe der Geschichte auch in anderen kriegerischen Auseinandersetzungen. Diese Soldaten hatten etwas erkannt und nicht mehr verstanden, warum sie töten und sich töten lassen sollten.

Die Soldaten hatten verstanden, dass die anderen Menschen nicht ihre Feinde waren; sie waren genau wie sie an die Front versetzt worden, um zu töten und getötet zu werden. In gewisser Weise waren sie achtsam, und wo immer es Achtsamkeit gibt, gibt es auch Einsicht; die Einsicht, dass die andere Seite ebenfalls Opfer des Krieges ist. Die Soldaten, die sich weigerten, aufeinander zu schießen, verfügten über Achtsamkeit wie über Einsicht. Sie hatten die wahre Natur der Situation, in der sie sich befanden, gesehen, und sie vermochten die Kostbarkeit des Lebens zu erkennen. Das verärgerte ihre Kommandeure sehr.

Die Militärführer unserer Zeit versuchen, die Soldaten so auszubilden, dass sie diese Art von Einsicht und Achtsamkeit *nicht* haben. Sie glauben, dass ihre Soldaten Achtsamkeit und Konzentration als Hilfsmittel erlernen könnten, die sie nur während des Einsatzes verwenden, um ruhiger und konzentriert zu sein und den Akt des Tötens besser auszuführen zu können. Aber das ist nicht wahr. Menschen, die in rechter Achtsamkeit angeleitet werden, erlernen, wie man atmet, wie man geht, wie man sich der eigenen Gefühle und Emotionen, Angst und Wut sowie der der anderen bewusst wird. Wenn Soldaten dieser Dinge gewahr werden, führt das zu Einsicht, und diese Einsicht wird ihnen helfen, unrechtes Denken, unrechtes Sprechen und unrechtes Handeln zu vermeiden.

Wenn Achtsamkeitslehrende Militärführern bei der Verwirklichung ihres Ziels helfen, den Feind besser zu vernichten, dann lehren sie keine wahre Achtsamkeit. Angenommen, ein Soldat im Einsatz ist auf seinem Posten. Er übt ein- und auszuatmen, um sich bewusst zu machen, dass sein Feind irgendwo direkt vor ihm versteckt ist. Er ist achtsam: »Wenn ich einatme, weiß ich, dass der Feind da ist. Ausatmend weiß ich, dass ich ihn töten muss, bevor er mich tötet.« Der Soldat ist durch Angst, Überlebenswillen und eine falsche Sichtweise motiviert. Er wurde trainiert, den anderen als das Böse zu sehen, als Feind seiner Nation, als Bedrohung der nationalen Sicherheit. Er glaubt, dass die Welt ohne ihn besser dran wäre. Als Soldat wurde er trainiert, so zu denken, damit er den Willen zum Töten aufbringt.

Achtsamkeitslehrende sollten Menschen nicht beibringen, sich in Achtsamkeit und Konzentration zu üben, um besser töten zu können. Wir können einen Soldaten nicht lehren: »Beim Einatmen weiß ich, dass mein Feind da ist. Beim Ausatmen drücke ich den Abzug.« Das ist ein Training in unrechter, falscher Achtsamkeit, Achtsamkeit ist in dem Fall ein Werkzeug und nicht ein Weg; es ist dann eine Achtsamkeit ohne Einsicht. Man muss nicht zehn Tage oder zehn Jahre lang üben, um zu einer Einsicht zu gelangen. Mit einem einzigen achtsamen Atemzug können wir die Einsicht gewinnen, dass das Leben kostbar ist. Wenn man einen Soldaten in rechter Achtsamkeit unterweist, wird er eine Einsicht, eine rechte Sichtweise gewinnen. Dann kann er nichts Unrechtes mehr tun. Deshalb ist es nicht gefährlich, Soldaten in rechter Achtsamkeit zu schulen.

Soldaten leiden, und deshalb brauchen sie Hilfe. Es ist nichts Falsches daran, ihnen zu helfen, weniger zu leiden. Rechte Achtsamkeit ist das, was Sie anbieten können. Wir haben heute Berufsarmeen, und ein junger Mensch meldet sich zur Armee, weil er ein regelmäßiges Einkommen haben und Karriere machen will. Er sucht nach besseren beruflichen Aussichten, als er sie als Zivilist haben würde. Er glaubt, eine Karriere in der Armee würde ihn glücklich machen.

Wenn Soldaten wahre Achtsamkeit kennenlernen, werden sie entdecken, was sie wirklich glücklich macht. Sie werden befähigt, ihre Angst, Wut und Verzweiflung zu erkennen und anzunehmen, und sie werden weniger leiden. Sobald sie wahres Glück erleben, wird ihnen über ihr Leben etwas klar, und ihre Wünsche ändern sich. Das wird langsam und schrittweise geschehen. Als ihr Lehrer werden Sie sie nicht dazu drängen, ihre Arbeit aufzugeben. Sie wollen Ihnen nur helfen, weniger zu leiden. Und wenn sie weniger leiden und sehen, was wahres Glück ist, dann wird sich alles andere von selbst ändern.

Die unrechten, falschen Ansichten militärischer und politischer Führer können den Tod von Millionen von Menschen bedeuten und das Leben unzähliger Menschen zerstören. Während des Vietnamkriegs wurde den amerikanischen Soldaten gesagt: »Der Kommunismus ist gefährlich. Wenn man zulässt, dass Vietnam den Kommunisten in die Hände fällt, wird sich der Kommunismus in ganz Südostasien ausbreiten, dann Neuseeland und Australien und sehr bald die Vereinigten Staaten von Amerika einnehmen.« Dies war eine falsche, von Angst motivierte Ansicht. Und heute machen die USA Geschäfte mit dem kommunistischen Vietnam.

Wenn wir zurückblicken, können wir sehen, dass es überhaupt keine intelligente Idee war, all das Geld, Gift, die Waffen und so viele Menschen nach Vietnam zu schicken. Falsche Ansichten auf höchster Ebene führten zu einem immensen Ausmaß an Tod und Zerstörung. Eine bessere Ansicht, eine viel klügere Herangehensweise wäre es gewesen, Süd- und Nordvietnam, Kommunisten und Antikommunisten beim Wiederaufbau des Landes und der Wirtschaft zu unterstützen, in Bildung zu investieren und so weiter. Die USA hätten viel weniger Geld ausgegeben, sowohl dem Norden als auch dem Süden dabei geholfen, glücklichere

Länder zu werden, und sie hätten viele Freunde gewonnen. Einsicht – rechte Sichtweise – führt zu rechtem Handeln.

Wir müssen also nicht nur den Soldaten zu mehr rechter Achtsamkeit und Einsicht verhelfen, sondern auch ihren Vorgesetzten: den Kommandeuren, den Stabschefs, den Generälen und den politischen Entscheidungsträgerinnen. Wir sollten niemanden von der Achtsamkeitspraxis ausschließen. Solange unsere politischen Führer falsche Ansichten über nationale Sicherheit und nationale Interessen haben, werden weiterhin viele junge Menschen Opfer kriegerischer Auseinandersetzungen und gezwungen zu töten, oder sie werden selbst getötet. Es gibt weitaus bessere Möglichkeiten, nationale Interessen und Sicherheit zu gewährleisten als den Einsatz von Waffen.

Würde ich eingeladen, die Armee anzuleiten und zu unterrichten, würde ich das tun, weil ich weiß, dass die wahre Achtsamkeitspraxis die Welt verändern wird. Sie wird die Vorstellungen der Soldaten vom Glück verändern; sie wird ihre Lebensweise verändern.

WAHRE ACHTSAMKEIT ENTHÄLT DIE SAMEN DER ETHIK

Im Jahr 2013 leiteten einhundert Mönche und Nonnen aus Plum Village einen Achtsamkeitstag für über siebenhundert Google-Mitarbeiterinnen und -Mitarbeiter an dessen kalifornischem Hauptsitz. Wir wissen, dass die jungen Googler fleißig und intelligent sind. Sie stehen unter großem Druck, immer neue Erkenntnisse gewinnen und innovativ sein zu müssen, um die Besten zu sein und ihrem Unternehmen zu helfen, die Nummer eins zu werden. Ihr Ziel ist es, immer erfolgreicher zu sein. Und unsere Absicht war es, ihnen einen Vorgeschmack auf das wahre Glück zu geben. Wir können nicht sagen: »Liebe Freundinnen und Freunde, ihr müsst zuerst eure Ziele aufgeben, bevor wir euch in Achtsamkeit unterweisen werden.« Sie wollen erfolgreich sein, und vielleicht wollen sie Achtsamkeit lernen, weil sie glauben, dass sie damit noch erfolgreicher sein werden.

Solange wir rechte Achtsamkeit lehren, brauchen wir keine Angst zu haben. Mit rechter Achtsamkeit kann jeder Mensch einen Geschmack von wahrem Glück, wahrer Freiheit und Liebe bekommen, und das wird seine Absicht verändern. Anstatt die Nummer eins werden zu wollen, wird es ihn dann nach wahrem Glück verlangen. Die gesunde Absicht, wahres Glück zu erfahren und das auch anderen zu ermöglichen, die Intention, so zu leben und zu arbeiten, dass Menschen weniger leiden, kann viel Freude bringen und die Welt zu einem schöneren Ort machen.

Als der Buddha rechte Achtsamkeit lehrte, hat er sie stets als ein Element des edlen »achtfachen Pfades« gelehrt, den Pfad des Glücks und Wohlbefindens, wie er in den Fünf Achtsamkeitsübungen beschrieben ist. Man kann die rechte Achtsamkeit nicht aus dem Kontext des achtfachen Pfades herausnehmen. Geschieht das, ist sie nicht länger wahre Achtsamkeit. Rechte Achtsamkeit kann nicht getrennt werden von rechter Konzentration, rechter Sichtweise (oder »Einsicht«), rechtem Denken, rechter Rede, rechtem Handeln, rechtem Lebenserwerb und rechtem Bemühen. Rechte Achtsamkeit ist mit all diesen anderen Elementen des Pfades verbunden, und sie bedingen und durchdringen einander. Wenn Sie die anderen sieben Elemente des Pfades nicht beachten, haben Sie auch die Achtsamkeit nicht wirklich verstanden.

Viele von uns haben die Tendenz, dualistisch zu denken, und wir wenden dieses Denken auf spirituelle Traditionen an, deren Lehren dualistisches Denken *transzendieren.* Uns muss bewusst sein, dass dies auch mit der Achtsamkeit geschehen kann. Wir müssen uns in Achtsamkeit üben und sie als einen Weg des Glücks und der Transformation praktizieren, der tief mit allen anderen Elementen des Pfades verbunden ist. Achtsamkeit kann nicht von den Fünf Achtsamkeitsübungen und der Praxis angewandter Ethik getrennt werden.

Wir müssen Tausende von Achtsamkeitslehrerinnen und -lehrer ausbilden, Hunderttausende von Schullehrerinnen und -lehrer in Achtsamkeit ausbilden, denn überall wird die Achtsamkeitspraxis benötigt. Man muss kein Buddhist, keine Buddhistin sein, um rechte Achtsamkeit zu praktizieren. Diese Lehren und Praktiken sind das Erbe der gesamten Menschheit, nicht nur buddhistisch Praktizierenden vorbehalten. Und wir sollten immer daran denken, dass das, was wir »Buddhismus« nennen, *ausschließlich* aus nicht buddhistischen Elementen besteht.

Ob Achtsamkeit rechte Achtsamkeit bleibt oder nicht, hängt von unserer eigenen Übung ab. Eine Praxis, vorausgesetzt, es ist *echte* Praxis, kann nur hilfreich wirken. Haben Sie keine Angst. Jeder und jede von uns hat die Fähigkeit, diese Praxis zu meistern und Freude, Heilung und Versöhnung in die Welt zu bringen.

Gemeinschaften der Resilienz

Wie können uns die Erkenntnisse rechter Achtsamkeit helfen, die Gewalt, Ungleichheit und systemische Ungerechtigkeit unserer Zeit zu heilen und zu verändern? Im Zentrum der Krise unserer Erde ist, wie Dr. Larry Ward sagt, eine tiefe »menschliche Krise«; es gibt ein aus Rassismus erwachsenes Karma, das nach Heilung ruft. Tatsache ist, dass wir dem Planeten weiterhin schaden, weil wir uns weiterhin gegenseitig schaden und verletzen. Beides ist eng miteinander verbunden. Wie Larry in seinem Buch *America's*

Racial Karma erklärt, ist es unsere Aufgabe, einen Weg der Barmherzigkeit und Heilung zu gehen, »damit unser rassistisches Bewusstsein zutiefst menschlich wird und wir für uns selbst und unseren Planeten besser Sorge tragen

»Es gibt für uns alle viel innere und äußere Arbeit zu tun. Wir müssen daran arbeiten, Politik und Systeme des institutionalisierten Rassismus in unserer Gesellschaft zu verändern, und wir müssen auch die innere Arbeit tun: den Mut haben, unsere eigene verkörperte, angewandte, spirituelle Praxis zu entwickeln.

Wie Larry erklärt: »In unseren Körpern sind die Wirkungsenergien von Amerikas rassialisiertem Karma. Niemand entkommt dieser Angst und diesem Zittern tief in unseren Knochen. Ob wir Opfer waren – oder sind – Täter oder Zeugen, wir sind unweigerlich körperlich durch unsere Sinneserfahrungen oder die Erinnerungen daran destabilisiert oder fehlreguliert.« Die Arbeit unserer spirituellen Praxis besteht darin, dieses Trauma in unserem eigenen Körper, Herzen und Geist zu erkennen, anzunehmen und zu heilen und anderen zu helfen, dasselbe zu tun. Ohne diese Transformation an den Wurzeln, sagt Larry, wird das Potenzial für tiefgreifende, systemische Veränderung blockiert.

Durch die Kombination von innerer Übung und äußerer Transformation lädt Larry uns ein, sogenannte »Gemeinschaften der Resilienz« zu schaffen – Gemeinschaften, in denen die bewusste Absicht herrscht, »in Freundlichkeit, Offenheit, Großzügigkeit, Vernunft und Liebe« zusammenzuleben. Diese Handlungen, sagt er, müssen sich auf konkrete, verkörperte Weise manifestieren. Heilung ist eine Kunst, und wir müssen uns gegenseitig auf diesem Weg helfen; wir müssen Zeit und Raum für die Heilung unseres eigenen Schmerzes und unserer Traumata und für die Heilung unserer Familie, Freundinnen, Mitarbeiterinnen und Mitbürger schaffen.

Als Thay den US-Kongress besuchte, schlug er die Einrichtung eines »Rates der Weisen« vor, um Sitzungen des tiefen Zuhörens für die Nation durchzuführen. Weise und liebevolle Menschen, spirituelle Führerinnen und Führer mit der Fähigkeit, mit großem Mitgefühl zuzuhören, sollten in den Rat eingeladen werden. Sie sollten ihrerseits eine sichere Umgebung für diejenigen in der Gesellschaft schaffen, die sich als Opfer von Diskriminierung und Ungerechtigkeit fühlen, damit sie ihre Meinung sagen und sich äußern können. Die Sitzungen könnten live übertragen werden. Es mag Tage oder sogar Wochen dauern, bis die Betroffenen den Mut aufbringen, alles zu sagen, was ihnen auf dem Herzen liegt. »Manche nennen mich idealistisch«, sagte Thay, »doch Mitgefühl zu praktizieren ist etwas, das wir tun müssen, um aus Wut-Situationen herauszukommen. Es ist der einzige Ausweg. Es ist eine universelle Tür.«

Wie Larry sagt: »Die Brücke der Barmherzigkeit liegt tief in uns und unter uns, wie sehr sie auch von Wolken des Konflikts, der Grausamkeit und des Hasses verborgen sein mag ... Karma kann geheilt werden, und Karma kann transformiert werden, aber nur, wenn wir uns entscheiden, das Gleis zu wechseln.« Larry bietet diese drei kraftvollen Mantras an, Blumen aus dem Garten seines Herzens, um einen tiefen, verkörperten, lebendigen Weg rassialisierter Heilung zu unterstützen:

Erheben Sie sich im Haus der Zugehörigkeit

Tun Sie nicht so, als sei dies nicht Ihr Land. Tun Sie nicht so, als könnten Sie nicht das Heft in die Hand nehmen, denn mir ist klar, dass die Herrscher und Mächte, die für dieses Land verantwortlich sein sollen, zurzeit absolut unfähig sind. Stehen Sie also auf! Handeln Sie wie ein echter Mensch. Lassen Sie nicht zu, dass die Boten des systemischen Rassismus Ihr Leben bestimmen. Lassen Sie nicht zu, dass sie Ihre Macht für Sie definieren.

Nehmen Sie Platz am Tisch der Heilung und Transformation

Meine Großmutter sagte: »Lass dir deinen Platz nicht von einem Dummkopf wegnehmen.« Nehmen Sie Ihren Platz ein. Seien Sie präsent, und kümmern Sie sich um sich; lieben Sie sich. Wenn Sie sich selbst lieben und gut für sich sorgen, wird diese Liebe nach außen dringen. Sie wird sich mit einem Duft der Heiligkeit ausbreiten.

Reiten Sie furchtlos auf den Winden des Wandels

Handeln Sie wie die Mächtigen von einst, die keine Angst kannten. Umarmen Sie deren wilde Unverwüstlichkeit und deren Vision dessen, was für uns gemeinsam bei der Heilung von Amerikas rassialisiertem Karma wirklich möglich ist.

Diese lebendigen Mantras der Freiheit und Ermächtigung rufen jeden von uns auf, seinen Teil dazu beizutragen, denjenigen Raum und Stimme zu geben, deren Bitten um Gerechtigkeit und Gleichheit zum Schweigen gebracht oder ignoriert werden. Im Licht des Interseins hat jeder von uns eine Rolle zu spielen bei der Umwandlung unseres rassialisierten Bewusstseins. Es gibt, wie Larry sagt, für uns alle sowohl innere wie äußere Arbeit zu tun.

——— T. D.

In einer Gemeinschaft unterstützen wir uns gegenseitig dabei, unsere reale Situation tief zu erforschen, um einen Ausweg zu finden. Im Zen gibt es eine Koan-Praxis. Ein Koan sollte etwas sein, das Sie zutiefst interessiert – Ihr tiefstes Anliegen. Sie wollen verstehen. Sie wollen transformieren. Ein Koan in Ihrem Herzen und Ihrem Geist zu halten ist, wie von einem Pfeil getroffen zu werden. Stehend oder sitzend, wach oder schlafend, der Pfeil sitzt in Ihrem Fleisch. So sollte ein Koan sein. Es begleitet Sie Tag und Nacht, Sie umarmen es, schauen tief in es hinein. Und eines Tages wird die Einsicht kommen, Sie werden verstehen und befreit sein.

Es ist möglich, das Leiden im Nahen Osten oder rassialisierter Ungerechtigkeit oder das Leiden des Planeten als ein Koan für die gesamte Menschheit zu verstehen. Doch als Menschheitsfamilie waren wir dafür bislang zu beschäftigt. Als Einzelne und als Gesellschaft schenken wir diesen dringenden Fragen etwas Aufmerksamkeit, und dann werden wir abgelenkt durch die nächste Krise, das nächste große Problem.

Man benutzt nicht nur seinen Intellekt, um an einem Koan zu arbeiten. Ein Koan sollte tief in der Erde Ihres Geistes vergraben sein. Sie sollten all Ihre Kraft und Energie mobilisieren, Ihre ganze Achtsamkeit und Konzentration, um das Problem, die Situation, das tiefe Leiden, das Ihr Koan ist, zu umarmen. Tag und Nacht, in jedem Moment, tun Sie nur das: es tief und zärtlich umarmen.

Eines Tages werden Sie einen Durchbruch erleben. Die Einsicht kann aus Ihnen erwachsen oder Ausdruck einer kollektiven Einsicht sein. Wenn Koan-Praxis auf einer gemeinschaftlichen Ebene stattfindet, ist das sehr kraftvoll. Deshalb sollten wir, wenn wir eine Konferenz im buddhistischen Geist organisieren, sie in

Form eines Retreats organisieren, mit Zeit für Sitzmeditation und stille Gehmeditation. Es sollte Stunden der tiefen Kontemplation geben, um unsere Einsicht aufzufrischen. Wir öffnen uns für die Wirklichkeit, wir lassen uns auf das ein, was wir hören und erleben, und aus dieser konzentrierten Energie wird weitere Einsicht erwachsen.

INDIVIDUELL ODER KOLLEKTIV?

Meiner Meinung nach war das gesamte 20. Jahrhundert von Individualismus geprägt: jeder nur für sich selbst. Meine Schülerinnen und Schüler habe ich ganz anders ausgebildet. Wir üben nicht als Individuen; wir üben, um Gemeinschaften zu entwickeln. Wir lernen, zusammenzuleben, Dinge gemeinsam zu tun und das Erwachen gemeinsam zu kultivieren. Was auch immer wir tun, wir tun es gemeinsam. Wenn die nächste Generation sich von früheren Generationen unterscheidet, dann deshalb, weil sie weiß, wie man Dinge gemeinsam tut. Mein innigster Wunsch ist, dass die junge Generation anders sein *kann* – dass sie lernt, wie man zusammen ist und zusammen handelt. Was immer man tut, es kann in einem gemeinschaftlichen Geist geschehen.

So wie eine Lotosblume aus vielen Molekülen besteht und alle Moleküle in Harmonie zusammenkommen, um ihre wunderschönen Blätter und Blüten hervorzubringen, so kann auch eine Gemeinschaft all die einzelnen Individuen zu einem universellen Ganzen zusammenführen. Wenn Sie eine friedliche, glückliche und mitfühlende Gesellschaft schaffen wollen, müssen Sie sich eine universelle Gemeinschaft vorstellen. Lernen Sie, sich wie ein Fluss zu bewegen. Wenn Sie das tun, werden Sie unweigerlich die Welt verändern.

Es gibt die Tendenz, sich gegen die Idee von Gemeinschaft als einem Organismus zu stellen, weil wir immer noch an unserer Person, unserem Selbst festhalten. Wir sind noch nicht bereit, das Leben einer Zelle im Körper der Gemeinschaft zu führen. Das erfordert eine ziemliche Kehrtwende, eine rechte Verwandlung. Ich selbst habe diesen Pfad der Praxis immer klarer gesehen, je mehr ich nachgedacht und tief die Weisheit des Buddha und die Art und Weise, wie er seine Gemeinschaft organisierte, erforscht habe.

In dem Moment, als ich diese Einsicht gewann, sah ich mit neuen Augen. Ich sah meine Freunde und Schülerinnen auf ganz andere Weise. Ich erkannte, dass ich sie bin und sie ich sind. Und ich verstand, dass alles, was ich tue, denke und sage, dazu dient, sie zu nähren und ihnen Einsicht zu vermitteln. Es wird zukünftig kein Problem mehr sein, ob ich da bin oder nicht, denn ich bin zur Einsicht in das Nicht-Selbst vorgedrungen. Es gibt keine Unterscheidung mehr zwischen mir und anderen, keinen Widerstand mehr. Sie akzeptieren andere, wie Sie sich selbst akzeptieren. Und diese Art von Beziehung kann Sie sehr glücklich machen.

Wir wollen eine junge Gemeinschaft aufbauen, die in der Lage ist, die Welt zu verändern und Mutter Erde zu schützen; die fähig ist, das Leiden zu verringern und körperliche und geistige Gesundheit zu fördern; fähig, die Praxis in Schulen, Unternehmen und sogar ins Militär zu bringen. Es ist uns möglich, Achtsamkeit überall zu verbreiten, nicht als Religion, sondern als eine Praxis, die jedem und jeder in dieser Gesellschaft mehr Wohlbefinden bringt.

ERWACHEN, DAMIT EINE ZUKUNFT MÖGLICH WIRD

Wenn wir der Gesellschaft helfen wollen, Intoleranz, Diskriminierung, Begierde, Wut und Verzweiflung zu überwinden, können wir dies mit den ethischen Richtlinien der Fünf Achtsamkeitsübungen tun: eine konkrete Praxis wahrer Liebe und wahren Mitgefühls, die klar den Weg zu einem Leben in Harmonie miteinander und mit der der Erde aufzeigt.

Viele von uns empfinden Wut und Frustration, wenn wir Umweltzerstörung, Ungerechtigkeit und Ungleichheit sehen, und wir sind verzweifelt, weil wir als Einzelne nicht stark genug zu sein scheinen, unsere Lebensweise zu ändern. Gemeinschaftlich zusammenzukommen bietet eine Möglichkeit, unsere Energie zu bündeln und zusammen zu handeln. Unsere kollektive Praxis kann uns selbst und der Gesellschaft Transformation und Heilung bringen.

Der Buddhismus ist eine Quelle der Weisheit, eine lange Tradition der Praxis des Verstehens und der Liebe und nicht nur der Hingabe. Der Geist des Dharma ist dem Geist der Wissenschaft sehr nahe; beide helfen uns, einen offenen und nicht wertend unterscheidenden Geist zu kultivieren. Jeder und jede kann zum kollektiven Erwachen beitragen, unabhängig von der eigenen Kultur, den spirituellen Wurzeln oder Glaubensvorstellungen. Die Praxis von Maitri, liebender Güte, Freundschaft und Zusammengehörigkeit, ist die Grundlage des Pfades.

Nur ein kollektives Erwachen wird uns die nötige Kraft geben, die Veränderungen in Gang zu setzen, die wir brauchen, um uns und den Planeten zu schützen. Ohne die Energie des Miteinanders, der Geschwisterlichkeit werden wir nichts erreichen. Sie ist für die Veränderung des gegenwärtigen Moments und der Zukunft entscheidend. Geschwisterlichkeit ist eine Art Denkmal, und wir brauchen Zeit, es zu errichten. Aber mit Geschwisterlichkeit gibt es Hoffnung.

Die Zukunft gehört der jungen Generation. Ihr müsst aufwachen und erwachen. Es ist möglich, jetzt etwas Hilfreiches zu sein und zu tun. Verzweifelt nicht. Es gibt immer etwas, das Sie tun können. Es gibt immer noch eine Chance. Erkennen Sie also, was Sie tun müssen, tun Sie es, und es wird Ihnen Frieden geben.

EPILOG

WIR HABEN MEHR ALS GENUG BODHISATTVAS

Das Lotos-Sutra erzählt eine Geschichte über einen Bodhisattva namens Gadgadasvara, was »Wunderbarer Klang« bedeutet. Er ist Musiker und Komponist und dient der Welt mit seiner Musik. Die Legende besagt, dass Gadgadasvara ein Bodhisattva von einem anderen Planeten ist. Von Zeit zu Zeit, wenn er mit seiner Sangha zusammensaß, benutzte Buddha Shakyamuni seinen Strahl der Achtsamkeit, um im Kosmos mit anderen Welten Kontakt aufzunehmen. Auf diese Weise erfuhren die Bodhisattvas und Buddhas auf anderen Planeten, dass es auf diesem winzigen Planeten Erde einen lehrenden Buddha gab.

Als der Bodhisattva Wundervoller Klang vom Lichtstrahl Shakyamunis erfasst wurde, sah er den Planeten Erde, mit dem Buddha und seiner Versammlung auf dem Geiergipfel, und er wollte den Ort besuchen. Viele andere Bodhisattvas schlossen sich ihm an. Im Vorfeld ihrer Ankunft schufen sie Tausende von riesigen, wunderschönen Lotosblüten rund um den Geiergipfel. Alle fragten sich, warum diese wunderschönen Lotosblüten plötzlich auftauchten. Shakyamuni Buddha erklärte: »Nun, wir haben einige Besucher.« Und er erzählte ihnen vom Bodhisattva Wundervoller Klang.

Auch in Plum Village hat Musik eine Bedeutung. Musik kann Harmonie in uns selbst und in der Gemeinschaft schaffen. Manchmal gibt es in uns viele Stimmen, die sich alle ausdrücken und gleichzeitig sprechen wollen. Indem wir uns auf die Musik unseres Atems konzentrieren, können wir all diese Stimmen besänftigen und harmonisieren. Wenn die Gemeinschaft gemeinsam meditiert, sind die Stille und tiefe, achtsame Atmung eine Art Musik, die wir gemeinsam genießen. Wir tun nichts; wir bringen einfach unser Sein, unsere volle Präsenz ein und werden uns der Präsenz der anderen bewusst. Das ist schon genug, um zu nähren und zu heilen. Und so kann Musik manchmal sehr still sein. Sie kann beruhigend wirken. Sie kann heilen. Und Bodhisattva Wundervoller Klang hat diese Art von heiliger Musik über viele, viele Leben hinweg praktiziert.

Bodhisattva Gadgadasvara und seine Freunde manifestierten sich auf dem Geiergipfel, erwiesen dem Buddha ihre Ehrerbietung und überbrachten die Grüße des Buddha ihres Landes. Sie stellten fest, dass unser Planet klein ist und es dennoch viel Leid gibt. Sie sahen, dass Shakyamuni Buddha hart daran arbeitete, das Leid zu lindern, und viele von ihnen boten an, zu bleiben und zu helfen. Sie waren sehr freundlich. Aber Shakyamuni sagte: »Vielen Dank für euer Wohlwollen, aber wir haben genug Bodhisattvas hier, um für uns Sorge zu tragen.« Und er schaute in diesem Moment tief in die Erde, und plötzlich erschienen viele wunderbare Bodhisattvas, Hunderttausende von ihnen. Alle waren erstaunt.

Shakyamuni half allen, die letztendliche Dimension zu sehen. In dieser Dimension ist die Lebensspanne eines Buddha unbegrenzt – und auch unsere Lebensspanne ist unbegrenzt.

Diese Legende im Lotos-Sutra ist ein kunstvolles Mittel, durch das wir die letztendliche Dimension berühren, uns selbst und den Buddha, unseren Lehrer, in der letztendlichen Dimension sehen und erkennen können, dass es genügend Kinder der Erde gibt, um für die Erde gut zu sorgen.

Seid euch nicht zu sicher, dass es auf der Erde nur Kinder der Erde gibt. Es mag auch Lebewesen von anderen Planeten geben. Meteoriten können entstehendes Leben mit sich gebracht haben.

Und so kann es auf der Erde also Leben geben, das nicht direkt von der Erde stammt, sondern mit Meteoriten kam und sich hier weiterentwickelt hat.

Das Lotos-Sutra vermittelt einen sehr klaren Eindruck, dass wir ein kleiner Planet sind und dass der Buddha eines der Kinder des Planeten ist. Er will sich um den Planeten kümmern und hat viele Schülerinnen und Schüler, die bereit sind, die Erde zärtlich in die Arme zu nehmen und sich um den Planeten zu kümmern. Wir brauchen keine Angst zu haben, dass es nicht genügend Menschen gibt, die für unser Zuhause, den Planeten Erde, sorgen wollen. Wir wissen, wie wir das tun können. Bodhisattva Avalokiteshvara ist ein Kind der Erde und beweist, dass die Menschheit durchaus in der Lage ist, das Leiden der Erde zu umarmen und die Schönheit und Wunder des Planeten zu bewahren. Wir sind alle Kinder der Erde, und wir sollten uns umeinander kümmern. Wir sollten uns um unsere Umwelt kümmern. Und in einem gemeinschaftlichen Miteinander ist dies möglich.

Heute Morgen begrüßen die Vögel freudig die aufgehende Sonne.
Weißt du, mein Kind, dass die weißen Wolken
Noch am Himmelsgewölbe schweben?
Wo bist du jetzt?
Im Land des gegenwärtigen Augenblicks
Ist der alte Berg noch da,
Obwohl die Welle mit dem weißen Kamm
noch nach fernen Ufern greift.
Schau noch einmal hin, du wirst mich in dir und in jedem Blatt
und jeder Knospe sehen.
Wenn du meinen Namen rufst, wirst du mich sofort sehen.
Wohin gehst du?

Der alte Frangipani-Baum schenkt uns heute Morgen seine
duftenden Blüten.
Du und ich waren noch nie wirklich getrennt.
Der Frühling ist da.
Die Kiefern haben neue, leuchtend grüne Nadeln ausgetrieben,
Und am Rande des Waldes
stehen die wilden Pflaumenbäume in voller Blüte.

aus »Am Rande des Waldes«
von *Thich Nhat Hanh*

NACHWORT

IHR SEID DIE ZUKUNFT

Schwester Chan Khong

Ich war jung, wie viele von euch, und voller Entschlossenheit, das Leiden in mir, meiner Familie und der Welt zu verändern. Doch wenn ich erreichte, was ich für »richtig« hielt, musste ich dafür oft einen hohen Preis für mich selbst und meine engen Beziehungen zahlen. Erst als ich Thay traf, lernte ich, wie ich mit diesen schwierigen Momenten umgehen konnte, wenn ich mich verloren und von Wut, Angst und Verzweiflung überwältigt fühlte. Thay lehrte mich, mich immer wieder auf meinen Atem zu besinnen und nur bei der Atmung zu verweilen, von innen heraus. Auf diese Weise können wir unser Bestes geben: Wir können *Stille* sein, und unser Geist wird klar. Dann können, genau in dem Moment, in unserem Herzen tiefes Erwachen und Mitgefühl entstehen, und es wird möglich, sie zu erkennen und zu berühren, sogar im Herzen unseres sogenannten »Feindes«.

In dem Moment, in dem Sie sich in Wut, Angst oder Verzweiflung zu verlieren drohen, sollten Sie sich daran erinnern, dass Sie immer über Erwachen und Mitgefühl verfügen, auch genau in diesem Moment. Es ist möglich, in Berührung mit dem zu kommen, was heilig in Ihnen ist – ob Sie es nun Gott, Allah, Brahma oder Buddha-Natur nennen. Mit dieser Energie kommen Sie in Berührung, indem Sie zu Ihrem achtsamen Einatmen und Ausatmen zurückkehren und in Stille bleiben, ohne etwas zu tun oder zu sagen – und sogar, ohne zu denken. Seien Sie einige Momente nur bei Ihrer Einatmung und Ausatmung, und Sie werden den

Frieden, das Mitgefühl und die Klarheit des Geistes zu berühren vermögen, die bereits tief in Ihnen vorhanden sind.

Dieser Samen des Erwachens und der Liebe wächst in allen Menschen und allen Arten auf der Erde. Manchmal vergessen wir das. Dieser Samen mag sich in den Tiefen unseres Bewusstseins verloren haben. Aber je länger Sie friedvoll bei Ihrem Ein- und Ausatmen verweilen, wird in Ihnen ein sicherer Hafen des Friedens und Mitgefühls entstehen. Beim Einatmen berühren Sie tief die Samen des Mitgefühls und der liebenden Güte in sich, und diese Energie des Mitgefühls und der liebenden Güte strahlen Sie beim Ausatmen an die Menschen in Ihrem Umfeld und an die Welt aus. Dies ist die sich in Ihnen manifestierende Energie des Bodhisattva Avalokiteshvara.

Ich werde nie jenen frühen Morgen in Vietnam vergessen, als ich die vier erschossenen Leichen meiner Freunde am Ufer des Saigon-Flusses fand. Wut, Angst und Verzweiflung überwältigten mich in diesem Moment. Aber ich konnte mich mehrere Stunden lang auf meinen Atem konzentrieren und versuchte dabei, nicht zu denken, zu beschuldigen, zu schreien oder zu beschimpfen. Ich rief den Namen des Bodhisattva Avalokiteshvara an und tat mein Möglichstes, um die Samen der Liebe, des Friedens und des Mitgefühls in mir zu berühren. Das war nicht leicht. Die Verzweiflung fühlte sich so überwältigend an. Aber ich kehrte immer wieder zu meinem Atem zurück, und allmählich wuchs eine tiefe Stille und Ruhe in mir. Ein sanfter Frieden durchströmte mein Herz, und ich fand mit meinen Mitarbeiterinnen und Mitarbeitern einen Weg, den Tätern mit Liebe, Verstehen und Vergebung zu begegnen. Die innere Stille ließ mich erkennen, dass sie nur auf Befehl gehandelt hatten; sie wollten es nicht tun, aber sie wurden dazu gezwungen. Als wir bei der Beerdigung unserer geliebten Freunde sprachen, waren die Informanten der

Täter auch dort, und die Liebe in unseren Herzen berührte die Liebe in ihren Herzen, und sie griffen uns nie wieder an. Seit diesem Tag haben wir in unserer engagierten Arbeit immer viele Bodhisattvas auf unserem Weg getroffen.

Wenn ich es kann, könnt ihr es auch. Wann immer Sie verheerende Nachrichten erhalten, Ungerechtigkeit erleben oder sich hilflos und voller Verzweiflung fühlen, sollten Sie sich zuallererst daran erinnern, zu Ihrem achtsamen Ein- und Ausatmen zurückzukehren. Tun Sie nichts, und sagen Sie nichts, bis Sie diese Ruhe, diesen Frieden, diese Liebe wieder berührt haben.

Mutter Erde braucht uns gerade jetzt. Sie ruft um Hilfe. Sie sind eines Ihrer geliebten Kinder, und sie braucht euch, damit ihr Liebe seid, Licht seid, Frieden seid. Es ist ein Licht in Ihnen, ebenso wie die Energie der Bodhisattvas. Durch eine spirituelle Dimension in Ihrem Leben werden Sie Ihr inneres Gleichgewicht wahren können, tief in jedem Moment leben und das Leben, das Sie leben, wertschätzen. Und mit dieser Energie können wir handeln, um den Planeten zu schützen und uns gegenseitig zu schützen. Gemeinsam können wir es schaffen. Kämpfen Sie nicht allein. Suchen Sie sich Verbündete, und bauen Sie Gemeinschaften auf, wo immer Sie sind. Mutter Erde sowie unsere spirituellen Vorfahren und die Vorfahren unseres Landes zählen auf euch. Sie übermitteln Ihnen ihre Energie der Liebe und des Vertrauens und werden Sie bei jedem Ihrer Schritte auf dem Weg begleiten.

DANKSAGUNG

Dieses Buch ist die Frucht einer vielfältigen, lebendigen spirituellen Gemeinschaft, die gemeinsam daran arbeitet, Thays reiche Lehren in Form von Büchern zugänglich zu machen. Seit seinem Schlaganfall im Jahr 2014 wirkt Thay als ein Kämpfer, ein stiller Weiser und als eine grenzenlose Quelle der Liebe, des Vertrauens und der Unterstützung, während wir seine Arbeit fortsetzen. Unsere tiefste wertschätzende und respektvolle Verbeugung gilt zuallererst Thay und all unseren spirituellen Vorfahren dafür, dass sie unserer Generation den Weg in die Zukunft gezeigt haben.

Wir möchten dem redaktionellen Kernteam in Plum Village herzlich danken für die Zusammenarbeit mit Schwester True Dedication (»Wahre Hingabe«). Durch ihre geschickten Bearbeitungen, tiefen Einsichten, kreativen Anleitungen und kühnen Visionen in Bezug auf die Auswahl von Thays Lehren und bei den Erläuterungen haben bei dem Buch mitgewirkt: Bruder Phap Dung (»Architekt Mönch«), Schwester Lang Nghiem (»Sister Hero«), Bruder Phap Linh (»Brother Spirit«), und Jo Confino. Wenn der Pfeil dieses Buches seinem Ziel ganz nahe gekommen ist, dann ist es ihnen zu verdanken.

Es ist keine leichte Aufgabe, ein Manuskript fertigzustellen und zu bearbeiten, während man aktiv am monastischen Leben teilnimmt, und wir sind der Gemeinschaft für ihre Unterstützung und ihr Vertrauen zutiefst dankbar. Dank unserer vietnamesischen Schwestern und Mönche ist die lebendige Tradition des vietnamesischen Zen in den Westen gelangt, und wir können diese authentischen Lehren heute einer neuen Generation zugänglich machen. Wir möchten auch den vielen Bodhisattvas der Wake-Up-Gemeinschaft, der Earth Holder Sangha und der

A.R.I.S.E. Sangha für das Beschreiten neuer Wege zur Verwirklichung von Klimagerechtigkeit, spiritueller Praxis, Gemeinschaftsbildung und planetarischer Heilung danken. Ihr inspirierendes Beispiel hat das ganze Buch geprägt, und viele der kraftvollen, in diesem Buch enthaltenen Lehren, hat Thay gehalten, um sie anzuleiten.

Für ihre tiefen Belehrungen, welche die Erläuterungen bereichert haben, möchten wir Schwester Chan Khong, Schwester Chan Duc, Schwester Jina, Schwester Kinh Nghiem, Schwester The Nghiem, Bruder Phap Huu, Bruder Phap Lai, Bruder Phap Luu, Dr. Larry Ward, Cheri Maples, Jerker Fredriksson, John Bell, Glen Schneider, Kaira Jewel Lingo und Christiana Figueres danken. Für die großzügige Liebe, das Vertrauen und die Ermutigung in den letzten Phasen der Fertigstellung des Manuskripts möchte Sister True Dedication sich bei Judith und Patrick Phillips, Rebekah Phillips, Schwester Huong Nghiem, Schwester Thoai Nghiem, Schwester Le Nghiem, Schwester Luc Nghiem, Schwester Tri Nghiem, Sashareen Morgan, Shantum und Gitu Seth, Denise Nguyen und Paz Perlman bedanken.

Wir möchten unseren Dank dem Team von Harper-One aussprechen und auch Gideon Weil für sein Mitgefühl und seine positive Einstellung sowie für sein Vertrauen in dieses Buch von Beginn an; und Sam Tatum, Lisa Zuniga und Yvonne Chan für ihre Geduld und ihre Kompetenz bei der Produktion und Gestaltung des Buches. Dank an die Literaturagentin unserer Gemeinschaft, Cecile Barendsma, für ihre Beratung und ihren klugen Rat und an Schwester Trai Nghiem, unsere Verlagskoordinatorin, die das Buch mit Geschick, Freundlichkeit und Anmut bis zu seiner Veröffentlichung begleitet hat. Wir möchten unseren Freundinnen und Freunden von der Thich Nhat Hanh Foundation und von Parallax Press für die großzügige Bereitstellung von Ressourcen und für die Erlaubnis, aus dem Buch von Dr. Larry Ward, *America's Racial Karma: An Invitation to Heal*, und aus Interviews mit Cheri Maples in der Zeitschrift »The Mindfulness Bell« zu zitieren. Dank an Helen Civil und das Team von The Resilience Shift für die freundliche Genehmigung, aus dem Interview von Seth Schultz und Peter Willis Interview mit Christiana Figueres zu zitieren (Resilient Leadership Podcast 23: »Wie sieht die Zukunft von Resilient Leadership aus?«). Und vielen Dank an das Team von Climate One von The Commonwealth Club für die freundliche Genehmigung, aus dem Podcast-Interview von Greg Dalton mit Christiana Figueres: »Ein Gespräch über Achtsamkeit und Klima« zu zitieren.

Schließlich möchten wir uns bei allen bedanken, die an Retreats teilgenommen haben, bei Thays Vorträgen dabei waren, ihm Fragen gestellt oder seine Bücher gelesen haben und diese Lehren aktiv mit Leben erfüllen. Weil ihr da seid, ist alles möglich.

Verbinden Sie sich mit der internationalen Gemeinschaft von Thich Nhat Hanh

Für Informationen, Online-Retreats und Live-Achtsamkeitssitzungen besuchen Sie: plumvillage.org
Laden Sie die Plum Village App für kostenlose Meditationen und Entspannungen runter: plumvillage.app
Die Thich Nhat Hanh Foundation ist eine gemeinnützige Stiftung, die sich der Fortführung der Lehren und dem Vermächtnis des Zen-Meisters Thich Nhat Hanh widmet. Wenn Sie diese Stiftung unterstützen, schließen Sie sich vielen Menschen an, die Thich Nhat Hanhs lebensverändernde Praktiken der Achtsamkeit und des engagierten Buddhismus erlernen und teilen wollen, um sich selbst, unsere Gesellschaft und unseren Planeten zu verändern. Um herauszufinden, wie Sie sein Vermächtnis unterstützen können, und um unseren Community-Newsletter zu abonnieren, besuchen Sie: tnhf.org.

Zentrum in Deutschland:
Europäisches Institut für Angewandten Buddhismus in Waldbröl, Deutschland: eiab.eu
Mehr über Zentren in Europa und Asien erfahren auf plumvillage.org

Zentren für Achtsamkeitspraxis von Thich Nhat Hanh in den USA:
Deer Park Monastery, Escondido, CA: deerparkmonastery.org
Magnolia-Grove-Kloster Batesville, MS: magnoliagrovemonastery.org
Blue-Cliff-Kloster, Pine Bush, NY: bluecliffmonastery.org

Entdecken Sie die internationalen Netzwerke des Engagierten Buddhismus in der Tradition von Thich Nhat Hanh:
Earth Holders
Eine Initiative für Achtsamkeit und Erdgerechtigkeit
earthholder.training

Wake-Up-Bewegung
Junge Buddhist*innen und Nicht-Buddhist*innen
für eine gesunde und mitfühlende Gesellschaft
wkup.org

ARISE
Erwachen durch *Race*, Intersektionalität
und soziale Gleichheit
arisesangha.org

Wake-Up-Schulen
Achtsamkeit in der Bildung kultivieren
wakeupschools.og